基于供应链的
数智仓储与库存控制

陈宁宁　周彦莉　葛金田　刘利红　宋　兵　编著

机械工业出版社
CHINA MACHINE PRESS

本书全面系统地阐述了供应链管理及数智仓储在现代企业运营中的核心作用，通过深入解析供应链基本概念、特征、结构模型及主要模式，帮助企业理解供应链的复杂性。同时，本书详细介绍了数智仓储的概念、特点及其应用，展示了数智化如何推动仓储作业实现高效化和智能化。本书还深入探讨了库存控制、供应链网络设计与优化策略，结合具体案例展示了供应链网络设计在不同企业中的应用效果，为企业提供可借鉴的经验。最后，总结数智仓储中常用的技术及其在企业中的应用实践，为企业进一步推进数智化转型提供了有益的参考。

本书可作为高等院校物流管理、供应链管理等相关专业的教材，也可供从事供应链及仓储管理工作的专业人员参考和学习。

图书在版编目（CIP）数据

基于供应链的数智仓储与库存控制 / 陈宁宁等编著.
北京：机械工业出版社，2025. 3. -- ISBN 978-7-111
-78036-6

I. F253
中国国家版本馆 CIP 数据核字第 20251QP428 号

机械工业出版社（北京市百万庄大街 22 号　邮政编码 100037）
策划编辑：周国萍　　　　　责任编辑：周国萍　刘本明
责任校对：李小宝　李　婷　　封面设计：马精明
责任印制：张　博
北京建宏印刷有限公司印刷
2025 年 6 月第 1 版第 1 次印刷
184mm×260mm • 16.25 印张 • 348 千字
标准书号：ISBN 978-7-111-78036-6
定价：59.00 元

电话服务　　　　　　　　　网络服务
客服电话：010-88361066　　机 工 官 网：www.cmpbook.com
　　　　　010-88379833　　机 工 官 博：weibo.com/cmp1952
　　　　　010-68326294　　金 书 网：www.golden-book.com
封底无防伪标均为盗版　机工教育服务网：www.cmpedu.com

前言

在全球经济一体化和数字化转型加速的时代浪潮下，供应链管理已成为企业核心竞争力的关键所在。仓储作为供应链中的重要环节，其运行效率和管理水平直接影响着企业及上下游供应链的整体绩效。而随着信息技术的飞速发展，数智仓储与库存管理应运而生，为企业带来了新的机遇和挑战。

随着供应链管理的发展，其复杂性和动态性要求企业具备高度的协同能力和市场洞察力。从原材料采购到最终产品交付给消费者，每一个环节都紧密相连，涉及多个参与主体和海量信息的交互。而仓储作为连接生产与消费的关键节点，不仅承担着货物的存储保管功能，还在市场调节、时间效用创造等方面发挥着重要作用。传统仓储面临着效率低下、信息不透明、人力成本高等诸多问题，数智仓储的出现则为这些问题提供了有效的解决方案。

本书旨在全面系统地阐述基于供应链的数智仓储与库存管理的理论与实践，通过深入剖析供应链的结构和运行机制，揭示数智仓储和库存管理在其中的重要地位和作用。全书共包含9章内容，分别为供应链及网络设计、数智仓储概述、库存控制、供应链网络设计与优化、基于供应链的数智仓储设施规划与设计、基于供应链管理的库存控制优化、供应链网络设计的应用、数智仓储设备介绍、数智仓储典型技术及应用，并在各章后辅以企业案例介绍供应链及数智仓储的发展与应用情况。

本书可作为高等院校物流管理、供应链管理等相关专业的教材，也可供从事供应链及仓储管理工作的专业人员参考和学习。希望本书能够帮助读者更好地理解和掌握基于供应链的数智仓储与库存管理的理论和实践，为企业的可持续发展提供有力的支持和保障。为便于读者随时学习，联系QQ：296447532可获得PPT课件。

本书由陈宁宁、周彦莉、葛金田、刘利红、宋兵联合撰写。在写作过程中，作者得到了山东建筑大学李明教授的大力支持，在此表示感谢；同时要感谢研究生林寿康、宋士元、孙丕轩、杨絮和宋绪嵩，他们在本书撰写过程中收集资料并一起研究讨论，为本书提供了宝贵的客观素材；还要感谢研究生刘雅颉、李玉龙、孟潞霏和隋浩辰四位同学为本书进行的校正工作；最后，感谢本书撰写团队全体成员的付出，感谢团队成员及家人的支持，感谢朋友们给予的想法和建议。

作者在本书撰写过程中参考了大量文献及国内知名装备企业的装备资料，在此谨向相关文献作者、企业表示诚挚的谢意，同时特别感谢机械工业出版社编辑团队的鼓励与支持。

由于本书作者水平有限，加之数智仓储及供应链相关技术处于高速发展时期，书中内容难免挂一漏万，敬请专家和读者批评指正。

作者

2025年5月

目 录

第 1 章　供应链及网络设计

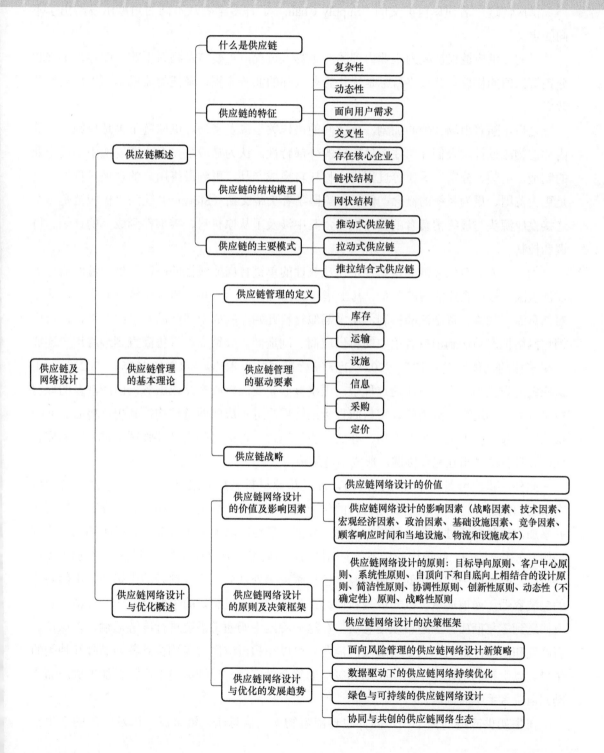

- 供应链及网络设计
  - 供应链概述
    - 什么是供应链
    - 供应链的特征
      - 复杂性
      - 动态性
      - 面向用户需求
      - 交叉性
      - 存在核心企业
    - 供应链的结构模型
      - 链状结构
      - 网状结构
    - 供应链的主要模式
      - 推动式供应链
      - 拉动式供应链
      - 推拉结合式供应链
  - 供应链管理的基本理论
    - 供应链管理的定义
    - 供应链管理的驱动要素
      - 库存
      - 运输
      - 设施
      - 信息
      - 采购
      - 定价
    - 供应链战略
  - 供应链网络设计与优化概述
    - 供应链网络设计的价值及影响因素
      - 供应链网络设计的价值
      - 供应链网络设计的影响因素（战略因素、技术因素、宏观经济因素、政治因素、基础设施因素、竞争因素、顾客响应时间和当地设施、物流和设施成本）
    - 供应链网络设计的原则及决策框架
      - 供应链网络设计的原则：目标导向原则、客户中心原则、系统性原则、自顶向下和自底向上相结合的设计原则、简洁性原则、协调性原则、创新性原则、动态性（不确定性）原则、战略性原则
      - 供应链网络设计的决策框架
    - 供应链网络设计与优化的发展趋势
      - 面向风险管理的供应链网络设计新策略
      - 数据驱动下的供应链网络持续优化
      - 绿色与可持续的供应链网络设计
      - 协同与共创的供应链网络生态

1.1 供应链概述

1.1.1 什么是供应链

供应链这一名词译自英文的"Supply Chain"，许多学者从不同的角度出发给出了不同的定义。

最初，供应链仅被视为企业内部的一个物流过程，主要涉及物料采购、库存、生产和分销等部门的协调。其最终目标是优化企业内部的业务流程、降低物流成本，以提高经营效率。

之后，随着市场竞争的加剧，企业间的协作关系愈发密切，供应链不再是单纯的企业内部的物流过程。人们开始注意供应链的外部特性，认为它应是一个"通过链中不同企业的制造、组装、分销、零售等过程将原材料转换成产品，再到最终用户的转换过程"，这是更大范围、更为系统的概念。例如，美国学者史蒂文斯（Stevens）认为"供应链是一个连接供应源头与最终消费者的整体活动，其中涉及了从原材料、零部件到成品的计划、协调和控制"。

如今，人们对供应链的认识也正在从线性的单链转向非线性的网链，供应链的概念更加注重围绕核心企业的网链关系。马士华（2016年）认为"供应链是围绕核心企业，通过对信息流、物流、资金流的控制，从采购原材料开始，制成中间产品及最终产品，最后由销售网络把产品送到消费者手中的将供应商、制造商、分销商、零售商直到最终用户连成一个整体的功能网链结构"。2021年国家标准《物流术语》（GB/T 18354—2021）对于供应链的定义为：生产与流通过程中，围绕核心企业的核心产品或服务，由所涉及的原材料供应商、制造商、分销商、零售商直到最终用户等形成的网链结构。其中，核心企业在供应链中起到协调上下游的作用，并居于主导地位。以上这些定义都强调了供应链的完整性，并且各成员相互配合协调，形成网链结构。

此外，供应链是一个复杂的网络，涉及从原材料采购到最终产品交付给消费者的所有活动和流程。这个过程需要原材料的供应商、生产商、分销商，还有零售商和最终消费者参加。原材料通过采购、加工、运输、分销，最终产品流入顾客手中。以牛奶的供应链为例，在生产阶段，牧场饲养奶牛，定期挤奶，然后将牛奶储存在冷藏设施中；在加工和包装阶段，制造商采购牧场的牛奶并经过巴氏杀菌等处理后，将处理好的牛奶装入不同规格的包装容器，如玻璃瓶、纸箱或塑料瓶；在分销阶段，包装好的牛奶会被送到分销中心或直接送到零售商店，如超市或便利店，在这一阶段牛奶通常需要进行冷链运输，以保持其新鲜度和质量；最后，在零售阶段，消费者可以在超市或便利店购买到各种品牌和种类的牛奶。以上举例描述了牛奶从农场到餐桌的整个供应链，详细展现了原材料加工成产品流动到消费者手中的流程。

在牛奶供应链的例子中，同样也伴随着物流、信息流、资金流，以及商流的产生。

例如，物流主要表现为：在生产阶段，牧场将新鲜挤出的牛奶通过专门的冷藏运输车辆运送到加工工厂；在加工和包装阶段，经过处理的牛奶被装入不同的包装容器中，并再次通过冷藏车辆或集装箱运往分销中心或直接到零售商处。资金流则主要体现于牧场阶段，牧场主需要投入资金购买饲料、兽药、养殖设备等生产资料，并支付工人的工资。当牧场将牛奶卖给制造商时，牧场主会收到货款，完成资金的初步回流。制造商需要支付货款给牧场，并投入资金进行牛奶的加工、包装和分销。在分销阶段，制造商将牛奶销售给分销中心或零售商，并收到货款。零售商通过销售牛奶给消费者，实现资金的最终回流。在信息流方面，牧场主需要收集奶牛的健康状况、产奶量等信息，以便合理安排饲养和挤奶工作。制造商需要了解牧场的牛奶供应情况、质量等信息，以便制定采购和生产计划。在加工和包装阶段，制造商需要跟踪每批牛奶的处理过程、质量检测结果等信息，以确保产品的质量和安全。在分销阶段，制造商需要向分销中心或零售商提供产品库存、配送计划等信息，以便他们合理安排订单和配送工作。零售商需要了解产品的库存情况、销售数据等信息，以便及时调整销售策略。在整个信息流过程中，供应链各方通过信息系统、数据共享等方式实现信息的及时传递和共享，提高供应链的透明度和协同效率。商流则主要通过签订采购和销售合同、确认产品质量与数量、完成货款支付等交易活动，实现牛奶产品所有权的逐步转移，确保供应链各环节间的顺畅连接与合作。

因此，供应链的各个环节离不开信息流、资金流、物流及商流。理论上，信息流是指在供应链中传递、收集和处理相关信息的过程，包括订单信息、库存数据、需求预测、运输信息等，例如顾客购买产品时给零售商的反馈信息。物流是在供应链中物品从原材料到最终产品的运输、存储和分配等，是使物品从供应地向接收地进行实体流动的过程。资金流则是在供应链中资金的流动和管理，包括支付及收取货款、资金结算、财务规划等活动。信息流对物流至关重要，因为它提供了关于产品和需求的相关信息，帮助物流环节做出合理的运输计划、库存管理和配送安排，使得物流降本增效。而信息流对资金流则是起到了指导和支持作用。通过信息的共享与传播，各个供应链参与者能够更准确地预测需求、管理库存、规划生产，从而降低了过度库存和缺货的风险，提高了供应链的效率。对于物流和资金流，物流活动需要资金支持，包括采购运输工具、支付运输费用、维护仓储设施等方面的开支；而资金流也受物流活动的影响，例如运输成本的增加可能会导致资金流的压力增加，优化物流可以促进资金流的流动。通过提高物流的效率和准确性，可以降低运输成本、减少库存积压，从而释放资金，使资金能够投入到更有价值的活动中去。商流指的是物品在流通中发生形态变化的过程，即由货币形态转化为商品形态，以及由商品形态转化为货币形态的过程。商流是供应链中商品所有权转移的核心环节，它决定了供应链中其他流的发生和发展。在供应链中，商流通常先于物流发生。先有商品所有权的转移（商流），然后才有商品的实体流动（物流）。同时，信息流贯穿于整个供应链过程，为商流、资金流和物流提供必要的信息支持。商流的顺畅与否直接影响到供应链的整体运行效率和经济效益。

1.1.2　供应链的特征

如图 1-1 所示，供应链具有复杂性、动态性、面向用户需求、交叉性和存在核心企业的特征。这些特征使得供应链管理和优化变得具有挑战性，需要企业具备高度的协同能力和市场洞察力。

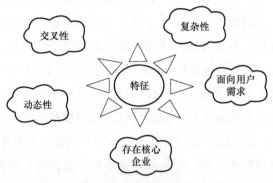

图 1-1　供应链的特征

1）供应链的复杂性体现在其涉及多个环节、众多参与主体，以及海量信息的交互与处理上，从原材料采购、生产制造、物流运输到最终产品交付给消费者，每一步都要紧密协调，同时应对市场波动、自然灾害等不确定性因素。

2）供应链的动态性体现在其持续变化与调整的过程中，受到市场需求波动、供应商能力、物流状况、技术革新及全球经济环境等多重因素的影响，要求企业具备高度的灵活性和响应速度，以迅速适应各种突发状况，优化资源配置，确保供应链的顺畅运行和竞争优势的维持。

3）供应链面向用户需求的特征主要体现在其高度的灵活性与响应性上，能够紧密围绕用户多变的需求进行动态调整，通过高效的信息流通与资源整合，确保产品与服务能够快速、准确地送达用户手中，同时保持成本效益。

4）供应链的交叉性是一个复杂而多维的特性，它体现在供应链的各个环节和各个参与方之间错综复杂的联系与互动中。在供应链网络中，不同的节点不仅与其直接的上下游节点相连，还与其他节点存在着千丝万缕的间接联系。这种交叉性使得供应链形成了一个庞大而复杂的生态系统，其中信息流、物流、资金流等资源在节点之间频繁流动，实现了资源的高效配置和利用。供应链的交叉性也带来了高度的灵活性和适应性。在面对市场变化、突发事件等不确定性因素时，供应链能够迅速调整策略，通过节点之间的协同合作，实现风险的分散和应对。然而，这种交叉性也增加了供应链管理的难度和复杂性。需要管理者具备全局视野和精细化的管理能力，才能有效地协调各方利益，确保供应链的顺畅运行。

5）供应链存在核心企业的特征，是整个网络结构稳定与效率的关键所在。核心企业通常占据供应链的主导地位，凭借其强大的资源整合能力、品牌影响力及技术创新实力，对上下游企业形成强大的吸引力和辐射力。它们不仅能够有效协调供应链各环节的运行，确保物流、信息流和资金流的顺畅流通，还能通过制定统一的标准和规范，提升整个供应链的管理水平和运营效率。此外，核心企业往往拥有较为完善的供应链风险管理体系，能够在面对市场波动、自然灾害等不确定性因素时，迅速做出反应，降低风险对整个供应链的影响。同时，核心企业还通过持续的技术创新和产品升级，引领供应链向更高价值、更可持续的方向发展。因此，核心企业的存在，不仅是供应链竞争力的体现，也是推动供应链不断优化升级、实现共赢发展的重要驱动力。

理解这些特征对于供应链管理和优化至关重要。企业需要具备高度的协同能力和市场洞察力，能够有效地管理供应链的复杂性，应对动态性的挑战，并紧密关注用户需求的变化，认识到核心企业在供应链中的关键作用。只有这样，企业才能在激烈的市场竞争中保持竞争优势并实现可持续发展。

1.1.3　供应链的结构模型

供应链是由加盟的节点企业组成的复杂网链，覆盖了从原材料的供应、零部件供应到产品制造、分销、零售的整个过程。在供应链系统中，有一个企业处于核心位置，被称作核心企业。核心企业对供应链上的信息流、资金流和物流起着调度和协调中心的作用。其他节点在核心企业需求信息的驱动下，通过供应链的职能分工与合作，以资金流、物流和信息流为媒介，实现整个供应链的不断增值。

供应链模型可以分为链状模型和网状模型。我们可以根据物流的方向来定义供应链的方向，以确定供应商、制造商和分销商之间的顺序关系。常见的链状模型如图 1-2 及图 1-3 所示。

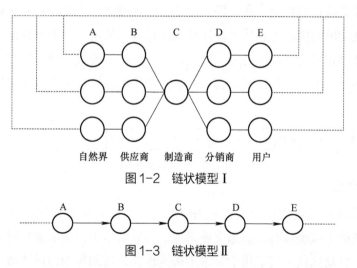

图1-2　链状模型 I

图1-3　链状模型 II

以图 1-3 所示的模型 II 为例，当 C 为制造商时，那么 B 为一级供应商，A 就为二级供应商，而且还可递归地定义三级供应商、四级供应商……那么 D 可以认为是一级分销商，E 为二级分销商。一般来说，企业应尽可能将多级供应商或分销商纳入考察范围。通过深入了解各级供应商和分销商的情况，企业可以更好地把握供应链的各个环节，及时发现并解决潜在问题，从而提高供应链的透明度和可控性。这种全面的了解还有助于企业优化资源配置，提升供应链的整体效率和响应速度，为企业的稳定发展提供有力支持。

图 1-4 所示为网状模型，这一模型展现了现实世界中产品供应关系的复杂性，它理论上能够覆盖所有厂家，将每个厂家视为模型中的一个节点，并假定这些节点之间存在着相互联系。

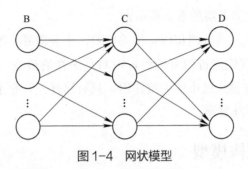

图 1-4　网状模型

1.1.4　供应链的主要模式

供应链一般分为三种模式：推动式供应链、拉动式供应链，以及推拉结合式供应链。三种模式各有特点，适用于不同的市场需求。企业可以根据自身情况和市场变化灵活选择这些模式，以实现供应链的高效运行和持续优化。

1．推动式供应链

推动式供应链主要是以制造商为核心，产品生产出来后从分销商逐级推向客户，如图 1-5 所示。分销商、零售商在这一模式中处于比较被动的地位，且各企业之间的集成度较低，对需求变动的响应能力也较差。这种供应链模式通常适用于可预测、相对稳定的市场环境，通过计划调节实现高效运行。然而，它可能缺乏弹性，导致缺货、批量大、反应慢等问题，并可能产生库存积压。目前，许多功能性产品往往采用推动式生产，比如牙膏等产品。

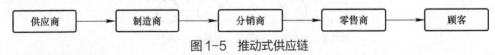

图 1-5　推动式供应链

2．拉动式供应链

拉动式供应链则以最终用户的需求为驱动力，根据实际需求进行生产。在这种模式下，整个供应链的集成度较高，信息交换迅速，可以根据用户的需求实现定制化服务，从而降低库存量。拉动式供应链适用于需求不确定性高、周期短的市场环境，主要战略包括按订单生产、按订单组装和按订单配置，如图 1-6 所示。

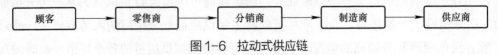

图 1-6　拉动式供应链

目前，特斯拉的拉动式供应链就因其高度的灵活性和响应速度，在新能源汽车行业中独树一帜。特斯拉以顾客需求为导向建立了多个超级工厂，从源头上缩短了产品的运输距离，降低了运输成本；并且其生产模式高度依赖于顾客订单。其全球六大生产基地的流水线能够高速运转并持续生产出整车，然后及时交付到市场上。这种供应链模式在新能源汽车行业中展现出强大的竞争力。

3. 推拉结合式供应链

推拉结合式供应链则结合了推动式和拉动式供应链的特点，旨在更好地满足客户需求，同时降低库存和成本。这种供应链模式在某些情况下能发挥重要作用，通过调整生产和库存策略以满足消费者需求，实现较低的库存成本和更短的交货时间。如今，推拉结合式供应链也面临一些挑战，如数据收集和分析的准确性、合作关系的管理等，如图1-7所示。

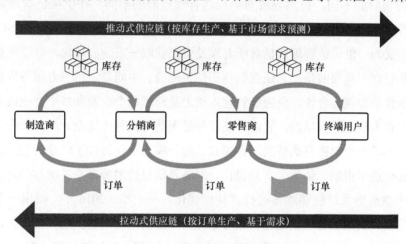

图 1-7　推拉结合式供应链

亚马逊的供应链管理模式可以看作是一种推拉结合式供应链。它既有推动式供应链的预测性，又有拉动式供应链的灵活性。亚马逊利用其强大的数据分析能力，预测哪些产品在未来可能会受到消费者的欢迎，从而提前进行采购和库存准备，同时也充分利用了拉动式供应链的优势。例如，亚马逊的 Prime 会员服务可实现在订购后的短时间内快速交付产品。这种服务是基于实时订单数据的，当消费者下单后，亚马逊会根据实时的订单数据，快速调整生产和配送计划，确保产品能够尽快送达消费者手中。这种需求驱动的方式，使得亚马逊能够更准确地响应市场变化，满足消费者的个性化需求。

1.2　供应链管理的基本理论

1.2.1　供应链管理的定义

随着人们对于供应链效率、成本及服务质量的要求不断提高，加之传统的"纵向一体化"管理模式无法适应瞬息万变的市场需求，企业间寻求彼此合作，供应链管理思想应运而生。许多学者也给出了不同的定义。

　　早期，供应链管理的核心聚焦于库存管理，它被视为有限的生产能力与波动的市场需求之间的关键缓冲机制。通过一系列协调策略，企业努力在迅速且可靠地将产品送达用户手中所需费用与维持生产、库存管理所产生的成本之间寻找最佳平衡点，以此确定最优的库存水平。在这一阶段，管理库存和运输构成了供应链管理的主要职责。然而，随着时代的发展，供应链管理的理念发生了深刻转变。现今，供应链管理更加注重将供应链上的所有企业视为一个紧密相连、不可分割的整体，强调各成员企业在采购、生产、分销等职能上的协同发展，共同构建一个高效、灵活且协同运作的有机体系。这种转变旨在通过加强企业间的合作与信息共享，实现供应链整体效能的最大化，从而更好地满足市场需求，提升竞争力。

　　对供应链理解的不同，自然导致对供应链管理理解的不同。在供应链管理定义方面，美国供应链管理专业协会（Council of Supply Chain Management Professionals，CSCMP）对供应链管理的定义为：供应链管理包括对所有涉及资源获取与采购、转化，以及所有物流管理活动的计划和管理。重要的是，它还包括与那些供应商、中间商、第三方服务提供商，以及客户等渠道伙伴的协调与合作。供应链管理本质上是跨越单个企业和多个企业边界的供需管理整合机制。作为核心整合功能，它的首要任务是无缝对接并优化企业内部及企业间的各种业务流程，以形成一个紧密且高效的运营模式。这一模式不仅包含了广泛的物流管理和生产运营活动，还促进了市场、销售、产品设计、财务及信息技术等多个关键部门之间的流程协同，确保整个供应链系统能够顺畅运行并持续优化。马士华（2016 年）给出一个常见的供应链管理的定义：供应链管理就是使以核心企业为中心的供应链运作达到最优化，以最低的成本，令供应链从采购开始，到满足最终客户的所有过程，包括工作流（Work Flow）、实物流（Physical Flow）、资金流（Funds Flow）和信息流（Information Flow）等均高效率地运作，把合适的产品、以合理的价格，及时准确地送到消费者手上。《物流术语》（GB/T 18354—2021）对供应链管理的定义为："从供应链整体目标出发，对供应链中采购、生产、销售各环节的商流、物流、信息流及资金流进行统一计划、组织、协调、控制的活动和过程。"这里我们可以从三个方面进行理解：首先，这句话强调了供应链管理的整合性特点，即需要从供应链的整体视角出发，而非单一环节或部门。它要求将采购、生产、销售等各个环节视为一个有机整体，对商流（商品交易活动）、物流（商品实体流动）、信息流（信息交换与共享）及资金流（资金流动与结算）进行全面而统一的规划和管理。其次，为了实现供应链的整体优化，各环节之间需要高度协同。这包括不同部门、不同企业之间的紧密合作，通过信息共享、资源调配、风险共担等方式，确保供应链各环节之间的顺畅衔接和高效运作。协同性是实现供应链整体目标的关键。最后，供应链管理是一个动态的过程，需要不断对供应链中的各项活动进行计划、组织、协调和控制。这要求管理者具备敏锐的市场洞察力和快速的反应能力，能够及时调整供应链策略，应对市场变化、需求波动等不确定因素，确保供应链的稳定性和竞争力。

1.2.2　供应链管理的驱动要素

供应链管理的驱动要素指的是在供应链管理中，影响供应链绩效、决定供应链运营效果的关键因素，主要包括库存、运输、设施、信息、采购及定价，对于供应链决策的持续改进和优化有着推动作用，并且为企业的可持续发展提供有力保障，具体驱动要素如图 1-8 所示。下面我们将对其进行具体分析。

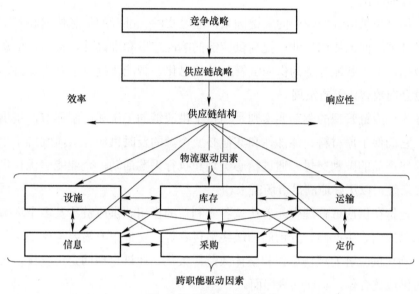

图 1-8　供应链驱动要素

首先，库存管理是供应链管理中的重要环节，涉及如何平衡供需关系，确保产品的可得性，同时避免过多的库存积压导致资金占用和浪费。库存的存在，既是为了满足企业内部的生产和销售需求，也是为了应对市场波动和不可预见的风险。对于企业而言，持有适量的库存无疑有助于保障生产的连续性和提升客户服务水平。通过有效的库存管理，企业可以降低库存成本，提高库存周转率，进而提升整体供应链的效率和响应速度。然而，库存也是一把双刃剑，它占用了企业大量的流动资金，增加了库存持有成本，从而对企业的经济效益产生负面影响。因此，库存管理成了企业管理人员和行业学者关注的焦点。

其次，运输是连接供应链各环节的关键环节，直接影响产品的交付速度和成本，可分为铁路、公路、水路、航空和管道等方式。管道多用于液体；铁路、水路、航空多用于长途运输；公路运输是最为灵活的运输，不仅可以进行短、长途运输，也常常是铁路、水路、航空运输在两端的短途运输中不可或缺的部分。如果说铁路、水路、航空长途运输一般都有固定的路径，不存在路径选择问题，那供应链运输管理的好坏主要取决于末端货车配送问题，即货车路径规划问题（Vehicle Routing Problem，VRP），包括所需车辆数的确定和车辆路径的规划，从而保证以最短路径、最小成本完成配送任务。所以，运输与配送管理是一个典型的运筹优化问题。选择合适的运输方式能够优化运输策略、提高运输效率、降低运输损耗等，有助于提升供应链的可靠性和竞争力。

另外，设施指的是供应链中的物理资产，如仓库、生产线、分销中心等。设施的布局、规模和管理方式直接影响供应链的运作效率和成本。比如，亚马逊为了提高响应性，增加了离顾客很近的仓储设施的数量。此外，如果设施由公司拥有，设施成本会在固定资产中显示出来。如果租赁设备，那么设施成本就在销售费用、财务费用和管理费用中显示出来。因此，通过合理规划设施布局、提升设施运营效率、降低设施成本等措施，可以推动供应链管理的优化。

同时，信息是供应链管理中的关键因素，通过实时、准确的信息传递和共享，可以实现供应链各环节之间的协同作业，提高供应链的响应速度和准确性。目前，信息技术如物联网、大数据、人工智能等都为供应链管理的信息化、智能化提供了有力支持，未来我国的供应链也会向数智化不断发展。

采购作为供应链管理的驱动要素则是连接了供应链的上游和下游环节，是供应链中的关键桥梁。它确保了原材料、零部件和其他必要资源的及时供应，从而维持了生产线的稳定运行和最终产品的顺利交付。通过精心策划和执行采购活动，企业能够优化供应链的响应速度和灵活性，以更好地满足市场需求。

最后，定价在供应链管理中起着协调各方利益的作用。供应链涉及多个环节和多个参与者，包括供应商、生产商、分销商和最终消费者等。定价策略需要考虑到这些参与者的利益诉求，确保供应链的顺畅运作和整体效益最大化。通过合理的定价安排，可以激励各方积极参与供应链合作，实现共赢局面。

1.2.3 供应链战略

供应链战略是企业为了在竞争激烈的市场环境中实现竞争优势而制定的供应链战略规划。它涉及企业与供应链上下游的所有合作伙伴之间的关系和合作模式，旨在满足消费者需求并提高企业的绩效。供应链战略是从企业战略的高度对供应链进行全局性规划，确定原材料的获取和运输、产品的制造或服务的提供，以及配送和售后服务的方式及特点等。与传统的供应链管理相比，供应链战略更加注重整体的战略目标和长期竞争力的构建。它需要将供应链作为企业战略的一部分来考虑，通过供应链中各个环节的协同和创新，实现企业的商业目标。

供应链战略包括对供应链主要结构的说明，以及我们传统上称为"供应战略"、"运作战略"和"物流战略"的内容。

在供应链战略方面，苹果公司的全球供应链网络无疑是一个杰出且值得深入剖析的典范。苹果公司凭借其独特的供应链战略，不仅成功地在全球范围内实现了高效、协同的运营，更在快速响应市场变化、持续创新产品，以及严格控制成本等方面取得了显著成绩。苹果公司的供应链战略体现在与全球顶尖供应商的紧密合作上。通过与这些供应商建立长期稳定的战略合作关系，苹果公司确保了关键零部件的供应质量和交货时间的可靠性。这种合作关系不仅基于双方对产品质量和性能的共同追求，更通过共同研发、技术交流和持续改进，实现了供应链上下游之间的无缝对接。这种高度的协同性使得苹果能够迅速响应市场需求，调整生产计划，以满足消费者的个性化需求。在物流管理方面，苹果公司运用了先进的信息技术和管理系统，实现了供应链的透明化和可视化。通过实时追踪订单、库存和运输情况，苹果能够准确把握供应链的各个环节，及时发现并解决潜在问题。这种精细化的管理不仅提高了物流效率，降低了成本，还确保了产品能够准时、准确地送达消费者手中。此外，苹果公司还采用了多元化的物流渠道和运输方式，以应对各种复杂的供应链挑战。在快速响应市场变化和客户需求方面，苹果公司的供应链战略同样表现出色。通过深入了解市场趋势和消费者需求，苹果能够迅速调整产品设计和生产策略，以满足市场的不断变化。同时，苹果公司还建立了灵活的生产计划和库存管理策略，以应对市场需求的波动。这种快速响应的能力使得苹果能够在竞争激烈的市场中保持领先地位，不断推出受消费者欢迎的创新产品。此外，苹果公司的供应链战略还注重成本控制和风险管理。通过与供应商的合作和谈判，苹果能够获取更具竞争力的原材料和零部件价格，从而降低生产成本。同时，苹果还通过多元化供应商策略、库存缓冲等风险管理措施，降低了供应链中断等潜在风险对业务的影响。这种全面考虑的战略使得苹果能够在保证产品质量和性能的同时，实现成本的有效控制。

1.3　供应链网络设计与优化概述

1.3.1　供应链网络设计的价值及影响因素

1. 供应链网络设计的价值

供应链网络的有效规划与优化对于提升整个供应链体系的长期绩效至关重要。由于供应链网络结构的后期调整（如增设或关闭仓库、调整商品分类等）往往伴随着高昂的成本，因此，制定一个科学合理的供应链网络设计与优化策略，能够在有效控制成本的基础上，显著提升供应链的灵活性和响应速度，确保其在复杂多变的市场环境中保持高效运作。

供应链网络设计的核心价值在于实现成本的有效控制与运营效率的显著提升。通过精心规划仓库布局、物流路径和库存策略，企业能够缩短不必要的运输距离和时间，降低物流成本。同时，合理的网络设计还能促进库存周转率的提高，减少库存积压和资金占用，从而优化整个供应链的资本效率。此外，利用先进的信息技术，如物联网、大数据分析和人工智能，可以进一步实现供应链的智能化管理，提升决策效率和执行速度，确保资源的高效配置。

供应链网络设计的另一个重要价值在于显著增强企业的市场响应能力。面对快速变化的市场需求和消费者偏好，一个灵活且高效的供应链网络能够迅速调整生产计划、库存水平和物流安排，以满足市场的即时需求。这种高度的灵活性不仅有助于企业抓住市场机遇，快速推出新产品或服务，还能在面临供应链中断或突发事件时迅速恢复运营，减少损失。通过优化供应链网络，企业能够建立起以客户为中心、快速响应市场的供应链体系，提升客户满意度和忠诚度。

此外，供应链网络设计还具有重要的风险管理价值。在全球化的经济环境中，供应链面临着诸多不确定性因素，如自然灾害、政治动荡、贸易政策变化等。一个经过深思熟虑的供应链网络设计能够分散风险，降低单一供应商或物流通道中断对企业运营的影响。通过多元化供应商选择、建立备用物流通道和设立区域分拨中心等策略，企业可以构建更加稳健和灵活的供应链体系，提高抵御风险的能力。同时，通过实时监控和预警机制，企业能够及时发现潜在风险并采取有效措施进行应对，确保供应链的连续性和稳定性。

最后，供应链网络设计还为企业之间的创新与合作提供了平台。在数字化和智能化技术的推动下，供应链不再是一个简单的线性流程，而是一个由多个参与者共同构成的复杂网络。通过优化供应链网络设计，企业可以加强与供应商、分销商、物流服务商等合作伙伴的沟通与协作，共同探索新的业务模式和技术应用。这种紧密的合作不仅有助于提升整个供应链的创新能力，还能促进资源共享和优势互补，形成更加紧密的供应链生态系统。

2. 供应链网络设计的影响因素

有效的供应链网络设计能够显著提升企业的运营效率。通过对宏观经济、政治、技术、竞争、基础设施等外部因素的深入分析，企业可以更加精准地定位供应链网络的布局，减少不必要的资源浪费，提高整体运营效益。下面将详细介绍影响供应链网络设计的因素。

（1）战略因素　企业的竞争战略对供应链网络设计有着直接的影响。不同战略下的企业可能会选择不同的供应链网络结构和运作方式，以适应市场竞争和客户需求。战略因素决定了供应链网络设计的目标和方向。企业的战略定位决定了其在市场中的发展方向和竞争优势，供应链网络设计需要紧密围绕企业战略进行，确保网络资源与战略目标相匹配。例如，成本领先战略的企业可能倾向于选择低成本地区建立生产基地，以获取成本优势；而差异化战略的企业则可能更注重响应速度和服务质量，因此会在靠近市场的地方设立分销中心。

另外，战略因素影响了供应链网络的布局和规模。企业战略决定了其产品或服务的市场定位、目标客户，以及销售渠道等。这些因素直接影响供应链网络的节点设置、运输线路和库存管理等。例如，针对全球市场的企业可能需要建立全球化的供应链网络，以支持其在不同地区的销售活动；而专注于本地市场的企业则可能更注重本地供应链的优化和协同。同时，战略因素还影响了供应链网络的协同和灵活性。企业战略要求供应链网络能够快速响应市场变化、客户需求，以及供应链风险等因素。因此，在供应链网络设计过程中，需要充分考虑各节点之间的协同作用，确保信息畅通、资源共享和风险共担。同时，还需要具备一定的灵活性，以应对可能出现的突发事件。

最后，战略因素也促进了供应链网络设计的创新和优化。随着市场竞争的加剧和技术的发展，企业需要不断调整和优化其供应链网络以适应新的市场环境和客户需求。而企业战略为这种创新和优化提供了指导方向，使供应链网络设计更具前瞻性和竞争力。

（2）技术因素 技术因素在供应链网络设计决策中扮演着至关重要的角色。随着科技的进步，新的生产技术不断涌现，这些技术可能具有规模经济性，使得企业能够利用少量先进的设施实现高效生产。例如，自动化和智能化的生产线可以减少对人工的依赖，提高生产效率，从而降低设施的数量和规模。因此，企业在设计供应链网络时，会充分考虑可获得的生产技术特性，选择最适合自身需求的设施配置方案。信息技术的进步对供应链网络设计产生了深远影响。现代信息技术如物联网、大数据、云计算等，为供应链网络提供了实时、准确的数据支持，使得企业能够更好地掌握供应链的运行状态和市场需求。通过运用这些技术，企业可以实现对供应链各环节的实时监控和预测分析，优化库存管理、运输路径和配送策略等，从而提高供应链的响应速度和运营效率。

同时，物流技术的创新也对供应链网络设计产生了积极影响。随着物流自动化、无人化技术（如无人仓库、无人配送车等）的发展，物流运作的效率和准确性得到了显著提升。这些技术的应用使得企业能够更灵活地调整供应链网络布局，减少中间环节和转运时间，降低物流成本，提高客户满意度。另外，技术因素还促进了供应链网络设计的创新和变革。随着新技术的不断涌现和应用，传统的供应链网络设计模式已经难以满足企业的需求，企业需要不断探索新的网络设计模式，以适应市场的变化和客户的需求。例如，基于区块链技术的供应链网络设计可以实现供应链各环节的信息共享和透明化，提高供应链的可靠性和安全性；而基于人工智能技术的供应链网络优化算法可以实现对供应链网络的智能调度和优化配置，提高供应链的整体性能。

（3）宏观经济因素 宏观经济因素包括税收、关税、汇率及运费等，这些都属于影响供应链网络设计的外部经济因素。例如，经济增长率、汇率和通货膨胀率等，直接影响到供应链网络中的成本和效益。经济增长率的高低决定了市场的整体需求水平，进而影响供应链的规模和布局；汇率的波动可能增加跨国供应链的成本和风险，需要企业在设计供应链网络时充分考虑货币兑换的影响；通货膨胀率的变化则可能影响原材料和劳动力的成本，进而影响供应链的整体成本结构。贸易政策、产业政策和货币政策等，也会对供应链网络设计产生重要影响。贸易政策的调整可能改变商品的进出口条件和税率，影响供应链的流通和成本；产业政策的导向可能决定某些行业的发展方向和重点，从而影响供应链网络的行业布局和资源配置；货币政策的调整则可能通过影响利率和信贷条件，影响企业的资金成本和融资能力，进而影响供应链网络的投资和扩张计划。

此外，宏观经济因素还通过影响市场需求和消费者行为来影响供应链网络设计。经济增长和消费者信心的提升通常会带来市场需求的增加，要求供应链网络具备更高的响应速度和灵活性。而经济衰退或消费者信心下降则可能导致市场需求萎缩，要求供应链网络更加注重成本控制和风险管理。

最后，宏观经济因素涉及国际经济环境和国际关系的变化，如国际贸易摩擦、地缘政治风险等，这些都会对跨国供应链网络的稳定性和安全性产生重要影响。企业在设计供应链网络时需要充分考虑这些风险因素，制定相应的风险应对策略。

（4）政治因素　政治稳定性直接关系到供应链网络的安全与可靠。在政治环境不稳定的地区，供应链网络可能面临诸如政策变动、社会动荡甚至战争冲突等风险，这些风险可能导致供应链中断、物流受阻甚至资产损失。因此，在设计供应链网络时，企业需要充分考虑目标市场的政治稳定性，避免将关键节点或资源暴露在风险较高的地区。政府间的贸易政策、关税政策，以及进出口限制等也会对供应链网络设计产生直接影响。例如，高额的关税可能导致进口成本上升，影响供应链的竞争力；而严格的进出口限制则可能限制某些产品或技术的流通，使得供应链网络难以实现全球化布局。因此，企业需要密切关注政府政策的变化，以便及时调整供应链网络策略，降低风险。

政府的产业和区域发展政策也会对供应链网络设计产生影响。政府通常会通过提供税收优惠、土地支持，以及资金支持等措施，鼓励某些产业的发展或推动某些地区的经济发展。企业可以充分利用这些政策优势，将供应链网络布局在具有发展潜力的地区或行业，以获取更多的政策支持和市场机会。政治因素还涉及国际关系和国际合作等方面。在国际政治环境复杂多变的背景下，企业需要关注国际政治动态，加强与国际合作伙伴的沟通与协作，共同应对可能出现的政治风险和挑战。通过加强国际合作，企业可以优化供应链网络布局，提高供应链的灵活性和韧性，以应对各种不确定因素。

（5）基础设施因素　优良的基础设施是决定特定区域设施选址的关键前提，缺乏完善的基础设施会明显增加企业在该地区开展商业活动的运营成本。例如，交通设施如公路、铁路、港口和机场等，是供应链中物资流动的关键环节。高效的交通网络能够加速货物的运输，缩短供应链响应时间，从而提高供应链的敏捷性和响应速度。相反，交通设施不完善或拥堵会导致物流效率低下，增加运输时间和成本，影响供应链的整体效率。

通信和信息技术基础设施对供应链网络设计同样重要。在现代供应链管理中，信息的流动和共享是确保供应链高效运转的关键。完善的通信和信息技术基础设施能够支持供应链各方之间的实时信息交换和协同工作，提高供应链的透明度和可预测性。通过采用先进的信息技术，如物联网、大数据分析和人工智能等，企业可以实现对供应链的实时监控和优化，提高供应链的可靠性和灵活性。能源和公用事业基础设施也是供应链网络设计需要考虑的重要因素。能源供应的稳定性直接影响到生产设施的运营和成本，而公用事业如供水和排水设施等，则关系到生产活动的正常进行。在设计供应链网络时，企业需要充分考虑这些基础设施的可用性和可靠性，以确保供应链的连续性和稳定性。同时，基础设施的地理分布和可达性也对供应链网络设计产生影响。不同地区的基础设施发展水平可能存在差异，这要求企业在设计供应链网络时，根据设施选址的战略需求，选择具备良好基础设施条件的地区作为关键节点，以降低物流成本并提高供应链的整体效率。

（6）竞争因素　竞争对手的战略、规模和布局都会影响供应链网络的设计。企业需要综合考虑这些因素，以制定有效的竞争策略。竞争对手的战略和布局直接影响企业的供应链网络设计决策。企业需要密切关注竞争对手的供应链战略，包括其设施选址、产能分配，以及物流策略等。通过了解竞争对手的供应链网络结构和特点，企业可以制定更加精准的供应链战略，以获取竞争优势。例如，如果竞争对手在某一地区拥有高效的物流网络，企业可能需要在该地区加强物流设施建设，以提高自身的物流效率和响应速度。

另外，竞争因素也体现在价格和服务水平上。在激烈的市场竞争中，企业需要通过优化供应链网络来降低成本、提高效率，从而在价格上获得竞争优势。同时，企业还需要关注服务水平的提升，包括订单处理速度、交货准时率，以及售后服务等。通过构建高效的供应链网络，企业可以更好地满足客户需求，提升客户满意度和忠诚度。供应链网络的可靠性和韧性也是竞争因素中不可忽视的一方面。在面临市场波动、供应链中断等风险时，一个可靠且具备韧性的供应链网络能够帮助企业迅速应对风险，保持业务的连续性和稳定性。因此，在设计供应链网络时，企业需要充分考虑如何提高网络的可靠性和韧性，以应对潜在的竞争风险。同时，企业还需要关注与供应链合作伙伴之间的竞争与合作关系。通过与供应商、分销商等合作伙伴建立紧密的合作关系，可以共同应对市场竞争，实现资源共享和优势互补。另外，企业还需要在合作中保持一定的竞争态势，以激发合作伙伴的创新能力和提升整体供应链的竞争力。

（7）顾客响应时间和当地设施 针对重视响应时间的客户群体，企业的供应链网络设计必须着重于加速响应能力，以确保满足客户的即时需求。顾客响应时间是指从顾客发出需求到供应链系统满足这一需求所需的时间。在竞争激烈的市场环境中，顾客响应时间的长短直接影响顾客的满意度和忠诚度。较短的顾客响应时间意味着供应链系统能够更快速地响应顾客需求，提供更好的顾客体验，从而增强企业的竞争力。因此，在设计供应链网络时，企业需要充分考虑如何优化顾客响应时间。为了缩短顾客响应时间，企业可以采取多种策略。例如，通过优化物流路径和运输方式，减少货物在途时间；加强信息系统的建设，实现订单信息的实时共享和处理；在关键地区设立仓库或配送中心，以便更快地满足当地顾客的需求。这些策略都需要在供应链网络设计过程中进行综合考虑和规划。

当地设施也是影响供应链网络设计的重要因素。企业布局的当地设施的质量和可用性直接影响供应链网络的运营效率和成本。例如，如果当地设施完善且高效，那么企业就可以更加灵活地安排生产和物流活动，降低运营成本并提高运营效率；反之，如果当地设施不足或效率低下，那么企业可能需要投入更多的资源和成本来弥补这一缺陷。

（8）物流和设施成本 物流和设施成本包括运输成本、设施建设和运营成本，以及库存成本等，是供应链网络设计时需要重点考虑的因素。物流成本是供应链网络设计过程中必须考虑的重要因素。物流成本主要包括运输成本、仓储成本、订单处理成本，以及信息管理成本等。运输成本涉及货物的运输费用、运输时间，以及运输路径的选择，不同的运输方式和路径会对成本产生显著影响。因此，在设计供应链网络时，企业需要综合考虑各种运输因素，选择最经济、高效的运输方案。仓储成本则涉及仓库租金、库存成本，以及人工费用等。优化仓储管理，如合理布局仓库、提高库存周转率、降低库存积压等，可以有效降低仓储成本。此外，订单处理成本和信息管理成本也是物流成本的重要组成部分。通过自动化订单处理系统和高效的信息系统，可以减少人力资源的投入，提高处理效率，从而降低这些成本。

设施成本同样是供应链网络设计需要考虑的关键因素。设施成本包括设施的建设成本、维护成本及运营成本等。设施的选择和布局会直接影响供应链网络的效率和成本。例如，设施的地理位置决定了运输距离和时间，进而影响运输成本；设施的规模和数量则影响库存成本和仓储成本。因此，在设计供应链网络时，企业需要充分考虑设施的成本效益，选择成本合理、效益显著的设施方案。

在综合考虑物流和设施成本的基础上，企业可以制定出更加经济、高效的供应链网络方案。例如，通过优化运输路径和选择经济高效的运输方式，降低运输成本；通过优化仓储布局和提高库存周转率，降低仓储成本；通过合理选择设施位置和规模，降低设施成本。这些措施不仅有助于降低整体供应链成本，提高企业的经济效益，还有助于提升供应链的可靠性和稳定性，增强企业的竞争力。

此外，产品类型、生产能力、采购策略、库存管理，以及信息系统等也是影响供应链网络设计的重要因素。产品类型决定了供应链的特性，如生鲜食品需要快速配送以保证新鲜度，而耐用消费品则需要长期稳定的供应链支持。生产能力影响着供应链的规模和布局。采购策略的不同也会影响供应链的运作方式和成本结构。库存管理是影响供应链效率和成本的关键因素，合理的库存管理可以降低成本并提高运营效率。而信息系统则是支撑供应链运作的关键基础设施之一，对于提高供应链的透明度和协同效率具有重要意义。

1.3.2 供应链网络设计的原则及决策框架

1. 供应链网络设计的原则

供应链设计是企业实现长期发展的基础。随着市场环境的不断变化和技术的不断进步，企业需要不断调整和优化供应链设计以适应新的挑战。一个可持续的供应链设计应该具备足够的灵活性和可扩展性，能够支持企业的战略转型和业务扩张。通过不断完善供应链设计，企业可以确保在激烈的市场竞争中保持领先地位，实现长期稳定发展。目前，供应链设计的主要原则包括以下几点：

（1）目标导向原则 明确供应链设计的目标，如降低成本、提高效率、优化库存管理等，为供应链设计提供明确的方向。该原则强调对目标的深入理解和分析。在设定目标时，需要充分考虑企业的战略需求、市场需求、竞争环境，以及资源能力等因素。通过对这些因素的综合分析，可以确保所设定的目标是合理、可行且符合企业整体利益的。

（2）客户中心原则 将客户的需求放在首位，确保供应链的响应速度和服务质量能满足客户的期望。该原则要求企业在供应链设计过程中深入了解客户的需求和偏好。这包括对市场趋势的敏锐洞察、对消费者行为的深入研究，以及对客户反馈的积极收集和分析。通过这些方式，企业可以更加准确地把握客户的需求变化，为供应链设计提供有力的市场依据。

（3）系统性原则 这一原则要求在设计供应链时，将供应商、生产商、分销商和最终消费者等各个环节视为一个紧密相连的整体，而不是孤立地看待各个环节。通过全面考虑供应链的各个环节和流程，可以确保供应链的高效运转和协同工作。

（4）自顶向下和自底向上相结合的设计原则 自顶向下是从全局走向局部的方法，是系统分解的过程；而自底向上是从局部走向全局的方法，是一种集成的过程。在供应链设计中，往往是先由主管高层做出战略规划与决策，规划与决策的依据来自市场需求和企业发展规划，然后由下层部门实施决策，因此需要同时考虑整体战略和局部实施，实现两者的有机结合。

（5）简洁性原则　这一原则要求在设计供应链时，尽量减少不必要的中间环节和节点企业，以降低协调难度和交易费用，提高市场响应速度。通过选择少而精的供应商，并与他们建立战略伙伴关系，可以缩短原材料的采购时间，降低采购成本，并加速产品的生产和订单处理周期。这种简洁的供应链设计不仅有助于实现业务流程的快速组合，满足市场需求，还能使供应链的评价更为清晰和客观。因此，简洁性原则是供应链网络设计中一个至关重要的指导原则。

（6）协调性原则　供应链的各节点之间需要保持良好的协调性，实现供应链各环节之间的信息共享是协调性原则的重要体现。通过共享订单信息、库存信息、生产进度等关键数据，各方可以及时了解供应链状况，做出准确的决策，避免信息孤岛和决策失误。另外，协调性原则要求供应链中的各方共同优化业务流程，消除不必要的中间环节，提高运作效率。例如，通过采用协同计划、预测与补货（CPFR）等先进方法，可以实现供应链各环节之间的无缝衔接，降低库存成本，提高客户满意度。

（7）创新性原则　鼓励创新思维和创新管理模式，以适应不断变化的市场环境和客户需求。另外，创新也可以体现在对新技术的应用上。随着科技的不断发展，新的信息技术、物联网技术、人工智能等不断涌现，为供应链的创新提供了广阔的空间。例如，通过引入大数据分析和人工智能技术，企业可以实现对供应链数据的实时采集、分析和处理，从而更加准确地预测市场需求、优化库存水平、提高物流效率。创新性原则要求企业在供应链设计中注重流程的优化和再造。传统的供应链流程往往存在诸多瓶颈和低效环节，通过引入创新思维和方法，企业可以打破这些束缚，重新设计更加高效、灵活的供应链流程。例如，采用精益生产、敏捷供应链等先进理念，可以实现生产过程的快速响应和供应链的灵活调整，提高企业的市场竞争力。

（8）动态性（不确定性）原则　供应链设计应考虑到市场的不确定性因素，具备灵活调整的能力，以应对各种突发情况。动态性原则强调在供应链设计过程中要考虑各种不确定性因素的存在。由于市场环境、政策法规、自然灾害等多种因素的影响，供应链在运行过程中难免会遇到各种不确定因素。因此，供应链设计需要具有一定的柔性和鲁棒性，能够在遇到不确定因素时迅速做出反应，降低风险并减少损失。

（9）战略性原则　战略性原则要求供应链设计必须紧密结合企业的整体战略，包括企业的产品战略、市场战略，以及长期发展规划等。供应链作为连接企业内外部的重要环节，其设计必须能够支持并推动企业战略的实施。例如，如果企业的战略是专注于高端市场，那么供应链设计就需要考虑如何确保产品的高质量和快速交付。另外，战略性原则也体现在供应链设计对企业核心竞争力的提升上。通过优化供应链设计，企业可以降低成本、提高效率、增强对市场变化的响应能力，从而提升企业的整体竞争力。这种竞争力的提升不仅有助于企业在当前市场中取得优势地位，更为企业的长期发展奠定了坚实的基础。

这些原则共同构成了供应链设计的基础，有助于构建高效、灵活、可持续的供应链体系。在实际应用中，企业需要根据自身的实际情况和市场环境，灵活运用这些原则，以制定出最适合自己的供应链设计方案。

2. 供应链网络设计的决策框架

设计供应链网络的核心目的在于平衡顾客满意度与企业盈利能力的双重需求，确保在快速响应市场需求的同时，优化成本结构以最大化企业利润。为了实现这一目标，管理者必须遵循一系列供应链设计的关键原则，并通过四个阶段来精心规划网络布局，具体决策框架如图 1-9 所示。

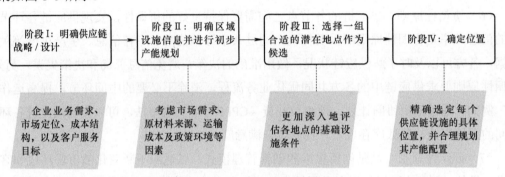

图1-9　供应链网络设计决策框架

（1）阶段Ⅰ：明确供应链战略 / 设计　在阶段Ⅰ，核心任务是明确供应链战略。这一过程涉及深入分析企业的业务需求、市场定位、成本结构，以及客户服务目标等多方面因素。通过综合考虑这些因素，企业能够制定出符合自身发展需求的供应链战略，包括选择合适的供应商、确定库存策略、优化物流网络布局等，以确保供应链各环节协同高效运行。

明确供应链战略 / 设计的必要性在于，它直接关系到企业的运营效率和市场竞争力。一个精心设计的供应链战略能够降低运营成本、提高响应速度、增强企业的抗风险能力，从而为企业创造更大的价值。同时，明确的供应链战略还有助于企业更好地应对市场变化，抓住发展机遇，实现可持续发展。因此，在构建供应链网络时，明确供应链战略 / 设计是不可或缺的一环。

（2）阶段Ⅱ：明确区域设施信息并进行初步产能规划　供应链网络设计第二阶段的核心在于明确供应链设施的地理布局、功能定位及初步产能规划。企业应根据市场需求、原材料来源、运输成本及政策环境等因素，综合评估并选择合适的地理位置进行设施布局。这一过程需细致分析各地区的物流成本、税收优惠、人力资源等，以确保设施布局既经济又高效。在功能定位上，企业需根据供应链战略和业务流程，明确各设施在供应链中的角色和职责。例如，某些设施可能专注于原材料采购和储存，而另一些则用于产品生产和分销。通过清晰的功能定位，企业能够优化资源配置，提高供应链的整体协同效率。

初步产能规划则是基于市场需求预测和设施能力，制定合理的生产计划。这需要考虑产品的生命周期、市场需求波动、生产能力扩张的灵活性等因素，以确保产能既能满足市场需求，又能避免过剩导致的资源浪费。这一阶段直接关系到供应链的成本效益和服务水平。合理的地理布局、功能定位和产能规划能够降低运营成本、提高响应速度、增强供应链的灵活性和抗风险能力。以亚马逊为例，其在全球范围内建立了多个物流中心和配送站，这些设施的地理布局紧密围绕市场需求和运输网络展开。同时，亚马逊还明确了各设施的功能定位，如仓储、分拣、配送等，并通过先进的算法和数据分析进行产能规划，以确保在高峰期也能迅速响应客户需求。这种精细化的供应链网络设计，为亚马逊赢得了市场先机，也为其持续发展奠定了坚实基础。

（3）阶段Ⅲ：选择一组合适的潜在地点作为候选 在阶段Ⅲ中，核心任务是针对每个选定区域，精心挑选出一组理想的潜在地点作为设施落脚的候选。这一选择过程需更加深入地评估各地点的基础设施条件，以确保其能够有效支撑预定的生产模式。通过对多个潜在地点进行综合评估，企业可以筛选出那些物流成本更低、交通便利、政策环境优惠的地点，从而有效减少运输费用，缩短配送时间，并在一定程度上减少因地理位置不佳而可能产生的额外费用。此外，合适的地点还能促进供应链各环节之间的紧密协作，提升整体运营效率。选择合适的潜在地点还有助于企业更好地适应市场变化和满足客户需求。不同地区的市场环境和客户需求可能存在较大差异，而选择合适的候选地点意味着企业能够更灵活地调整供应链布局，更贴近目标市场和客户群体。这不仅有助于提升客户满意度和忠诚度，还能为企业开拓新市场、抓住更多商机提供有力支持。

（4）阶段Ⅳ：确定位置 阶段Ⅳ的核心任务是精确选定每个供应链设施的具体位置，并合理规划其产能配置。此阶段聚焦于之前筛选出的理想候选地点，进行深入细致的评估与选择。供应链网络设计的最终目标是在全面考量各市场期望的盈利水平与需求状况、物流运输与设施运营成本，以及各选址地的税收与关税政策等因素后，制定出能够最大化企业总利润的方案。简而言之，就是要在确保满足市场需求与成本控制的前提下，通过精准选址与产能分配，实现供应链网络的整体效益最大化。

1.3.3 供应链网络设计与优化的发展趋势

1. 面向风险管理的供应链网络设计新策略

在当今充满不确定性的全球环境中，供应链中断的风险日益凸显，自然灾害、疫情、政治冲突及人为失误等因素均可能给供应链带来严重冲击。与此同时，供应链的全球化与精益化趋势，虽然提升了效率，但也加剧了其脆弱性。为了有效应对这些风险，供应链网络设计与优化正逐步融入风险管理理念。并且，供应链网络的设计不再仅关注成本效率与市场需求匹配，更需考虑设施的可靠性与韧性。这意味着在设计之初，就需评估设施所在地的潜在风险，如自然灾害频发区域、政治不稳定地区等，并据此调整设施布局，实现风险分散。同时，还需制定中断后的快速恢复策略，包括备选供应商选择、紧急物流通道规划等，以确保供应链在遭遇突发事件时仍能维持一定水平的运营能力。

2. 数据驱动下的供应链网络持续优化

随着数字化时代的到来，互联网、物联网及大数据分析技术飞速发展，供应链网络的设计与优化正经历着前所未有的变革。企业纷纷推动供应链数字化转型，以实现数据的实时采集、分析与利用，从而支撑更加精准、高效的决策。这一趋势要求供应链网络不仅具备稳定性，还需具备高度的灵活性与适应性，能够快速响应市场变化与业务需求。因此，供应链网络优化不再是一次性的战略决策，而是成为一个持续迭代、数据驱动的过程。通过不断收集并分析供应链各环节的数据，企业可以及时发现潜在问题，调整优化策略，确保供应链网络始终处于最佳状态。

在这一过程中，供应链网络的设计与优化不再局限于战略层面，而是逐渐深入到战术层面，甚至日常运营中。企业需要根据市场反馈、客户需求变化及内外部环境调整，灵活调整供应链布局与运营策略，以实现端到端的协同与优化。例如，顺丰为医药企业实施的供应链网络优化项目，正是通过数据分析与模型预测，实现了物流路径的精准规划与库存成本的有效控制，为客户提供了更加高效、可靠的供应链解决方案。

3. 绿色与可持续的供应链网络设计

随着全球对环境保护和可持续发展的重视程度日益增强，绿色供应链网络设计已成为不可忽视的趋势。企业开始意识到，在追求经济效益的同时，必须兼顾环境责任和社会责任。因此，在供应链网络设计与优化过程中，绿色与可持续性成为重要的考虑因素，包括选择环保材料供应商、优化物流路径以减少碳排放、推广循环经济与资源回收利用等。通过引入绿色设计理念，企业可以构建更加环保、低碳的供应链网络，不仅有助于提升企业形象，还能降低长期运营成本，实现经济效益与环境效益的双赢。

4. 协同与共创的供应链网络生态

在数字化时代，供应链网络不再是一个孤立的系统，而是与上下游企业、客户、合作伙伴等共同构成的复杂生态系统。为了提升整个供应链的竞争力与创新能力，企业需要加强与供应链各方的协同与共创。这包括建立紧密的合作关系、共享资源与信息、共同研发新产品与共同制定解决方案等。通过协同与共创，企业可以充分利用供应链各方的优势资源，实现优势互补与互利共赢。同时，也有助于企业更好地应对市场变化与客户需求变化，提升供应链的灵活性与适应性。

综上所述，供应链网络设计优化正朝着风险管理、数据驱动、绿色可持续，以及协同共创等方向发展。这些趋势将推动供应链网络不断升级与完善，为企业创造更大的价值。

案例 S公司供应链管理案例

S公司是一家专注于生产和销售高科技智能健身设备的公司，产品涵盖智能跑步机、动感单车、力量训练设备等。该公司通过创新的供应链管理模式，将制造商、分销商、零售商及最终消费者紧密连接在一起，实现了高效、灵活和响应迅速的供应链运行，并通过先进的平台技术，实现了供应链各环节的透明化和智能化管理。

1. S 公司基本情况介绍

（1）设施方面　在生产上，S 公司在中国设立了多个自动化生产基地，使用先进的智能制造技术以提升生产效率。仓储设施采用自动分拣系统，能够高效地管理库存。

（2）库存方面　S 公司采用先进的库存管理系统，根据实时市场需求和生产能力，调整库存水平。另外，公司通过云端供应链管理系统（SCM），实现实时库存数据的监控与分析，确保库存的合理性。

（3）运输方面　S 公司的全球配送采用多种运输方式，包括海运、空运和陆运，以实现多层次的运输选择；公司通过 GPS 和区块链技术实现全程可视化运输，确保运输过程的安全性和透明度。

（4）信息方面　S 公司使用先进的 ERP 和 SCM 系统，实现全程的信息整合和透明化管理。消费者也可以通过官网和小程序实时查看订单状态、配送进度及售后服务。

（5）采购方面　S 公司与供应商保持长期合作，并与部分战略供应商进行深度合作，共同开发创新材料和技术，并且通过采用大数据分析进行市场预测，结合历史数据和市场趋势，调整采购量和供应渠道。

（6）定价方面　针对不同消费群体的需求，S 公司可以推出不同价位的产品系列。例如，入门级产品适合大众消费者，价格较为亲民；高端系列则配备更多高级功能（如虚拟教练、联网数据追踪等），适合高端健身爱好者或专业人士，价格相应较高。这样能够覆盖更多的市场层次，满足多样化的需求。

2. S 公司供应链基本情况

S 公司供应链采用网状供应链模型，以其多层次和高度互联的结构特点在全球运营。公司依靠多个供应商、制造商、分销商和零售商之间的协同合作，确保高效运作。

在供应商层面，S 公司与全球多家供应商合作，购买金属、塑料和智能传感器等原材料。通过建立长期合作关系，公司确保原材料的品质和稳定供应，应对潜在的供应风险。在制造层面，公司在中国设立了多个生产基地，所有智能健身设备的关键部件均在此加工和组装。在分销层面，S 公司与国际物流公司进行合作，将产品配送至全球各地的经销商和零售商。最后，在零售与客户层面，公司采用线上线下相结合的销售模式，通过自营官网、第三方电商平台，以及线下旗舰店进行产品销售和客户服务。S 公司通过多渠道供应，提升整体供应链的弹性和冗余度，避免单点故障带来的风险。

另外，S 公司的供应链主要采用推拉结合模式，以应对不同类型的需求和市场变化。针对高需求量和标准化的健身设备（如跑步机、哑铃等），S 公司根据市场预测和历史销售数据进行大规模生产。在旺季来临前，公司根据预测数据提前备货，并将大部分库存存放在全球主要市场的仓库中，以缩短交付时间。针对定制化需求（如个性化设计的健身设备、限量版产品或商用健身房设备），S 公司在接到订单后再启动生产和组装。公司采用按单生产模式，将客户的个性化需求直接传达至生产环节，并通过快速响应机制在短时间内完成生产和交付。此外，S公司在日常库存中预留部分产能，既能应对大规模订单和市场突发需求，也能灵活调整生产计划，满足个性化订单。利用智能化供应链管理系统实时监控库存水平和订单需求，并结合推动式与拉动式策略，优化生产和配送效率。

S公司通过高效的网状供应链模型、推拉结合模式，以及智能化的供应链管理，实现了产品生产与市场需求的高效对接。以客户需求为核心、平衡效率与灵活性、信息透明和可持续发展为主要设计原则，使得S公司在全球健身设备市场中保持竞争力的同时可满足不同类型的客户需求。

思考题：

请根据以上案例分析推拉结合模式在应对市场不确定性时的优势和挑战；并思考在未来市场需求波动更加剧烈的情况下，公司如何进一步优化供应链管理，以提升灵活性与效率。

课后习题

1. 分析并比较不同类型的供应链结构模型（如推动式与拉动式供应链），请简述它们的优缺点及适用场景。

2. 列举并解释供应链管理的几个关键驱动要素，并讨论在不同行业或市场环境下，这些要素的重要性如何变化。

3. 请详细阐述供应链的定义，并结合实际案例，分析该案例中供应链的主要特征。讨论这些特征如何影响企业的运营效率和客户满意度。

4. 制定一个基于企业目标的供应链战略，并解释其背后的逻辑。分析该战略如何支持企业的整体竞争策略。

5. 请阐述至少5个供应链网络设计的基本原则，并选择一个成功的供应链网络设计案例进行详细分析。讨论该案例如何遵循这些原则，以及这些原则在提升供应链整体绩效方面的作用。同时，提出对该案例的改进建议，以进一步优化其供应链网络设计。

第2章　数智仓储概述

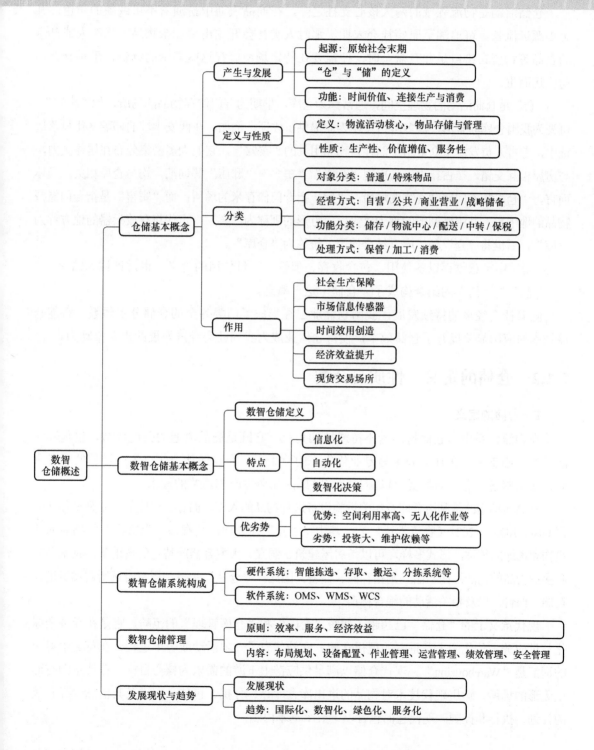

- 数智仓储概述
  - 仓储基本概念
    - 产生与发展
      - 起源：原始社会末期
      - "仓"与"储"的定义
      - 功能：时间价值、连接生产与消费
    - 定义与性质
      - 定义：物流活动核心，物品存储与管理
      - 性质：生产性、价值增值、服务性
    - 分类
      - 对象分类：普通/特殊物品
      - 经营方式：自营/公共/商业营业/战略储备
      - 功能分类：储存/物流中心/配送/中转/保税
      - 处理方式：保管/加工/消费
    - 作用
      - 社会生产保障
      - 市场信息传感器
      - 时间效用创造
      - 经济效益提升
      - 现货交易场所
  - 数智仓储基本概念
    - 数智仓储定义
    - 特点
      - 信息化
      - 自动化
      - 数智化决策
    - 优劣势
      - 优势：空间利用率高、无人化作业等
      - 劣势：投资大、维护依赖等
  - 数智仓储系统构成
    - 硬件系统：智能拣选、存取、搬运、分拣系统等
    - 软件系统：OMS、WMS、WCS
  - 数智仓储管理
    - 原则：效率、服务、经济效益
    - 内容：布局规划、设备配置、作业管理、运营管理、绩效管理、安全管理
  - 发展现状与趋势
    - 发展现状
    - 趋势：国际化、数智化、绿色化、服务化

2.1 仓储基本概念

2.1.1 仓储的产生与发展

仓储活动是物流领域的两大核心支柱之一，在商品流通中扮演着不可或缺的角色。其历史源远流长，可追溯至原始社会末期，那时人类社会开始出现剩余物品。当个人或部落的食品等物资自给自足并有盈余时，便需要在特定场所储存这些多余的物资，于是仓储活动应运而生。

"仓"是仓储活动的物理空间，通常称为仓库。早期的专门储存物品的场所，如"窖穴"，可视为我国仓库的雏形，众多考古发现为此提供了佐证。例如，在西安半坡的仰韶文化村落遗址中，考古人员发现了众多用于储存食物和用具的"窖穴"，它们大多密集分布在居住区内，与房屋相互交错。在古籍中，常出现"仓廪""窦窖""邸店"等词汇，均与仓库相关。具体而言，"仓"指专门储藏谷物的场所，"廪"指专门储存米的场所；而"窦窖"是指专门储藏物品的地下室，其中椭圆形的称为"窦"，方形的则称为"窖"。古代将存放兵器的地方称为"库"，后世将"仓"与"库"结合使用，统称为"仓库"。

"储"字寓意收存以备使用，包含收存、保管、交付使用的含义，也常被称为储存。

"仓"与"储"的结合构成了"仓储"这一概念。

随着社会经济的持续发展，我国仓储业已经形成了门类齐全的仓储分工体系。智能仓储技术的应用显著提升了仓储效率，使得仓储业成为我国社会经济发展的重要推动力。

2.1.2 仓储的定义、性质与分类

1. 仓储的定义

在物流体系中，仓储扮演着不可或缺的角色，它既是商品流通的关键环节，也是物流活动的核心支柱。在社会分工与专业化生产的背景下，为确保社会化再生产过程的顺畅进行，必须储备一定量的物资，以满足特定时期内社会生产和消费的需求。

仓储活动指的是利用仓库及相关设施设备进行物品的入库、储存、出库的一系列操作（依据 GB/T 18354—2021《物流术语》）。其中，"仓"即仓库，是存放、保管、存储物品的建筑物和场地的统称，形式多样，可以是房屋建筑、洞穴、大型容器或特定的场地等，具备存放和保护物品的功能；而"储"则指存储、储备。因此，"仓储"是指利用特定场所对物资进行存储、保管，以及相关活动的综合称谓。

现代意义上的"仓储"已超越了传统"仓库"和"仓库管理"的范畴，它是在经济全球化与供应链一体化的大背景下的现代仓储。仓储代表了一项活动或一个过程，在英文中对应的词汇是"Warehousing"。现代仓储以满足供应链上下游的需求为核心目标，在特定的有形或无形的场所，运用现代技术对物品的进出库、库存、分拣、包装、配送及其信息进行有效的计划、执行和控制。现代仓储包含以下五个基本内涵：

1）仓储本质上是一项物流活动，服务于生产与交易。它并非生产或交易本身，而是物流活动中的一环。仓储应融入整个物流系统，与其他物流活动相互联系、相互配合。

2）仓储的基本功能涵盖了物品的进出库、库存、分拣、包装及其信息处理等方面。其中，物品的出入库与在库管理是仓储的最基本活动，也是传统仓储的基本功能，只不过如今的管理手段与管理水平得到了显著提升。物品的分拣与包装过去也存在，但现在更为普遍、深入和精细，甚至已经与物品的出入库及在库管理紧密结合，共同构成了现代仓储的基本功能。

3）仓储的关键特征是与物流其他环节紧密相连，如配送、信息处理等。现代仓库正逐渐发展为配送中心，有时"配送"也被视为仓储活动的一部分。作为仓储的基本功能之一，配送是仓储的自然延伸，也是仓库发展为配送中心的内在要求。没有配送，仓储将仍然是一个孤立的仓库活动。而信息处理作为现代经济活动的普遍现象，当然也是仓储活动的重要内容之一。离开了信息处理，仓储也就不能称之为现代仓储。

4）仓储的目标是满足供应链上下游的需求。这与过去仅仅满足"客户"的需求在深度和广度上都有显著区别。在现代仓储中，谁委托、谁提出需求，谁就是客户。客户可能是上游的生产者、下游的零售业者，也可能是企业内部。仓储不仅要满足直接"客户"的需求，还应满足"间接"客户（即客户的客户）的需求。仓储应融入供应链上下游之中，根据供应链的整体需求来确立仓储的角色定位与服务功能。

5）仓储的条件包括特定的有形或无形的场所与现代技术。各个企业的供应链是特定的，因此仓储的场所也必然是特定的。有形的场所如仓库、货场或储罐等；而在现代经济背景下，仓储也可以在虚拟空间进行，这需要许多现代技术的支撑。离开了现代仓储设施设备及信息化技术，也就没有现代仓储。

2. 仓储的性质

（1）仓储具备生产性质　仓储的对象既涵盖生产资料，也包含生活资料，但前提必须是有形动产。尽管仓储活动与生产活动在内容和形式上存在差异，但它们都具备生产的本质属性。仓储活动拥有生产力的三个基本要素：劳动者（即仓储作业人员）、劳动资料（即储存设备与设施），以及劳动对象（即储存保管的物资）。因此，仓储是社会再生产过程中的一个必要环节。不论仓库是位于生产领域还是流通领域，其生产的性质是一致的。需要明确的是，尽管仓储具有生产性质，但它与物质资料的生产活动仍存在显著差异。

（2）仓储虽不创造新的使用价值，但能实现价值增值　流通领域的生产劳动被视为商品实现其价值的必要条件。仓储活动也属于流通领域，它并不产生新的物资，因此不会创造新的使用价值。然而，仓储活动却能够提升物质产品的价值。这主要基于以下原因：首先，仓储活动与其他物质生产活动一样，都具备生产力的三个基本要素，而生产力不仅可以创造物质产品，还能增加产品的价值。其次，仓储活动中的某些环节，如加工、包装、拣选等，都能提升产品的价值。最后，仓储活动中存在劳务的消耗、资产的消耗与磨损，这些费用会转移到库存商品中，构成其价值增量的一部分，从而导致库存商品价值的增加。

（3）仓储活动发生在特定场所　根据仓储的定义，仓储活动通常是在"仓库"这个特定场所进行的，不限于建筑设施内。

（4）仓储是物质产品生产过程的延续　生产出的物质产品不可能立即被消费，这意味着物质产品的生产和消费在时间和空间上存在差距。这就需要仓储和运输进行衔接。因此，仓储可以被视为产品生产过程的延续。

（5）仓储具有服务性质　仓储的核心在于提供服务，它为物品提供存取、保管、控制等管理活动，以满足客户的需求。

3. 仓储的分类

（1）仓储对象分类

1）普通物品仓储：这类仓储主要针对那些不需要特殊保管条件的物品，例如一般的生产物资、生活用品和工具等。普通物品仓储的特点是对仓库没有特殊的要求，管理相对简单。

2）特殊物品仓储：这类仓储针对的是那些在保管过程中有特殊要求和需要满足特定条件的物品，如危险物品、需要冷藏或冷冻的物品、粮食等。特殊物品仓储需要使用适合特殊物品存放的专用仓库，并按照物品的物理、化学、生物特性，以及相关法律法规进行专门的仓储管理。

（2）经营方式分类

1）企业自营仓储：企业自营仓储包括生产企业和流通企业的自营仓储。生产企业自营仓储是指生产企业使用自有的仓库设施，对生产所需的原材料、半成品和最终产品进行储存保管。而流通企业自营仓储则是流通企业使用自有的仓储设施对其经营的商品进行仓储保管。企业自营仓储通常服务于企业自身，规模较小、数量多、专用性强，但专业化程度相对较低。

2）公共仓储：公共仓储是指为车站、码头等提供仓储配套服务的仓储方式。它的主要目的是支持货物作业和运输的流畅进行，具有内部服务的性质，并处于从属地位。然而，对于存货人而言，公共仓储也适用商业营业仓储的关系，只是不独立订立仓储合同，而是将仓储关系列在作业合同、运输合同之中。

3）商业营业仓储：商业营业仓储是指仓库所有者以其拥有的仓储设施，向社会提供商业性仓储服务的仓储行为。其经营内容包括提供货物仓储服务、提供场地服务、提供仓储信息服务等。商业营业仓储的目的是在仓储活动中获得经济回报，追求的目标是经营利润最大化。仓储经营者与存货人通过订立仓储合同的方式建立仓储关系，并依据合同约定提供服务和收取仓储费。与企业自营仓储相比，商业营业仓储的使用效率更高。

4）战略储备仓储：战略储备仓储是国家或地区根据国防安全、社会稳定的需要，对战略物资实行战略储备而形成的仓储。战略储备特别重视储备品的安全性，且储备时间较长。战略储备物资主要包括粮食、油料、能源、有色金属等。战略储备由政府控制，通过立法、行政命令的方式进行，并由执行战略物资储备的政府部门或机构运作。

（3）仓储功能分类

1）储存仓储：储存仓储的主要功能是长时间存放物资。由于物资所需的储存期较长，因此储存仓储需要特别注重降低储存费用，并注重物资的质量保管和养护。储存仓储通常设在交通便利但相对偏远的地区，以降低成本并确保物资的长期保存。

2）物流中心仓储：物流中心仓储以物流管理为目的，是实现物流的空间与时间价值的重要环节。它对物流的过程、数量、方向进行调节和控制，通常设在交通便利、储存成本较低的经济发达地区或口岸。物流中心仓储存储的物品品种可能并不多，但每个品种通常都是大批量进货、进库，并以一定批量分批出库的形式进行。因此，它要求物流功能健全，整体吞吐能力强，并对机械化、信息化、自动化水平有较高的要求。

3）配送仓储：配送仓储也称为配送中心仓储，是指在商品配送交付消费者之前所进行的短期仓储。它是商品在销售或供生产使用前的最后储存环节。在配送仓储中，物品需要进行销售或使用前的简单加工与包装等前期处理，如拆包、分拣和组配等。配送仓储的主要目的是支持销售和消费，因此需要特别注重配送作业的时效性与经济合理性。同时，它还需要对物品存量进行有效控制，因为涉及的物品品类繁多，但每个品种的进库批量并不大。配送中心仓储十分强调物流管理信息系统的建设与完善，以确保快速、有效的操作和控制。

4）运输中转仓储：运输中转仓储是衔接铁路、公路、水路等不同运输方式的仓储方式。它的主要目的是保证不同运输方式之间的高效衔接，减少运输工具的装卸和停留时间。运输中转仓储通常设置在不同运输方式的相接处，如港口、车站附近。它具有大进大出及货物存期短的特性，因此需要注重货物进出的作业效率和货物周转率。高度机械化作业是支撑运输中转仓储活动的重要因素。

5）保税仓储：保税仓储是指使用海关核准的保税仓库存放保税货物的仓储行为。保税仓储受到海关的直接监控，虽然货物也是由存货人委托保管，但保管人要对海关负责。保税仓储的入库单、出库单据均需要由海关签署。因此，保税仓储通常设置在进出境口岸附近，以便海关进行监管和管理。

（4）仓储物资处理方式分类

1）保管式仓储：保管式仓储也称为纯仓储，是指以保持保管物原样为目标的仓储方式。存货人将特定的物品交由仓储保管人代为保管，而物品的所有权不发生变化。在物品保管到期时，保管人会将代管的物品交还给存货人。在保管期间，除了自然损耗和自然减量外，保管物的数量、质量、件数等都不应发生变化。保管式仓储又可以进一步分为物品独立保管仓储和物品混合在一起保管的混藏式仓储两种类型。

2）加工式仓储：加工式仓储是一种在物品仓储期间，根据存货人的合同要求，对保管物进行一定加工的仓储方式。在保管期间，保管人会按照合同规定的外观、形状、成分构成、尺寸等对保管物进行加工或包装，使仓储物品发生委托人所要求达到的变化，以满足消费者的需求。这种仓储方式要求保管人具有一定的加工能力和技术水平，以确保加工后的物品符合合同要求。

3）消费式仓储：消费式仓储是一种特殊的仓储方式，其中仓库保管人在接受保管物时，同时接受保管物的所有权。在仓储期间，仓库保管人有权对仓储物行使所有权。在仓储期满时，保管人会将相同种类、品种和数量的替代品交还给委托人。这种仓储方式特别适合于解决保管期较短的农产品的长期储存问题，如储存期较短的肉禽蛋类、蔬菜瓜果类物资的储存。同时，它也适用于一定时期内价格波动较大的商品的投机性存储。消费式仓储是仓储经营人利用仓储物品开展投机经营的增值活动的一种方式，是仓储经营的一个重要发展方向，具有一定的商品保值和增值功能，但存在较大的仓储风险。

2.1.3　仓储的作用

仓储在现代社会中的作用是多方面的，它不仅是连接生产与消费的必要环节，还在市场调节、时间效用创造、经济效益提升，以及现货交易等方面发挥着重要作用。以下是对仓储作用的详细阐述。

1．仓储是社会生产顺利进行的必要条件

在现代社会中，由于劳动生产率高、产能巨大，生产和消费往往无法完全一致。仓储作为社会再生产各环节之间以及各环节之中的"物"的停滞，为生产的连续性提供了必要保障。在生产过程中，各道工序之间难免存在时间间隔，而仓储则能够确保这些间隔期间生产的连续性，防止生产阻塞。因此，无论对于哪一道工序，仓储都是保证生产顺利进行的必要条件。

2．仓储是市场信息的传感器，有助于维护市场稳定

仓储产品仓储量的变化是分析市场需求动向的有效途径。通过观察仓储量的增减和周转量的变化，可以判断产品的社会需求是否旺盛。仓储环节中获得的市场信息虽然比销售部门滞后，但更为准确和真实。企业应重视仓储环节的信息反馈，将其作为决策的重要依据。此外，仓储还能够调节产品供向市场的方式，使产品能够均衡地满足市场需求，防止供过于求或供不应求的情况发生。

3．仓储可以创造"时间效用"

仓储是保持产品使用价值、创造产品"时间效用"的重要手段。同一种物品由于使用时间不同，其效用也会有所不同。仓储可以使物品在最佳使用时间内发挥其最大的使用价值，从而提高投入产出比。通过仓储，物品可以最大限度地保持其使用价值，并充分发挥其"时间效用"，实现时间上的优化配置。

4．仓储是提高经济效益的有效途径

在生产系统中，过多的库存会导致企业资金循环困难、生产成本增加和经营风险加大。然而，仓储作为一种停滞，虽然会冲减企业经营利润，但很多企业的经营业务又离不开仓储。因此，企业如果能将库存控制得当，就能大大节约成本。仓储成本的降低是物流重要的利润来源之一。通过采用现代化大生产的方式，企业可以将仓储业务交给第三方物流企业管理或采用供应链管理环境下的供应商管理库存等方式，从而带来经济利润。

5．仓储是现货交易的场所

存货人可以通过仓储场所转让存放在仓库中的货物，购买人可以到仓库查验货物并进行交割。因此，仓储具有提供市场交易场所的作用。近年来，我国大量发展仓储式商店就是仓储与商业密切结合、仓储交易迅速发展的体现。这种结合不仅为商家提供了便捷的货物存储和交易场所，也为消费者提供了更加丰富的购物选择和更加便捷的购物体验。

2.2 数智仓储基本概念

2.2.1 数智仓储的定义与特点

1. 数智仓储的定义

数智仓储作为数智物流的关键组成部分，标志着仓储管理迈入了一个全新的智能化时代。它依托于互联网系统，通过数据的提取、运算、分析、优化与统计，再借助物联网、自动化设备、仓库管理系统（WMS）与仓库控制系统（WCS）的集成，实现了对仓储系统的全面数智化管理与控制。这不仅仅是一种技术升级，更是一种仓储管理理念的革新，它融合了信息化、物联网与机电一体化的精髓，共同塑造了数智物流仓储的新业态。

数智仓储的核心理念在于，通过无线射频识别（RFID）技术、网络技术等先进手段，对仓储管理的各个环节进行深度信息化改造。从入库、盘点到出库，每一个步骤的数据都被精准采集并有效利用，从而极大地降低仓储成本，提升运营效率，增强仓储管理能力。这是对传统仓库管理系统的一次深刻变革，它让仓库的运作更加高效，甚至能够在不接触货物的情况下完成进出库检查与质量监控，实现与后台数据库的无缝连接，进一步提升库存效率。

简而言之，数智仓储就是利用软件技术、互联网技术、自动分拣技术、光导技术、射频识别和声控技术等一系列高科技手段和设备，对物品的仓储活动进行全方位、智能化的计划、执行与控制。它代表着仓储系统智能化分析决策与自动化操作执行能力的飞跃性提升，是现代物流环节中的一次重要革新。

2. 数智仓储的特点

（1）仓储管理信息化　在仓储作业流程中，会产生并积累大量的货物信息、设备状态、环境条件，以及人员动态等关键数据。如何有效地实现对这些信息的智能化感知、处理与决策，并利用这些信息对仓储作业的执行和流程进行优化，构成了数智仓储研究的核心内容之一。数智仓储是在对传统仓储管理业务流程进行深度再造的基础上，通过融合 RFID 技术、网络通信、信息系统应用等先进的信息化技术，以及大数据、人工智能等前沿的管理方法，实现了入库、出库、盘库、移库等管理环节的信息自动抓取、自动识别、自动预警及智能管理功能，旨在降低仓储成本、提高仓储作业效率，并全面提升仓储的数智化管理能力。

（2）仓储运行自动化　仓储运行自动化主要聚焦于硬件部分的创新与应用，如自动化立体仓库系统、自动分拣设备、分拣机器人，以及可穿戴设备（如增强现实技术）的集成与应用。自动化立体仓库系统涵盖了立体存储系统、穿梭车等核心组件，而分拣机器人则主要包括关节机器人、机械手、蜘蛛手等多种形态。数智仓储设备和智能机器人的广泛应用，能够显著提升仓储作业的效率，推动仓储自动化水平的不断提升。智能控制技术作为一种先进的自动控制技术，能够在无人干预的情况下自主地驱动智能机器实现预定的控制目标。通过对仓储设备和机器人进行智能控制，赋予它们类似人类的感知、决策和执行能力，实现设备之间的无缝沟通与协调，以及设备与人之间更加高效的交互，从而极大地减轻人力劳动的强度，提高操作的效率与准确性。自动化与智能控制技术的深入研究与应用，是最终实现数智仓储系统高效运作的核心驱动力。

（3）仓储决策数智化　仓储决策的数智化转型主要得益于互联网技术的广泛应用，以及大数据、云计算、人工智能、深度学习、物联网，以及机器视觉等前沿技术的深度融合。利用这些先进的技术和数据资源，可以进行商品的销售预测、智能库存调拨，以及对个人消费习惯的深度挖掘，从而实现基于个人消费习惯的精准营销与推荐。目前，一些技术领先的企业如京东、菜鸟等已经成功运用大数据技术进行预分拣等智能化操作。在仓储管理过程中，各类仓储单据、报表可以快速生成，问题货物能够实时预警，特定条件下货物会自动提示处理，通过信息联网与智能管理技术的融合应用，可以形成一个统一的信息数据库，为供应链的整体运作提供可靠的数据支持与决策依据。

2.2.2　数智仓储的优劣势

数智仓储的应用，确保了仓库管理各个环节数据输入的高效与准确，使企业能够及时、准确地掌握库存的真实状况，实现对企业库存的合理保持与控制。通过科学的编码系统，数智仓储还能方便地管理库存货物的批次、保质期等关键信息。相较于传统的仓储系统和自动化立体仓库，数智仓储展现出明显的优势与劣势。

数智仓储的优势体现在以下几个方面：

1）高架存储，提升空间利用率：数智仓储系统利用高层货架存储货物，最大化地利用空间资源，显著降低土地成本。与普通仓库相比，通常可节省60%以上的土地面积。

2）无人化作业，节省人力资源：数智仓储系统实现无人化作业，不仅大幅降低人力资源需求，减少人力成本，还能适应黑暗、低温和有毒等特殊环境，展现了广阔的应用前景。

3）账实同步，优化资金利用：数智仓储系统实现账实同步，并与企业内部网融合，使企业只需维持合理库存即可确保生产顺畅，从而大幅提升现金流，减少不必要的库存，同时避免人为因素导致的账目错误。

4）自动控制，提高作业效率：数智仓储系统中的物品出入库由计算机自动控制，迅速、准确地将物品输送至指定位置，减少等待时间，大幅提高存储周转效率，降低存储成本。

5）系统管理，提升企业形象：数智仓储系统的建立不仅提高了企业的系统管理水平，还提升了企业整体形象及在客户心目中的地位，可为企业赢得更大市场，创造更多财富。

数智仓储的劣势则主要体现在以下几个方面：

1）投资大，建设周期长：数智仓储建设是复杂的系统工程，要求高精度的货架安装和复杂的设备连接与软件管理系统。这导致投资大、建设周期长，且安装调试难度大。

2）建设后不易更改：数智仓储系统根据企业具体需求量身定制，一旦建设完成，货架产品或其包装的最大尺寸和重量即被限定，超过规定尺寸和重量的货物无法存入。其他配套设备也不易改动，否则可能影响整个系统的运行。

3）事故后果严重：数智仓储系统的操作依赖计算机控制多个设备协调完成，一旦关键环节如计算机控制软件系统出现故障，可能导致整个仓库无法正常工作。

4）保养维护依赖度大：数智仓储系统复杂，需要定期进行保养和维护，并对部分软件进行升级。特别是技术含量高的设备和软件，必须由专业人员进行维护和升级，这要求客户与系统供应商保持长期联系。

5）业务培训技术性强：数智仓储系统实行自动控制与管理，投资大、技术性强。因此，所有数智仓储系统建成后，都需要对相关工作人员进行专门的业务培训，这也给企业的管理带来一定的难度。

2.3 数智仓储的系统构成

2.3.1 数智仓储的硬件系统构成

在对仓储布局进行科学规划的基础上，企业可以引入智能化的硬件设施，以提升仓储的运作效率。这些新型硬件设备的应用，不仅能够显著提高仓储的自动化水平和物流运作效率，还能为企业带来显著的经济效益。数智仓储的硬件系统主要包括智能拣选系统、自动存取系统、智能搬运系统、智能分拣系统等，它们共同构成了数智仓储的核心架构，如图2-1所示。

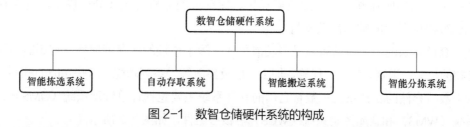

图2-1 数智仓储硬件系统的构成

数智仓储管理，是通过将仓储数据接入互联网系统，实现对数据的提取、运算、分析、优化和统计。借助物联网、自动化设备、仓库管理系统和仓库控制系统，数智仓储能够实现对仓储系统运作全过程的智能化管理、计划、组织、协调与控制，从而大幅提升仓储管理的效率和准确性。

根据功能设计范围，数智仓储可以进行详细的布置及选型设计，以实现不同的功能效果。通常，数智仓储所需的硬件系统设备包括以下几种：

1）高层货架，也称为立体仓库货架，是用于存储货物的钢结构。目前主要有焊接式货架和组合式货架两种基本形式，它们能够有效地利用空间，提高存储密度。

2）托盘（或物品箱、货箱、物料箱），是用于承载货物的器具，也称为工位器具。它们能够方便地存放和搬运货物，提高物流效率。

3）巷道堆垛起重机，是用于高层货架自动存取货物的设备。通过运行机构、起升机构和货叉机构的协调工作，它能够完成货物在货架范围内的纵向和横向移动，实现货物的三维立体存取。

4）穿梭车，又称轨道式导引车（Rail Guided Vehicle，RGV），是密集仓储系统的核心装备。它可以编程实现取货、运送、放置等任务，并可与上位机或 WMS 进行通信。结合 RFID、条码等识别技术，穿梭车能够实现自动化识别、存取等功能。

5）提升机，主要包括货物提升机与穿梭车提升机两种设备。它们主要配置在仓库主巷道两端，实现货物和穿梭车的换层作业，提高仓储作业的灵活性和效率。

6）输送机系统，是数智仓储的主要外围设备。它负责将货物运送到堆垛起重机、提升机或从堆垛起重机、提升机将货物移走。常见的输送机有轨道输送机、链条输送机、带式输送机等，它们能够满足不同场景下的物流需求。

7）AGV、IGV（Intelligent Guided Vehicle）系统，即各类自动导向小车，根据其导向方式可分为感应式导向小车、激光导向小车和固定导轨式小车。它们能够自主导航、搬运货物，提高仓储作业的自动化程度。

8）GAS（Gate Assort System），全称为"智能闸门开启式分拣系统"或"智能翻盖分拣系统"。这是一项以"人总是会出错"为出发点而开发的辅助拣选技术。它能够让拣选作业更加直观，有效降低人为误差，极大地提高拣选效率及正确率。

2.3.2　数智仓储的软件系统构成

仓储管理系统作为仓储系统的核心组成部分，不仅提供基本的仓储管理功能，还需基于大数据平台构建库存预警、库存策略优化、库存分类分析等统计分析模型，为库存管理和生产运维提供有力的辅助决策支持。

数智仓储体系的一个显著特点是多功能集成。除了传统的库存管理外，它还需实现对流通中货物的检验、识别、计量、保管、加工，以及集散等一系列功能。这些功能的顺利实现，都依赖于数智仓储的软件系统。数智仓储的软件系统主要包括订单管理系统（OMS）、仓库管理系统（WMS）和仓库控制系统（WCS）等核心组件，如图 2-2 所示。

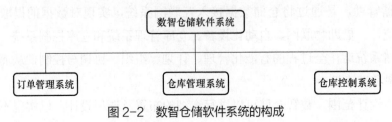

图 2-2　数智仓储软件系统的构成

　　订单管理系统作为供应链管理系统（SCM）的重要组成部分，通过管理和跟踪客户下达的订单，动态掌握订单的进展和完成情况，从而提升物流过程中的作业效率，节省运作时间和作业成本，增强物流企业的市场竞争力。订单管理系统的核心功能是通过统一订单，为用户提供整合的一站式供应链服务，满足用户对物流服务的全程需求。它是供应链管理链条中不可或缺的一环，通过管理和分配订单，使生产管理、采购管理、仓储管理和运输管理有机结合，实现供应链管理中各个环节的稳定高效运作，使仓储、运输、订单形成一个有机整体，满足物流系统信息化的需求。订单管理系统具备根据商户指令进行管理、查询、修改、打印等功能，并能将业务部门处理的信息及时反馈至商户。它通常包括订单处理、订单确认、订单状态管理（涵盖取消、付款、发货等多种状态，以及订单出库和订单查询等功能）等关键模块。

　　仓库管理系统则通过入库业务、出库业务、仓库调拨、库存调拨和虚仓管理等功能，综合运用批次管理、物品对应、库存盘点、质检管理、虚仓管理和即时库存管理等多项功能，有效控制并跟踪仓库业务的物流和成本管理全过程，从而实现和完善企业的仓储信息管理。该系统既可以独立执行库存操作，也可以与其他系统的单据和凭证等结合使用，为企业提供更为完整的企业物流管理流程和财务管理信息。

　　仓库控制系统则位于仓库管理系统和可编程控制器（PLC）之间，作为一层管理控制系统，负责协调各种物流设备如输送机、堆垛起重机、穿梭车及机器人、自动导引车等的运行。它主要通过任务引擎和消息引擎优化分解任务、分析执行路径，为上层系统的调度指令提供执行保障和优化，并实现对各种设备系统接口的集成、统一调度和监控。

　　综上所述，通过完善的设计、合理的硬件及软件配置，并根据具体的功能要求，数智仓储完全能够实现仓储的智能输送、存储、定位、提醒等功能，从而显著提高企业仓储的运行效率，实现自动盘点，并降低管理成本。

2.4　数智仓储管理概述

2.4.1　数智仓储管理的原则

　　数智仓储的运营管理以效率为核心，致力于实现最少的劳动投入与最大的产品产出之间的优化平衡。劳动投入涵盖了劳动力的数量、设施设备的配置，以及人力和设备资源的作业时间和使用时间等多个方面。因此，数智仓储管理应遵循以下基本原则：

1. 效率优化原则

　　效率是指在特定的劳动要素投入下所产出的产品数量。高效率意味着在较小的劳动要素投入下，能够实现更多的产品产出，这体现了劳动产出的高效和劳动要素的高利用率。实现高效率是管理艺术的展现，它要求通过精确的核算、科学的组织、合理的场所安排，以及空间、机械设备与员工之间的协同配合，确保作业过程的有序进行，从而实现仓容利用率、货物周转率、进出库时间、装卸车时间等关键指标的最优化。

2. 服务导向原则

仓储活动的本质就是为社会提供仓储服务，服务是贯穿仓储业务的主线。仓储的定位、具体操作，以及对存储货物的控制都应以服务为中心展开。仓储管理应围绕服务定位、服务提供方式、服务改善和服务质量提升等方面展开，包括直接的服务管理和以服务为核心的管理实践。同时，仓储服务水平的提升与经营成本之间存在一定的效益悖反现象，即服务质量的提高往往伴随着成本的增加。因此，仓储管理需要在降低成本和提高服务水平之间找到平衡点，并正确定位服务范围。

3. 经济效益最大化原则

企业运营的根本目的是追求最大利润，这是经济学的基本假设。利润是经济效益的具体表现。为了实现利润最大化，企业需要同时实现经营收入的最大化和经营成本的最小化。仓储企业应围绕获取最大经济效益的目标进行组织和运营，并在追求经济效益的同时，承担一定的社会责任，如保护环境、维护社会稳定、满足人们日益增长的需求等。这意味着在追求企业最佳经济效益的同时，也要统筹考虑社会效益的实现。

2.4.2　数智仓储管理的内容

数智仓储管理的对象涵盖了仓库、库存物资、设施设备，以及信息技术等核心要素，其具体管理内容可细化为以下几个方面。

1. 数智仓储布局规划管理

数智仓储布局规划需明确规划的目标和基本原则，确定规划布局的类型，并留意规划过程中的注意事项和主要步骤。此外，还需具体规划数智仓储的各个方面，包括总体规划、功能区域的布局规划、物流动线的规划，以及仓库位置的详细规划等。

2. 数智仓储硬件设备选择与配置

根据数智仓储的实际类型，选择适合的硬件设备，包括智能拣选设备、自动存取设备、智能搬运设备，以及智能分拣设备等，并关注主要配套设备的选型问题。

3. 数智仓储软件系统建设

明确订单管理系统的组成、特点及其功能模块，了解仓库管理系统的特点与功能模块，掌握仓储控制系统的工作原理、特点及其功能模块，并涉及各软件系统的选购决策。

4. 数智仓储作业管理

数智仓储作业管理是仓储管理的基础，包括组织物资的入库验收、物资的存放方式、在库物资的保管与保养方法，以及物资的发放出库等流程。需明确数智仓储的作业流程，并进行流程优化以提升效率。

5. 数智仓储运营管理

数智仓储运营管理涉及需求分析、订单处理分析，制定存储策略、拣选策略、补货策略，以及库存控制方法和7S管理（整理、整顿、清扫、清洁、素养、安全、节约）的实施。

6. 数智仓储绩效管理

数智仓储绩效管理需明确如何进行运营绩效的管理，包括管理的原则、具体的管理内容，以及构建数智仓储绩效管理体系的架构等。

7. 数智仓储仓库安全管理

数智仓储仓库安全管理需明确管理的基本任务和目标，涵盖具体的管理内容，以及主要的安全技术和管理手段等，以确保仓库运营的安全与稳定。

2.5 数智仓储的发展现状与趋势

2.5.1 数智仓储的发展现状

在国内，随着一系列促进数智物流、数智仓储和物联网技术发展的政策、规划及方案的出台与实施，数智仓储基础设施的投资力度不断加大。各种与数智仓储相关的示范项目纷纷引进，物联网技术在物流仓储领域的应用不断深化，物流企业在发展数智仓储方面的经验和认识也不断丰富和提高。这些都为数智仓储的发展奠定了坚实的基础。目前，我国很大一部分物流和仓储业务是由生产企业自身运营的，且这些企业的规模相对较小。据统计，我国的仓储空仓率接近 35%，远高于发达国家水平。这表明我国的第三方物流市场仍有巨大的发展空间。第三方物流迫切需要建立一个合理、便捷、高效、先进的技术服务体系，以真正实现数智仓储的概念，实现自动分拣和智能操作，从而在第三方物流市场实现空间和利润的双重增长。

数智仓储技术的应用主要体现在四个方面：一是传统仓储设施的智能化与网络化，这是实现仓储设施互联的基石；二是仓储设备的自动化和标准化，它为仓储作业智能化提供了基础；三是系统平台对接的应用，它实现了仓储系统与其他上下游系统的互通互联；四是物流大数据推动仓储资源的整合与共享，它为实现集团公司内部仓储资源的优化配置奠定了基础。

经过调查分析，我国数智仓储技术与设备正处于快速发展阶段。在仓储设施互联网方面，仓储设施资源的联网应用年增长速度超过 28%。仓库库区视频联网监控技术发展迅速，增长速度约为 18%，仓储设备物联网的增长速度约为 25%。仓储信息化技术应用最为广泛，以云计算模式为主的数智仓储信息系统的应用增长率超过 26%。

仓储系统自动化与智能化作业方面的技术发展尤为迅速，主要体现在自动化立体仓库、WCS 自动控制系统、智能穿梭车、透明感知设备、巷道堆垛起重机、分拣技术设备、AGV、输送机系统等领域。在自动化立体仓库建设领域，市场需求增长超过 18%。智能穿梭车与密集型货架系统在前几年经历了爆发式增长，虽然目前增长速度有所放缓，但仍保持 30% 以上的增长率。物流机器人是机器人的七大应用领域之一，机器人搬运、机器人堆码等技术装备近两年都进入了快速发展阶段，市场增长速度保持在 30% 以上。其中，机器人分拣的发展速度最快，由于基数较低，其增长速度超过 50%。

在智能追踪领域，RFID技术和GPS移动追踪定位技术是应用最普遍的物联网感知技术。据调研，我国仓储行业手持终端扫描设备的增长率超过15%。在手持终端扫描设备领域，目前的创新方向之一是小型化，正向可穿戴智能技术方向发展。国内市场规模庞大，相关智能技术和设备处于世界领先水平，形成了一个基本完善的产业链。数智仓储已成为物流仓储行业发展的重要动力，降低了物流仓储成本，促进了整个产业的升级。

当前，我国数智仓储在互联网＋战略的推动下快速发展，与大数据、云计算等新一代互联网技术相融合，整个行业正向着运行高效、流通快速的方向迈进。具体表现如下：

1. 仓储行业转型升级初见成效

从经营模式来看，仓储企业正逐步完善相关服务配套设施，转变企业经营模式，努力实现仓库空间利用率的最大化，并向各种类型的配送中心发展。从发展方向来看，企业通过并购重组、延伸产业服务链条等方式，实现仓储领域向网络化与一体化服务方向发展。

2. 新兴仓储领域发展迅速

在电商、快递仓储方面，电商企业将竞争力放在提高用户体验和提升配送效率上。他们一方面加快自建物流设施的步伐，另一方面也对外开放仓储资源。同时，在资本市场推动下，快递公司在仓储领域的技术和服务水平得到了快速提升。

3. 仓储机械化与信息化水平有所提升

从机械化角度来看，以货架、穿梭车、AGV、"货到人"机器人等为代表的仓储装备和仓储信息系统在大中型仓储企业的应用状况良好。从信息化水平来看，我国仓储业的信息化正在向深度（数智仓储）与广度（互联网平台）发展。条码、智能标签、无线射频识别等自动识别标识技术，可视化及货物跟踪系统、自动或快速分拣技术等在一些大型电商企业，以及医药、烟草、电子等专业仓储企业的应用比例不断提高。

2.5.2 数智仓储的发展趋势

在工业4.0时代，客户需求高度个性化，产品创新周期不断缩短，生产节奏持续加快。一方面，信息技术全面渗透制造业，生产要素配置变得高度灵活，大规模定制生产得以实现，传统的生产流程、模式及管理方式正经历深刻变革。另一方面，新兴自动化和智能技术推动了现有硬件设备的扩容与升级，优化了仓储物流运作流程，提升了仓储技术装备的柔性化应用水平，并有效降低了物流成本。信息技术、自动化技术与智能技术的融合进一步提高了仓储装备的技术集成程度，成为国外仓储装备研发与制造的核心竞争力。

随着物联网、大数据、人工智能等信息技术的持续发展，以及资本市场对智能仓储技术应用场景的日益关注，智能仓储物联网等行业标准法规将不断完善。机器人和认知技术、3D打印技术等将在仓储物流领域得到深度应用，预测性维护和按需仓储也将受到更多关注。

在我国政府相继出台政策鼓励和支持"物流行业高质量发展"的背景下，智能仓储行业迎来了发展的黄金期。未来，该行业将朝着国际化、数智化、绿色化、龙头化或集群化，以及服务化的方向迈进。

1）物流的国际化进程加速，物流企业借助"一带一路"政策利好，纷纷抢占海外市场。圆通在东南亚、"一带一路"沿线及华人华企聚集区域建立多式联运转运集散枢纽，布局海外仓储、转运、集散业务。顺丰与 UPS 的合资公司也已获得监管审批。阿里巴巴海外试验区马来西亚数字自由贸易区在吉隆坡启用运营，菜鸟智能仓库也随之落地。随着国内物流市场格局的逐渐形成，拓展海外市场以配合跨境电商的急速发展成为物流企业的新筹划。

2）仓储的数智化转型加速，资本市场及物流企业对数智物流技术应用场景的落地充满期待。下游客户的需求从自动化升级为智能化，5G、物联网、人工智能、大数据分析等智能技术将在仓储物流领域得到深度应用。面对庞大的订单压力，电商企业和物流企业均对数智化设备寄予厚望。京东已建成全流程无人仓，实现了入库、存储、包装、分拣等环节的智能化和无人化。智能化正逐渐渗透到物流的各个环节，成为物流行业转型的新动能。全自动分拣设备、无人机、无人车送货等智能化物流配送方式正成为发展趋势。

3）数智仓储的绿色化发展成为减少成本的关键。随着物流成本的上升，"清流计划""漂流瓶""绿色物流"等词汇围绕减少物流包装成本这一目标不断升温。循环使用快递箱或研发可替代产品成为行业热议的焦点。为缓解成本压力或响应环保政策，苏宁、京东、菜鸟等众多电商企业及快递企业纷纷在快递纸箱上做文章，以减少物流中的包装成本。循环包装袋与纸箱、快递袋也将逐渐被广泛应用。

4）数智仓储行业洗牌加速，龙头企业优势逐步显现。随着经济增速的放缓和供给侧改革的深入，市场将逐步向龙头企业集中。同时，产业集群作为一种新的发展模式正在兴起。物流产业集群是物流专业化分工与协作水平不断提高的产物，是一种遵循经济原则的组织形式和经济现象。它将按照一定规则运行和自我发展，成为数智仓储行业的重要组织形式。

5）数智仓储的服务化转型加速。仓储智能化的需求不仅是设备的需求，更需要厂商提供一整套完善的软硬件方案，实现数据搜集、分析、决策指导优化生产过程，并且持续升级。因此，未来传统的仓储物流设备厂商将向服务商转型，以满足行业发展的新需求。

案例　A 公司一体化数字化仓储管理系统

随着全球经济一体化和市场竞争的加剧，仓储行业正面临着前所未有的挑战与变革。在此背景下，A 公司摒弃以生产为导向的传统思维，把以市场为导向的思维融入企业发展战略，秉承效率优化、服务导向和经济效益最大化三大原则，在市场导向下建设物流"一体化数字化"平台。该平台下的"一体化数字化仓储管理系统"以物联网设备为基础，以资源优化配置为主线，优化关键环节，协同整合各类物流与信息资源，实现仓储物资在整个仓储物流环节"运行高效化、流程精细化、轨迹数字化、调度智能化、过程状态可视化"，支撑整个物流系统的持续改进。

在项目建设初期，公司内部存在多个独立运行的信息化系统，仓储协同效果差、效率低。当物联感知等技术呈现出新的应用技术时，该公司未及时应用，作业过程亟须有效利用技术来提高物流整体运行效率。由于未建立统一流程模型，无法确认当天实际业务进度，导致作业效率低下。公司的部分园区尚未纳入整体信息化联网建设，智慧园区构建并不完善。

A公司针对以上问题采取了一系列创新举措，并精心规划了实施路径，最终确保一体化数字化仓储管理系统成功落地。首先，A公司做到了信息的统一、数据的统一、架构的统一、应用的统一，以及管理的统一，这保证了该公司各子平台之间的高度协同与无缝对接。其次，在技术融合方面，深度融合了云计算、大数据、物联网、人工智能和区块链等现代信息技术。系统的实施极大地提升了仓储管理效率。通过自动化和智能化的管理手段，中心库的出库能力大幅提升，库存周转次数也显著增加。最后，在业务整合方面，通过一体化数字化仓储管理系统的建设，实现了采购业务流程的自动化和标准化，做到了生产、物流等环节的协同作业和资源共享，完成对仓储环境的实时监控与调节，确保了物资的安全与质量。

一体化数字化仓储管理系统的成功应用促进了供应链各环节的协同作业与信息共享。通过数字化手段将供应商、生产商、物流商等各方紧密联系在一起，实现了资源的优化配置和风险的共同防控。这不仅增强了供应链的韧性和稳定性，还为企业应对市场变化提供了有力保障。

思考题：

A公司在构建一体化数字化仓储管理系统时，采取了多项创新技术和策略。请分析这些技术和策略如何协同工作，共同提升了仓储管理效率，并具体说明其中一至两项技术和策略如何在实际操作中发挥了关键作用。

课后习题

1. 简述仓储在物流体系中的作用及其重要性。
2. 解释数智仓储与传统仓储的主要区别，并举例说明。
3. 探讨数智仓储在高端制造业供应链管理中的深度融合机制及其对库存周转率、交货准时率和客户满意度的综合影响。
4. 对比数智仓储与传统仓储在人力资源配置上的差异，并讨论这种差异对企业成本的影响。
5. 设想一个场景，说明数智仓储在冷链物流中的应用，并分析其潜在优势与挑战。

第3章 库存控制

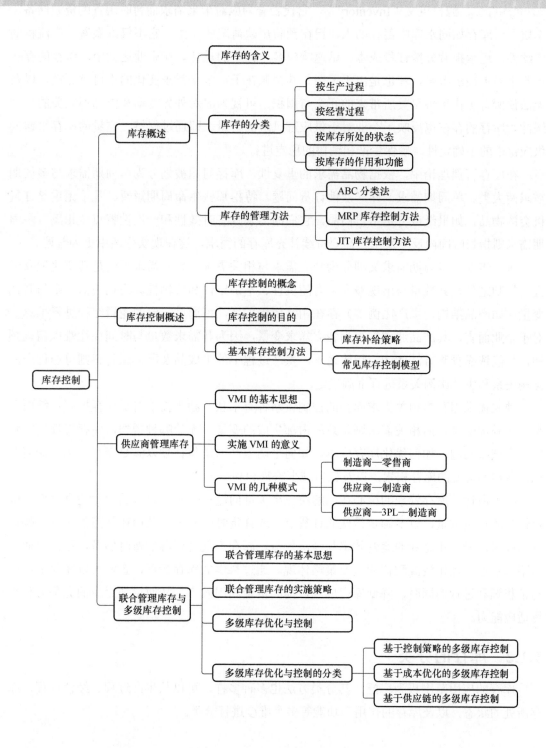

库存控制
- 库存概述
  - 库存的含义
  - 库存的分类
    - 按生产过程
    - 按经营过程
    - 按库存所处的状态
    - 按库存的作用和功能
  - 库存的管理方法
    - ABC 分类法
    - MRP 库存控制方法
    - JIT 库存控制方法
- 库存控制概述
  - 库存控制的概念
  - 库存控制的目的
  - 基本库存控制方法
    - 库存补给策略
    - 常见库存控制模型
- 供应商管理库存
  - VMI 的基本思想
  - 实施 VMI 的意义
  - VMI 的几种模式
    - 制造商—零售商
    - 供应商—制造商
    - 供应商—3PL—制造商
- 联合管理库存与多级库存控制
  - 联合管理库存的基本思想
  - 联合管理库存的实施策略
  - 多级库存优化与控制
  - 多级库存优化与控制的分类
    - 基于控制策略的多级库存控制
    - 基于成本优化的多级库存控制
    - 基于供应链的多级库存控制

3.1 库存概述

3.1.1 库存的含义

"库存"，源自英文"Inventory"，它代表着为应对未来需求而暂时闲置的资源储备。本质上，库存如同水库中蓄存的水，旨在预防短缺情况的发生。它不仅维系着生产流程的连续性，还承担着分摊订货成本、迅速响应客户订单的重任。在企业运营中，库存的存在虽基于多重经济考量，却也是出于无奈。其根源在于对未来需求变化的不可预测性，以及无法使所有工作尽善尽美所带来的冗余与囤积，可视为应对外界变动和内部不完美的一种缓冲。库存的存在也反映了企业对于供应链风险的考量，即通过保持一定量的库存来缓冲供应链中的不确定性，确保生产和销售的稳定进行。

在库存管理理论中，依据物品需求的重复性，库存问题被划分为单周期需求与多周期需求两大类。单周期需求，即一次性订货问题，特指那些生命周期短暂、几乎无重复订货机会的物品，如报纸或特定节日商品，它们的需求具有时效性和一次性特点。相反，多周期需求则指长时间内反复发生、需要持续补充库存的需求，这在现实生活中更为普遍。

进一步地，多周期需求又细分为独立需求与相关需求。独立需求指的是其变化独立于人为控制之外，其数量与出现概率具有随机性、不确定性和模糊性。而相关需求则与其他变量（如产品结构、生产比例等）存在相互依赖关系，可通过一定的逻辑结构进行推算。对于企业而言，其产品通常被视为独立需求变量，因为其需求数量与时间往往难以精确预知，只能依靠预测方法估计。相比之下，生产过程中的半成品及所需原材料则可通过产品结构关系和生产比例关系进行准确确定。

独立需求库存与相关需求库存的控制策略各有千秋。独立需求对于库存控制系统而言是一种外部变量，而相关需求则是系统内部生成的变量。无论哪种类型，库存管理均需解决几个核心问题：如何优化库存成本，如何平衡生产与销售计划以满足交货要求，如何避免浪费与不必要的库存积累，以及如何减少缺货和利润损失。

综上所述，库存管理的核心在于解决三个关键问题——确定合理的库存检查周期、确定恰当的订货数量，以及确定最佳的订货点（或订货时间）——从而在保障供应链流畅运行的同时，最大化企业的运营效率与经济效益。库存不仅是资源的暂时储备，更是企业应对不确定性、优化资源配置的重要策略体现。通过科学的库存管理，企业可以在保证生产与销售顺利进行的同时，降低库存成本，提高资金利用效率，从而增强企业的竞争力和市场适应能力。

3.1.2 库存的分类

库存的应用范围极为广泛，其分类方法也多种多样，可以从生产过程、经营过程、库存所处的状态，以及库存的作用和功能等多个维度进行分类。

1. 按生产过程分类

（1）原材料库存　原材料库存指的是企业在生产过程中所需的各种原料和材料，这些原料和材料必须满足企业生产所规定的质量和标准。它们的作用在于支持企业内部的制造或装配活动，以确保生产的顺利进行。例如，一家汽车制造商需要储存大量的钢材、塑料和橡胶等原材料，以用于生产汽车的各种零部件。

（2）在制品库存　在制品库存是指已经经过一定的生产过程，但尚未完全完工，需要进一步加工的中间产品所形成的库存。由于生产产品需要一定的时间，因此在制品库存是不可避免的。例如，一家服装厂在生产服装的过程中，会有大量的半成品，如裁剪好的布料、缝制好的衣片等，这些都属于在制品库存。

（3）维修库存　维修库存是指在维修和维护过程中经常消耗的商品或配件，如润滑油、机器零部件等。这类库存不包括产成品的维护所需要的商品或配件，主要用于保障设备的正常运转和维修工作的顺利进行。例如，一家工厂需要储备一定量的轴承、齿轮等机器零部件，以便在设备出现故障时及时进行更换。

（4）包装物及低值易耗品库存　企业为了包装产品，通常需要储备各种包装容器和包装材料，从而形成包装物库存。此外，企业还需要一些价值较低、易损耗且不能作为固定资产的物资，这些物资也形成低值易耗品库存。例如，一家食品企业需要大量的包装袋、纸箱等包装物来包装其产品，同时还需要储备一些办公用品（如纸张、笔）等低值易耗品。

（5）产成品库存　由于生产和消费在时间和空间上存在一定的距离，产成品不可能在生产出来的第一时间就被消费掉。同时，企业也无法准确预测出消费者的需求量，因此就产生了产成品库存。这类库存的存在可以满足不断变动的消费者需求，确保企业在市场中的竞争力。例如，一家电子产品生产商需要储备一定量的手机、计算机等产成品，以便在市场需求增加时能够及时满足消费者的购买需求。

2. 按经营过程分类

（1）经常库存　经常库存，通常也称为周转库存，是指企业为了维持正常的经营活动和满足日常需求而必须持有的库存。这种库存需要不断补充，当库存量低于某一特定水平（即订货点）时，企业就需要及时补充库存。例如，一家超市需要保持一定量的食品、日用品等经常库存，以确保顾客的日常需求得到满足。

（2）安全库存　安全库存是在满足平均需求和平均提前期所需要的定期性库存之外额外补充的库存。其目的是防止需求异常增加或货物超过订货提前期仍未送到时发生缺货现象。安全库存的量取决于需求的波动幅度和企业的现货供应水平，精确的预测是降低安全库存水平的关键。例如，一家药店需要储备一定量的常用药品作为安全库存，以确保在突发疫情或药品需求激增时能够及时满足消费者的购买需求。

（3）促销库存　促销库存是指企业为了应对促销活动所产生的预期销售量的增加而建立的库存。这类库存的存在可以确保企业在促销活动期间有足够的货源供应，满足消费者的购买需求。例如，一家电商平台在"双十一"促销活动期间需要储备大量的商品作为促销库存，以确保在活动期间能够及时发货并满足消费者的购买需求。

（4）投机库存　投机库存是指企业为了防止原材料价格上涨或为了从产成品的价格上涨中谋利而愿意保有的库存。这类库存的存在可以帮助企业在市场波动中获取更多的利益。例如，一家钢材生产商在预测到钢材价格将上涨时，可能会增加其钢材库存作为投机库存，以便在价格上涨时出售并获得更多的利润。

（5）战略库存　战略库存是指企业为了维持整条供应链的稳定运行而持有的库存。这类库存可能会导致产成品积压并增加库存成本，但从整条供应链管理的角度来看却是经济、合理的。例如，一家汽车制造商为了维持其供应链的稳定运行，可能会在其仓库中储备一定量的汽车零部件作为战略库存，以确保在供应链出现波动时能够及时补充货源并满足生产需求。

（6）季节性库存　季节性库存是为了满足特定季节出现的特定需求而建立的库存。通常企业会对季节性出产的商品在应季时进行大量收购并储存起来作为季节性库存。例如，一家冰激凌生产商在夏季来临之前会大量生产并储存冰激凌作为季节性库存，以满足夏季的高需求。

3. 按库存所处的状态分类

（1）静态库存　静态库存，即狭义库存，指的是长期或暂时处于储存状态的库存。这类库存通常存放于物流节点的仓库中，等待被进一步处理或使用。例如，一家物流公司的仓库中存放的大量货物就属于静态库存。

（2）动态库存　动态库存，即广义库存，也称为在途库存。它指的是处于制造加工状态，或者在汽车、火车、轮船、飞机等交通工具上处于运输状态的库存。这类库存处于不断移动和变化的状态中。例如，一家汽车制造商的生产线上正在加工的汽车零部件，以及一辆正在运输途中的货车上的货物，都属于动态库存。

4. 按库存的作用和功能分类

（1）基本库存　基本库存是指在补给生产过程中产生的库存。由于产品在生产过程中对于各种原料、材料的需要是源源不断的，因此必须保有一定的库存，以便在生产需要时随时取用。这类库存的存在是确保生产顺利进行的基础。例如，一家制药厂需要储备一定量的原料药材作为基本库存，以确保在生产过程中能够随时取用并满足生产需求。

（2）中转库存　中转库存是指正在转移或等待转移的，已经装运在汽车、火车、轮船、飞机等交通工具上的存货。这类库存是实现补给订货所必需的，它在存货中的比例逐步增大。例如，一家跨国贸易公司需要从国外进口一批商品，这些商品在运输过程中就形成了中转库存。当这批商品到达目的港并等待进一步分销时，它们仍然属于中转库存的一部分。

3.1.3　库存的管理方法

1. ABC 分类法

ABC 分类法，也称为帕累托分析法、重点管理法等，其核心原理与二八法则相契合。

该方法将库存物品依据设定的分类标准和要求，精确地划分为三个等级：特别重要的库存（A 类）、一般重要的库存（B 类），以及不重要的库存（C 类）。针对不同等级，实施不同的控制和管理策略，以优化库存管理、压缩总库存量、释放被占压资金、使库存结构更加合理化，并节省管理所需的时间和精力成本。

（1）ABC 分类法的基本原理　ABC 分类法的思想源泉是帕累托曲线。经济学家帕累托在研究财富的社会分配时，得出了一个重要结论：80% 的财富掌握在 20% 的人手中，这一发现被称为"关键的少数和一般的多数"规律。这一普遍规律不仅存在于社会财富的分配中，也广泛存在于其他各个领域，被统称为帕累托现象。

在企业的库存管理中，物资种类繁多，价格各异，库存数量也不尽相同。有些物资虽然品种不多，但其价值却相当高；而有些物资品种繁多，但价值却相对较低。企业资源有限，因此在进行存货控制时，需要企业将注意力集中在较为重要的库存物资上，依据库存物资的重要程度分别进行管理，这正是 ABC 分类管理的核心理念。

具体来说，ABC 分类管理就是将库存物资按照品种和占用资金的多少，划分为 A、B、C 三个等级。然后，针对不同等级分别进行管理与控制。分类的标准主要依据库存物资所占总库存资金的比例和所占总库存物资品种数目的比例。

在库存管理中，这意味着相对较少的库存物资可能具有极大的价值或造成重大的影响。因此，对这些少数品种物资的管理就成为企业经营成败的关键。在实施库存管理时，需要将各类物资分出主次，并根据不同情况分别对待，突出重点。

（2）ABC 分类法的管理策略和标准　对库存进行 ABC 分类之后，企业应根据自身的经营策略，对不同级别的库存采取不同的管理和控制措施。

A 类库存物资虽然品种数量较少，但对企业而言却至关重要。这类库存需要严格管理和控制。企业应对这类库存进行定时盘点，详细记录其使用、存量增减、品质维持等信息，并加强进货、发货、运送等各个环节的管理。在满足企业内部需求和顾客需求的前提下，企业应努力维持尽可能低的经常库存量和安全库存量，同时加强与供应链上下游企业的协同合作，以降低库存水平并加快库存周转速度。A 类库存的价值通常占总库存价值的70% ～ 80%，而品种数量则仅为总品种数量的 5% ～ 15%。

B 类库存介于 A 类库存与 C 类库存之间。因此，对这类库存的管理强度也相应介于 A 类库存与 C 类库存之间。企业只需对 B 类库存进行正常的例行管理和控制即可。B 类库存的价值通常占总库存价值的 15% ～ 25%，而品种数量则为总品种数量的 20% ～ 30%。

C 类库存物资品种最多、数量最大，但对企业的重要性却相对较低。因此，这类库存被视为不重要的库存。对于 C 类库存，企业一般进行简单的管理和控制即可。例如，可以采取大量采购、大量库存的策略，并减少这类库存所需的人员和设施投入。同时，对 C 类库存的检查时间间隔也可以相对较长。C 类库存的价值通常占库存总价值的 5% ～ 10%，而品种数量则为总品种数量的 60% ～ 70%。

（3）需关注的问题　在应用 ABC 分类管理方法时，必须特别注意两个核心问题：库存物资的单价及物资的重要性。

首先，关于库存物资的单价问题，单价较高的物资，其数量的任何变动都会对占用库存资金（指企业在经营过程中，存放在库存中的物资和产品所占用的资金）产生显著的影响。因此，在 A 类物资中，这类单价高的物资更应受到企业的高度关注，并考虑采用零库存技术等先进的管理手段来优化其库存管理。

其次，关于物资的重要性问题，ABC 分类管理在应用时还需要注意一个潜在的盲点，即它并未充分考虑物资对企业生产活动的重要性。实际上，有些物资虽然被划分为 C 类，但可能对企业的生产活动产生至关重要的影响。这类物资的重要性并不主要体现在资金占用上，而是体现在其对企业生产的连续性和安全性的保障上。如果这类物资缺货，则可能会导致企业停产或严重影响正常生产，甚至可能危及企业的生产安全。更为严重的是，如果这类物资属于市场短缺的物资，一旦缺货后补货将会变得非常困难。

为了弥补这一不足，我们可以结合重要性分析方法，将物资按其对企业生产的重要性进行分类。通过将 ABC 分类管理与重要性分析方法相结合，我们可以更准确地识别出不同物资对企业的重要性和紧迫性，从而制定出更为精准和有效的库存管理策略。这种方法不仅考虑了物资的资金占用情况，还充分考虑了物资对企业生产活动的重要性和潜在风险，有助于企业实现更为全面和精细化的库存管理。

2. MRP 库存控制方法

物料需求计划（Material Requirements Planning，MRP）是指制造企业内的一种物料计划管理模式，它根据产品结构各层次物品的从属和数量关系，以每个物品为计划对象，以完工日期为时间基准倒排计划，按提前期长短区别各个物品下达计划时间先后顺序。它起源于 20 世纪 60 年代初，最初是针对当时制造企业生产管理中存在的普遍问题及传统库存控制方法的不足而提出的一种生产组织管理技术。它是一种生产计划与控制技术，以控制整个生产过程中的库存水平为出发点，围绕物料组织生产，也是一种新的库存控制思想。

（1）传统库存控制方法的缺陷　订货点法是传统的库存计划与控制方法，其基本思想是根据过去的经验预测未来的需求，根据物料的需求情况来确定订货点和订货批量。订货点法的基本假设点是：

a）对各种物料的需求是相互独立的；

b）物料的需求是稳定的、连续的；

c）订货提前期是已知的、固定的。

订货点法适用于需求比较稳定的物料库存控制与管理。然而，在实际生产中，随着市场环境的变化，需求常常是不稳定、不均匀的，在这种情况下使用订货点法便暴露出一些明显的缺陷。

1）盲目性。由于需求的不均衡和需求变化，企业不得不维持较大数量的安全库存来应付这种需求。这样盲目地维持一定量的库存会造成资金积压，产生浪费。例如，某零件的需求情况见表 3-1，假定通过经济订货批量模型计算出该零件的订货批量为 50 件。那么，在情况 1 下，第 1 周需要 10 件，若一次订 50 件，则余下 40 件还需存放到第 9 周，但到第 10 周真正需要时，余下的 40 件又不够，必须再次订货 50 件。同样地，对于情况 2 和情况 3 也存在类似情况。

表 3-1　某零件的需求

	周次	1	2	3	4	5	6	7	8	9	10
需求量	情况 1	10	0	0	0	0	0	0	0	0	50
	情况 2	10	0	50	0	0	0	0	0	0	0
	情况 3	10	0	0	10	0	0	0	40	0	0

2）高库存与低服务水平。传统的订货点方法存在一个固有的矛盾：难以实现低库存与高服务水平的并存。普遍认为，要达到较高的服务水平，就必须维持较高的库存水平，然而，即便如此，也常常会出现零件积压与短缺并存的情况。以装配一个部件为例，若该部件需要 5 种零件，且每种零件都以 95% 的服务水平进行供给，那么每种零件的库存水平都会很高。然而，在实际装配过程中，5 种零件都不发生缺货的概率仅为 $0.95^5=0.774$，意味着大约每 4 次装配中就有一次会发生缺货现象。

3）"块状"需求的形成。订货点法的一个基本假设是需求是均匀的，但在实际制造过程中，物料的需求往往是"块状"的：不需要时为零，需要时则为一批。这种方法的采用实际上加剧了需求的不均匀性。在企业的产品、零部件和原材料都采用订货点法进行控制的情况下，市场对产品的需求通常相对稳定，呈小锯齿状波动。然而，当产品库存下降到订货点以下时，企业需要开始组织该产品的装配，这时零部件库存会陡然下降。如果零部件库存量没有下降到订货点以下，则无须订货，原材料也同样无须订货。但随着产品库存再次下降到订货点以下，需要再次进行产品装配时，又会消耗一部分零部件库存。如果零部件库存量下降到订货点以下，就需要组织资源进行零部件的加工，进而从原材料库中领取原材料，导致原材料库存也降到订货点以下。由此可见，在产品需求均匀的情况下，采用订货点方法将导致对零件和原材料的需求率变得不均匀，形成"块状"需求。与"锯齿状"需求相比，"块状"需求下的平均库存水平几乎提高了一倍，从而占用了更多的资金。

订货点法之所以存在这些缺陷，是因为它没有根据各种物料真正需要的时间来确定订货日期。因此，人们开始思考如何才能在需要的时间、按需要的数量得到需要的物料，从而消除盲目性，实现低库存与高服务水平的并存。

（2）MRP 的基本思想　MRP 是库存管理专家为解决传统库存控制方法的不足，在不断探索新的库存控制方法的过程中产生的。最早提出解决方案的是美国 IBM 公司的约瑟夫·奥利基（Joseph Orlicky）博士，他在 20 世纪 60 年代设计并组织实施了第一个 MRP 系统。

MRP 的基本思想是围绕物料转化组织制造资源，实现按需要准时生产。对于制造型企业而言，生产是将原材料转化为产品的过程。例如，在加工装配式生产中，就存在将原材料制成毛坯、毛坯加工成零件、零件组装成部件、部件总装成产品的工艺顺序（见图 3-1）。对于制造型的流程工业而言，也存在类似的生产工艺顺序。MRP 的核心就是根据这种物料转化的顺序和节奏，来组织和安排制造资源的使用和调配，以确保在需要的时间、按需要的数量得到需要的物料，从而实现生产过程的顺畅和高效。

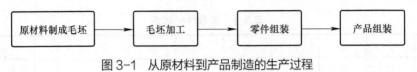

图 3-1　从原材料到产品制造的生产过程

按上述的生产过程，如果确定了产品的需求时间和需求数量，就可以确定产品装配数量和装配时间；确定了产品装配数量和装配时间，就可以按产品的结构确定产品所需的零部件的出产数量和出产时间，进而可以确定出零部件投入数量和投入时间，直至确定出原材料需要的数量和需要的时间，汇总得出所需的制造资源和时间，如图 3-2 所示。

图 3-2　所需的制造资源和时间

可见 MRP 的生产组织方式明确地将"物料"作为核心，这一核心理念深刻体现了以客户需求为导向和按需定产的生产哲学。在这里，"物料"是一个具有广泛涵盖性的概念，它不仅包括原材料和在制品，还涵盖了外购件及最终的产品。以物料为中心来组织生产，意味着上一道工序应当严格根据下一道工序的实际需求来进行生产，确保每一道工序都能既不提前也不延迟地完成生产任务，从而构成了一种最为合理的生产方式。

MRP 生产作业计划的编制正是严格遵循这一逻辑进行的。在 MRP 的框架内，所有的物料被明确地划分为独立需求和相关需求两大类型。其中，MRP 主要关注的是相关需求。独立需求主要源自企业外部，例如客户订购的产品或售后服务所需的备品、备件等，其需求数量通常通过预测和订单来确定，并可以采用传统的订货点方法进行处理。而相关需求则指的是对某些项目的需求是依赖于对其他项目的需求，例如，在汽车制造过程中，轮胎的需求就取决于制造和装配汽车的数量。相关需求主要发生在制造过程中，并且可以通过精确的计算得出。对于原材料、毛坯、零件和部件的需求，都源自制造过程，属于相关需求，而这正是 MRP 所要处理的核心内容。

从上述内容可以看出，MRP 思想的提出，成功地解决了物料转化过程中的几个核心问题，即：何时需要物料、需要什么样的物料，以及需要多少物料。MRP 不仅在数量上有效地解决了缺料的问题，更关键的是，它从时间的维度上彻底解决了缺料的问题。

如果一个企业的全部经营活动，从产品的销售到原材料的采购，从自制零件的加工到外协零件的供应，从工具和工艺装备的准备到维修，从人员的安排到资金的筹措与运用，都能够紧密围绕 MRP 的这一基本思想进行，那么这将形成一套全新的方法体系。这套体系将深刻地影响到企业的每一个部门、每一项活动。因此，人们普遍将 MRP 视为一种具有革新意义的生产方式。

3. JIT 库存控制方法

（1）JIT 的原理与核心理念　JIT 即准时生产（Just-in-Time），是 20 世纪 70 年代在日本诞生的一种先进的库存管理和控制思想。这一理念在日本丰田公司得到了广泛的应用，并取得了显著的效果。与传统的由上游向下游推动式的生产方式不同，JIT 以顾客（市场）为中心，根据顾客需求来组织生产。它是一种拉动式的生产方式，从顾客需求开始，逆着生产工序进行。企业根据顾客的订单组织生产，上道工序根据下道工序的需求提供相应数量的组件或原材料，整个生产过程是动态的，由下游拉动上游。

JIT 的核心在于降低库存，消除生产过程中的浪费，优化企业资源利用，全面提高生产率。它认为，凡是不增加价值的活动都是浪费，如搬运、库存、质量检查等。因此，JIT 追求的目标是零库存和零缺陷，认为库存是"万恶之源"，会掩盖许多矛盾，使问题得不到及时解决。

JIT 不仅是库存管理的一场革命，也是整个企业管理思想的一场革命。它把物流、商流、信息流合理组织到一起，形成一个高度统一、高度集中的整体。同时，JIT 体现了以市场为中心，以销定产的营销观念，而不是先生产后推销的销售观念。

（2）JIT 的实施条件与关键要素　JIT 的实施需要一系列的条件支持，包括完善的市场经济环境、发达的信息技术、可靠的供应商、合理的生产区域组织、科学的生产线设计、柔性的生产系统、科学合理的设备维修制度，以及完善的质量保证体系。其中，可靠的供应商尤为重要。传统的采购最关心的是价格，而忽视了质量和交货时间。而 JIT 采购系统的成功经验是选择较少的供应商，并建立长期合作关系，以确保物料的质量和可靠性。

例如，某汽车制造商在实施 JIT 时，与少数几家关键零部件供应商建立了长期合作关系。这些供应商负责按时、按质、按量提供所需的零部件，从而确保了汽车制造商的生产线能够顺畅运行，减少了库存积压和浪费。

（3）JIT 的实施步骤与持续改进　JIT 系统的建立是一个长期的系统性工程，需要对企业文化和管理方式进行巨大的变革。其实施通常遵循以下几个步骤：

1）人力资源培训。包括对高级管理人员和一般员工的培训。企业高层人员对 JIT 思想的深刻理解和支持是实施 JIT 的首要条件。例如，某电子企业在实施 JIT 前，组织了一系列培训课程，以确保员工理解 JIT 理念，并知道如何在实际工作中应用。同时，也需要对一般员工进行培训和激励，使所有人员都参与到 JIT 系统的建设中。

2）实施全面质量管理。全面质量管理与 JIT 系统紧密联系，只有在全面质量管理的作用下，才能把好每一个环节上的质量关，以实现"零缺陷"和"零库存"。例如，某食品企业在实施 JIT 时，加强了全面质量管理，对生产过程中的每一个环节都进行了严格的监控和检测，确保了产品的质量和安全性。

3）现行系统分析。在实施 JIT 系统之前，需要对现行的制造系统进行仔细分析，找出现行系统存在的缺陷，并明确改进目标。例如，某机械制造企业在实施 JIT 前，对其生产流程进行了全面的分析，发现了一些瓶颈和浪费环节，并制定了相应的改进计划。

4）工艺和产品设计。JIT 的运行要求企业生产工艺流程具有足够的柔性。因此，需要尽可能采用标准件以降低 JIT 生产系统的复杂性，并将 JIT 与柔性制造系统（FMS）结合在一起。例如，某服装企业在实施 JIT 时，对其生产工艺进行了优化和改进，采用了更多的标准件和模块化设计，提高了生产效率和灵活性。

5）供应商整合。使供应商成为 JIT 系统的一部分，保证物料供应的及时性和可靠性。这需要与供应商建立长期合作关系，并共同实施 JIT 系统。例如，某家电企业在实施 JIT 时，与其主要供应商签订了长期合作协议，共同实施了 JIT 系统，确保了物料的及时供应和质量的稳定性。

6）持续改进。JIT 系统的实施过程是一个持续改进的过程。其理想目标是零机器调整时间、零库存、零缺陷、零设备故障等，而这些目标的实现需要以企业各项工作不断改进和完善为前提。因此，JIT 是一个永不停止的持续改进过程。例如，某化工企业在实施 JIT 后，仍然不断对其生产流程进行改进和优化，通过引进新的技术和设备、提高员工技能等方式，不断降低库存、提高生产效率和产品质量。

3.2 库存控制概述

3.2.1 库存控制的概念

库存控制，作为企业库存管理中的核心环节，其重要性不言而喻。它通过对企业生产经营活动中所涉及的各种物料进行全面、精准的预测与分析，以确保物料供应的稳定性和高效性。库存控制不仅关乎如何科学合理地确定产品的储存数量与储存结构，以避免过度积压或短缺，实现库存的动态平衡，还涉及订货批量与订货周期的精确设定，以优化库存成本、减少资金占用，并提高库存周转率。

同时，库存控制还需密切关注货物的消耗数量与销售周期，以便及时调整库存策略，满足市场需求。这需要企业具备敏锐的市场洞察力和精准的预测能力，能够准确判断市场趋势和消费者需求，以便在合适的时间和地点获取到数量适当、质量合格的原材料、消耗品、产成品及其他各类资源。

实现库存控制的优化，意味着企业能够做到不断料、不待料、不呆料、不滞料、不囤料、不积料,确保生产流程的顺畅进行和市场需求的及时响应。这不仅可以提高企业的生产效率和产品质量,还能降低损耗、减少费用、加速资金周转,进而提升企业的整体经济效益和市场竞争力。

此外,科学的库存控制还有助于企业降低运营风险。通过合理的库存规划和管理,企业可以避免因物料短缺或过剩而导致的生产中断或资金浪费,确保生产经营活动的持续进行。同时,库存控制还能帮助企业更好地应对市场变化和突发事件,提高企业的应变能力和抗风险能力。

综上所述,库存控制不仅是库存管理的重要组成部分,更是企业实现可持续发展和持续盈利的关键环节。因此,企业应该高度重视库存控制工作,建立完善的库存管理体系,采用先进的库存控制技术和方法,不断提高库存管理的科学性和有效性,为企业的长远发展奠定坚实的基础。

3.2.2　库存控制的目的

库存控制作为企业管理的重要环节,其目的不仅在于满足日常的生产和经营需求,更在于通过科学的管理手段,实现库存量的合理化、库存信息的实时化、库存空间的优化,以及库存资金的高效利用,进而提升企业的整体经济效益和市场竞争力。

1. 在保证生产和经营需求的前提下,使库存量保持在合理水平

企业保有库存的核心目的是满足日常的生产和经营需要,这是库存控制最基础也是最重要的功能。通过合理的库存控制,企业可以确保在不影响生产和经营的前提下,将库存量控制在经济合理的水平。这样不仅可以提高企业的仓储利用率,减少仓储浪费,还可以有效降低企业的仓储成本,从而提高企业的综合经济效益。

2. 实时掌握库存动态,合理安排订货时间和数量

库存控制的另一个重要目的是实时掌握库存的存量动态,以便企业能够合理安排订货时间和数量。通过科学的库存控制手段,企业可以及时准确地获取库存量的信息,这不仅可以加速货物的周转,提高仓储空间的综合利用率,还可以帮助企业随时掌握库存量的变化情况,从而保障企业的正常运转。同时,合理的订货时间和数量安排还可以有效降低因库存积压或库存不足而带来的经济损失。

3. 优化库存空间利用,降低库存总体费用

合理的库存控制还可以有效优化库存空间的利用,减少不合理的库存占用。通过科学的库存规划和管理,企业可以增加整体的库存量,提高仓储利用率,从而降低单位库存费用。此外,合理的库存控制还可以帮助企业降低库存的总体成本,包括仓储成本、管理成本等,进一步提高企业的经济效益。

4. 合理控制库存资金占用,提高资金周转率

货物库存必然会占用企业的流动资金,从而影响企业的整体运行。因此,合理控制库

存资金的占用也是库存控制的重要目的之一。通过科学的库存控制手段，企业可以有效控制库存资金的占用比例和时间，降低企业的仓储成本，提高资金周转率。这样不仅可以降低企业的整体运行成本，还可以提高企业的资金利用效率和市场响应速度。

3.2.3　基本库存控制方法

下面针对独立需求库存控制问题的特点，简要介绍几种经典的库存控制策略和方法。

1. 库存补给策略

因为独立需求库存控制采用的多为订货点控制策略，首先介绍几种常见的库存补给策略。

订货点法库存管理的策略很多，最基本的策略有四种：①连续性检查的固定订货量、固定订货点策略，即（Q, R）策略；②连续性检查的固定订货点、最大库存策略，即（R, S）策略；③周期性检查策略，即（t, S）策略；④综合库存策略，即（t, R, S）策略。

（1）（Q, R）策略　图 3-3 为（Q, R）策略的示意图。该策略的基本思想是：对库存进行连续性检查，当库存降低到订货点水平 R 时，即发出一次订货，每次的订货量保持不变，都为固定值 Q。该策略适用于需求量大、缺货费用较高、需求波动性很大的情形。

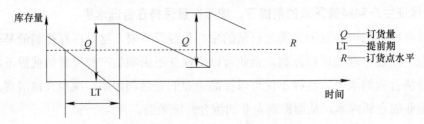

图 3-3　（Q, R）策略

（2）（R, S）策略　该策略与（Q, R）策略一样，都是连续性检查类型的策略，也就是说要随时检查库存状态，当发现库存降低到订货点水平 R 时，开始订货，订货后使最大库存保持不变，即为常量 S，若发出订单时库存量为 I，则其订货量为 $S-I$。该策略与（Q, R）策略的不同之处在于其订货量按实际库存而定，因而订货量是可变的。

（3）（t, S）策略　图 3-4 为（t, S）策略的示意图。该策略是每隔一定时期检查一次库存，并发出一次订货，把现有库存补充到最大库存量 S，如果检查时库存量为 I，则订货量为 $S-I$。如图 3-4 所示，经过固定的检查周期 t，发出订货，这时，库存量为 I_1，订货量为 $S-I_1$。经过一定的时间 LT，库存补充 $S-I_1$，库存到达 A 点。再经过一个固定的检查周期 t，又发出一次订货，订货量为 $S-I_2$，经过一定的时间（LT 为订货提前期，可以为随机变量），库存又达到新的高度 B。如此周期性检查库存，不断补给。

该策略不设订货点，只设固定检查周期和最大库存量。该策略适用于一些不很重要或使用量不大的物资。

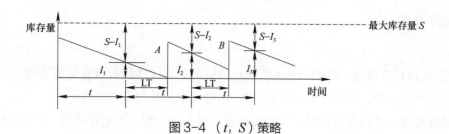

图 3-4　(t, S)策略

（4）(t, R, S)策略　该策略是（t, S）策略与（R, S）策略的结合。如图3-5所示，这种补给策略有一个固定的检查周期 t、最大库存量 S、固定订货点水平 R。当经过一定的检查周期 t 后，若库存低于订货点，则发出订货；否则，不订货。订货量的大小等于最大库存量减去检查时的库存量。如图3-5所示，当经过固定的检查周期到达 A 点时，此时库存已降低到订货点水平 R 之下，因而应发出一次订货，订货量等于最大库存量 S 与当时的库存量 I_1 的差 $S-I_1$。经过一定的订货提前期后在 B 点订货到达，库存补充到 C 点；在第二个检查周期到来时，此时库存位置在 D，比订货点水平位置线高，无须订货；第三个检查周期到来时，库存点在 E，等于订货点水平，又发出一次订货，订货量为 $S-I_3$，如此循环地进行下去，实现周期性库存补给。

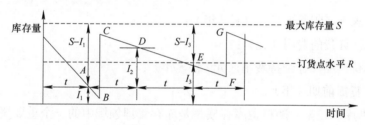

图 3-5　(t, R, S)策略

2. 常见库存控制模型

常见的独立需求库存控制模型根据其主要的参数，如需求量与提前期是否确定，分为确定型库存模型和随机型库存模型。

（1）确定型库存模型　确定型库存模型主要包括周期性检查模型、连续性检查模型。

1）周期性检查模型（Periodic Review Model）。此类模型有六种，分不允许缺货、允许缺货、实行补货三种情况，每种情况又分瞬时到货、非瞬时到货两种情形。

最常用的模型是不允许缺货、瞬时到货型。

其最佳订货周期：

$$T=\sqrt{\frac{2C_{R}}{HD}}$$

式中　C_R——每次订货的费用（元）；

　　　H——单位产品库存维持费用（元 / 件·年）；

　　　D——需求率（年需求量）（件 / 年）。

最大库存量：

$$S=TD$$

2）连续性检查模型（Continuous Review Model）。连续性检查模型需要确定订货点水平和订货量两个参数，也就是解决（Q，R）策略两个参数的设定问题。

连续性库存检查模型分六种：不允许缺货、瞬时到货型；不允许缺货、非瞬时到货型；允许缺货、瞬时到货型；允许缺货、非瞬时到货型；补货、瞬时到货型；补货、非瞬时到货型。

最常见的连续性检查模型是不允许缺货、瞬时到货型。最经典的经济订货量（Economic Order Quantity，EOQ）模型就属于这种模型。

最佳订货量：

$$Q=\sqrt{\frac{2DC_R}{H}}$$

订货点：

$$R=LT\times D$$

式中　D——需求率（年需求量）（件/年）；

　　　C_R——每次订货的费用（元）；

　　　H——单位产品库存维持费用（元/件·年）；

　　　LT——订货提前期（年）。

（2）随机型库存模型　随机型库存模型是库存管理领域中的一个重要概念，它主要解决的是在面对不确定需求或提前期的情况下，如何有效地管理库存，以确保库存水平既能满足客户需求，又能控制成本，避免过度积压。该模型的核心任务包括确定经济订货量或经济订货期，这两个参数直接关系到库存成本和客户服务水平。经济订货量是指在一定时期内，订货成本与储存成本之和最低时的订货数量；而经济订货期则是指在这个时间段内进行订货最为经济。

除了确定订货的经济规模或频率，随机型库存模型还需要确定安全库存量。安全库存是为了应对需求或供应的不确定性而额外持有的库存量，它能够减小因缺货而导致的销售损失或客户满意度下降的风险。合理设置安全库存量对于平衡库存成本和客户服务水平至关重要。

此外，模型还需要确定订货点和订货后的最大库存量。订货点是指库存量降至某一特定水平时触发订货的点，它直接影响到库存的周转效率和客户服务响应速度。订货后的最大库存量则是在订货完成后，库存可能达到的最高水平，它关系到仓库容量利用和资金占用情况。

随机型库存模型根据检查方式的不同，分为连续性检查和周期性检查两种情形。连续性检查是指对库存状态进行实时监控，一旦达到订货点即进行订货；而周期性检查则是按照固定的时间间隔对库存进行检查和订货决策。这两种检查方式各有优劣，适用于不同的业务场景和需求模式。

当需求量和提前期都是随机变量时，库存模型的复杂度显著增加。这是因为需求的不确定性和供应的波动性使得预测和规划变得更加困难。在这种情况下，随机型库存模型需要借助更先进的数学方法和信息技术来辅助决策，如利用概率论和统计学原理来估计需求分布和提前期，以及应用仿真和优化算法来寻找最优的库存策略。通过这些方法，企业可以在不确定的环境下实现库存的有效管理，提升运营效率和客户满意度。

以上所提到的库存分析与控制已有比较成熟的理论和方法，有兴趣的读者可参考运营管理的有关资料和研究文献，限于篇幅，此处就不做进一步介绍了。

3.3　供应商管理库存

3.3.1　VMI 的基本思想

长期以来，企业生产过程中的库存管理是各自为政的。整个流程各环节中每一个企业及部门都各自管理自己的库存，零售商有自己的库存，批发商有自己的库存，供应商也有自己的库存，他们都有自己的库存控制策略。由于各自的库存控制策略不同，因此不可避免地产生需求的扭曲现象，即所谓的需求变异放大现象，使企业无法快速响应用户的需求。

在供应链管理环境下，供应链各个环节的活动都应该是同步的，而传统的库存控制方法无法满足这一要求。随着供应链管理思想的不断深化，在 20 世纪末期，出现了一种新的供应链库存管理方法——供应商管理库存（Vendor Managed Inventory，VMI）。这种库存管理策略打破了传统的各自为政的库存管理模式，体现了供应链的集成化管理思想，适应了市场变化的要求，是一种新的有代表性的库存管理思想。

在过去的企业管理中，库存控制决策是由库存拥有者做出的。因为无法确切知道用户需求与供应的匹配状态，所以需要库存，库存设置与管理是由同一组织完成的。这种库存管理模式并不总是最优的。例如，一个供应商用库存来应对不可预测的或某一用户（这里的用户不是指最终用户而是指分销商或批发商）不稳定的需求，用户也设立库存来应对不稳定的内部需求或供应链的不确定性。虽然供应链中每一个组织独立地保护其各自在供应链的利益不受意外干扰是有效的，但不可取，因为这样做的结果是影响了供应链的优化运行。供应链的各个不同组织根据各自的需要独立运行，导致重复建立库存，因而不能使供应链全局的成本最低，整个供应链系统的库存会随着供应链长度的增加而发生需求扭曲。VMI 系统能够突破传统的条块分割的库存管理模式，以系统的、集成的管理思想进行库存管理，使供应链系统实现同步化运行。

VMI 是一种很好的供应链库存管理策略。关于 VMI 的定义可以表述为：VMI 是一种在制造商（用户）与供应商之间的合作性策略，以对双方来说都是最低的成本优化产品的可得性，在一个相互同意的目标框架下由供应商管理库存。VMI 的目标是通过供需双方的合作，试图降低供应链的总库存而不是将制造商的库存前移到供应商的仓库里，从而真正降低供应链上的总库存成本。

关于 VMI 也有其他不同定义，虽然表述有所不同，但归纳起来，VMI 策略的关键措施主要体现在如下几个原则中：

1）合作性原则（合作精神）。在实施该策略时，相互信任与信息透明是很重要的，供应商和用户（零售商）都要有较好的合作精神，才能够相互保持较好的合作关系。

2）互惠原则（使双方成本最小）。VMI 解决的不是关于成本如何分配或谁来支付的问题，而是关于降低成本的问题。该策略可使双方的成本都得以降低。

3）目标一致性原则（框架协议）。双方都明白各自的责任，观念上达成一致的目标。比如库存放在哪里、什么时候支付、是否要管理费、要花费多少等问题都要回答，并且体现在框架协议中。

4）总体优化原则。也就是要使供需双方能共同努力消除浪费并共享收益。VMI 策略的主要思想是供应商在用户允许的情况下设立库存，确定库存水平和补给策略，并拥有库存控制的决策权。精心设计与开发的 VMI 系统，不仅可以降低供应链的库存水平、降低成本，还能使用户获得高水平的服务、改进资金流，与供应商共享需求变化，从而赢得更多用户的信任。

3.3.2 实施 VMI 的意义

供应链管理中的成功往往源自对存货成本与消费者服务水平之间关系的深刻理解和有效管理。在这一背景下，VMI 作为一种先进的供应链管理理念，为合作伙伴共同降低成本、提升服务质量提供了新的思路。

1. VMI 有助于降低供应链的总库存成本

需求的易变性是众多供应链所面临的核心挑战，它不仅损害了客户服务水平，还削减了企业的收入。需求的不确定性、执行标准的冲突、客户行为的孤立性，以及产品短缺引发的订货扭曲等问题，使得供应商难以准确把握需求的波动。而 VMI 的吸引力在于，它能够有效降低需求的不确定性。

尽管当前订单趋势呈现为多批次、小批量，但生产商为了响应客户订货要求，仍需维持高额的成品存货，这无疑增加了成本。VMI 通过削弱生产的盲目性，减小产量的峰值和谷值，使得生产商能够维持小规模的生产能力和存货水平，进而实现成本效益。例如，某电子产品生产商在实施 VMI 后，通过更准确地预测市场需求，成功降低了生产过剩和库存积压的风险，从而显著减少了库存成本。

对于用户而言，VMI 解决了执行标准冲突的两难困境。例如，月末的存货水平对零售商至关重要，但维持顾客服务水平同样必要，这两者往往存在冲突。在 VMI 模式下，补货频率的提高使得双方都受益。供应商能够获取更准确的需求信息，更好地利用生产和运输资源，降低成本并减少对缓冲存货的需求。以一家大型超市为例，通过与供应商建立 VMI

合作关系，超市能够实现更频繁的补货，确保货架上的商品始终充足，同时降低了因缺货而导致的销售损失。

在零售供应链中，不同用户间的订货往往难以协调，订单蜂拥而至使得及时实现所有递送请求变得困难。VMI 通过整个供应链的协调，支持了供应商对平稳生产的需求，同时不牺牲用户的服务和存储目标。例如，一家服装品牌企业在实施 VMI 后，通过与分销商和零售商的紧密合作，实现了订单的有效协调和递送的及时实现，提高了整体供应链的响应速度和灵活性。

此外，VMI 还有助于降低运输成本。通过供应商协调补给过程，可以增加满载运输的比例，削减高成本的未满载货运比例。例如，一家汽车制造商通过与物流公司合作，优化了运输路线和调度计划，实现了更高效的满载运输，降低了运输成本并减少了碳排放。

2. VMI 显著提升服务水平

从零售商的角度来看，服务水平常常由产品的可得性来衡量。当顾客走进商店时，若想买的商品缺货，则会导致销售机会的丧失，进而可能损害商家的信誉。因此，零售商在计划时更希望供应商值得信赖、可靠，并拥有极具吸引力的货架空间。在 VMI 模式下，供应商通过协调多客户补货订单和递送之间的顺序，显著改善了服务水平。它们能够平衡所有合作伙伴的需求，改善系统的工作状况，而无须让任何个体客户承担风险。

VMI 还扩大了有效解决现有问题的范围，进一步提高了服务水平。例如，在缺货时，VMI 允许在客户的配送中心之间平衡存货，甚至可以在多个客户的配送中心之间实现存货的重新平衡。这避免了因某个配送中心缺货而导致整个销售链条中断的情况。一家跨国零售商在实施 VMI 后，成功地在不同国家的配送中心之间做到了存货平衡，确保了全球范围内的产品可得性。

同时，VMI 还使得产品更新更加便捷，减少了系统中旧货的流通，避免了客户的抢购行为，并加快了新产品的上架速度。由于信息共享的存在，货物更新时无须急于推销，从而让零售商能够保持"时尚"的良好声誉。以一家时尚品牌为例，通过与供应商建立 VMI 合作关系，该品牌能够实现更快速的产品更新和上架，确保顾客始终能够购买到最新款式的产品。

在 VMI 模式下，运输过程的优化也进一步改善了客户服务。VMI 的供应商会预先规划如何补货和递送，以确保实现递送计划，从而避免了因沟通障碍而导致的货物运送被拒绝的情况。例如，一家电商平台在与物流公司建立 VMI 合作关系后，实现了更准确的递送时间预测和更高效的订单流程处理，提高了顾客的满意度和忠诚度。

3.3.3　VMI 的几种模式

1. "制造商—零售商"模式

这种模式通常出现在制造商作为供应链上游企业的情况中，其中制造商会对其客户（如零售商）实施 VMI 策略，具体运作机制如图 3-6 所示。在此模式下，制造商扮演着 VMI 主导者的角色，负责全面检查和补充零售商的供货系统。这种模式多见于制造商规模较大、实力雄厚的场景，制造商凭借其规模和实力，完全有能力承担起管理VMI的责任。例如，美国的宝洁公司（P&G）就曾发起并主导了对国内大型零售商实施VMI管理模式的项目，展现了其在供应链管理中的强大实力和领导力。

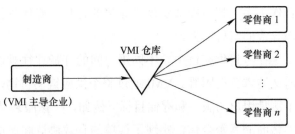

图3-6 "制造商—零售商"模式

2. "供应商—制造商"模式

这种模式通常存在于制造商是供应链上实施VMI的下游企业的情况中，制造商要求其供应商按照VMI的方式向其补充库存，如图3-7所示。此时，VMI的主导者可能还是制造商，但它是VMI的接受者，而不是管理者，此时的VMI管理者是该制造商上游的众多供应商。

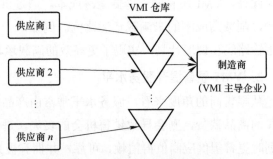

图3-7 "供应商—制造商"模式

在电子产品制造业中，这种情况颇为常见。通常，电子产品制造商作为供应链的核心企业，为了应对激烈的市场竞争，会要求其零部件供应商实施VMI库存管理方式。然而，由于许多零部件供应商规模较小、实力较弱，完全由这些中小供应商独立完成VMI可能面临诸多困难。加之制造商往往要求供应商按照JIT方式供货，供应商不得不在制造商周边建立自己的仓库，从而导致供应链上的库存管理资源出现重复配置。据专家调研发现，采用这种VMI方式的供应商，为了保证对制造商的供应，相比原有模式需要多支出5%的成本。尽管这些库存管理成本表面上看似由供应商承担，但实际上这些成本最终会分摊到供货价格中，对制造商而言也是不利的。

此外，这种VMI的组织方式并不能有效保证对制造商装配环节的配套供应，装配线中断的风险较高。以一家组装智能手机的制造商为例，假定其上游有10个供应商，每个供应商负责一种零件的供应，且每个供应商的服务水平都是95%。然而，在制造商开始组装手机时，10种零件都能配套供应的概率仅为0.95^{10}，即只有约59%的概率能保证零件齐全配套。这意味着在10次装配指令下达后，能够按期开工装配的只有约6次，而另外4次则可能出现停工待料的情况。因此，近几年来，这种VMI模式应用逐渐减少。

3. "供应商—3PL—制造商"模式

为了克服传统VMI模式的弊端，人们创造性地提出了"供应商—3PL—制造商"模式。这一模式巧妙地引入了一个第三方物流（3PL）企业，由其充当核心角色，提供一个统一且高效的物流和信息流管理平台。在这个平台上，3PL负责统一执行和管理来自各个供应商的零部件库存控制指令，确保库存的精准管理和及时补给。同时，3PL还承担着向制造商生产线配送零部件的重要任务，确保生产线的顺畅运行。而供应商则根据3PL出具的出库单与制造商按时进行结算，实现了流程的简化和透明化。这一创新模式的运行机制如图 3-8 所示，它有效整合了供应链资源，提升了整体运行效率。

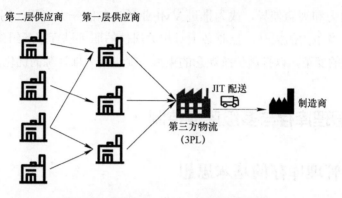

图 3-8 "供应商—3PL—制造商"模式

由 3PL 主导的 VMI 仓库通过合并多个供应商交付的货物，实现了物流的集中管理，进而形成了规模效应，显著降低了库存管理的总成本。这一模式的运行机制如图 3-9 所示，其优点显而易见。首先，3PL 作为中立的信息平台，有效推动了供应商、制造商与 3PL 三方之间的信息交换与整合，确保了信息的准确性和及时性。其次，根据预先达成的框架协议，物料的转移即标志着物权的转移，这简化了交易流程，提高了运行效率。此外，3PL 还提供了全面的库存管理、拆包、配料、排序和交付服务，甚至可以代表制造商向供应商下达采购订单，进一步减轻了制造商的运营负担。由于供应商的物料提前集中在由 3PL 运营的仓库中，上游的众多供应商因此省去了仓储管理及末端配送的成本，大大提高了供应链的响应性并同时降低了成本。因此，这种由 3PL 主导的 VMI 实施模式也被广泛称为 VMI-HUB。

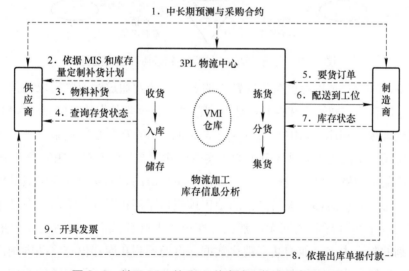

图 3-9 基于 3PL 的 VMI 信息流和物流传递示意图

将 VMI 业务外包给第三方物流时，最大的阻力往往来自制造商企业内部。制造企业的管理人员对此持有多种疑虑和担忧。一部分人对 3PL 是否具备保证 VMI 业务平稳运行的能力表示怀疑，缺乏对其专业性和可靠性的深入理解；一部分人则担心引入 3PL 后，自己的工作岗位可能受到威胁，产生职业不安全感；还有一部分人认为 VMI 业务本身具有盈利潜力，因此倾向于"肥水不流外人田"，希望将这一业务保留在公司内部，以获取额外的利润。这些内部阻力和观念差异，成为推进 VMI 业务外包的一大障碍。为了使 VMI 能够真正为供应链带来竞争力的提升，企业必须对相关岗位的职责进行重新组织，甚至需要对企业文化进行深刻的变革，以打破传统观念的束缚，促进内外部资源的优化配置和合作。

3.4 联合管理库存与多级库存控制

3.4.1 联合管理库存的基本思想

联合管理库存（Jointly Managed Inventory，JMI）是一种旨在解决供应链系统中因各节点企业独立运作库存而产生的需求放大现象，提升供应链同步化程度的有效策略。与 VMI （供应商管理库存）不同，JMI 更注重双方的共同参与，共同制定库存计划。在这一模式下，供应链中的每个库存管理者，无论是供应商、制造商还是分销商，都会从整体协调性的角度出发，确保相邻两个节点之间的库存管理者对需求预期保持高度一致，从而有效消除需求变异放大现象。任何相邻节点需求的确定都是供需双方协调的结果，这使得库存管理不再是各自为政的独立运行过程，而是成为供需连接的纽带和协调中心，如图 3-10 所示。

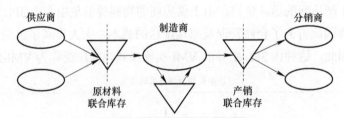

图 3-10　基于协调中心的联合管理库存系统模型

具体来说，联合管理库存就是供应链上的各节点企业通过对消费需求的共同认识和预测协调，实现库存的共同管理和控制，达到利益共享、风险共担的目的。与 VMI 的集成化运行和决策代理模式相比，JMI 更强调供应链企业之间的互利合作关系，是一种风险分担的库存控制模式。它促使供应链环节中的各类企业共同参与到库存问题的管理中来。

以电子产品供应链为例，假设有一家电子产品制造商和多家分销商组成的供应链。在传统模式下，每个分销商都会根据自己的销售预测和库存状况向制造商下发订单，这往往导致需求信息的放大和库存的冗余。然而，在引入 JMI 模式后，制造商和分销商共同参与到库存计划的制定中来。他们共享销售数据、市场预测和库存信息，共同制定更加准确的库存计划。这样一来，不仅减少了库存冗余和浪费，还提高了供应链的响应速度和整体效率。这正是 JMI 模式在实际应用中的价值和意义所在。

JMI 的思想，可以从分销中心的联合库存功能谈起。地区分销中心，实际上就体现了一种朴素的联合库存管理思想。在传统的分销模式中，分销商往往根据市场需求直接向工厂订货。以汽车分销为例,分销商会根据用户对车型、款式、颜色、价格等的不同需求,向汽车制造厂订货。但这种方式存在一个问题,即从订货到到货需要经历一段较长的时间,而顾客通常不愿意等待这么久。为了应对这种不确定性,分销商不得不进行库存备货,然而,大量的库存不仅会给分销商带来沉重的负担,甚至可能导致其破产。而地区分销中心的出现,大大减少了这种库存浪费的现象。分销中心在此起到了联合库存管理的功能,它既是商品的联合库存中心,也是需求信息交流与传递的枢纽。

与传统库存管理模式相比,JMI 具有以下几方面的显著优势:

1)为实现供应链的同步化运行提供了条件和保证。JMI 通过让供应链上的各节点企业共同参与库存管理和控制,使得供应链的运行更加协同一致。这种同步化的运行方式,提高了供应链的整体响应速度和运行效率。

2)减少了供应链中的需求扭曲现象,降低了库存的不确定性,提高了供应链的稳定性。在 JMI 模式下,各节点企业通过对消费需求的共同认识和预测协调,能够更加准确地把握市场需求,从而避免库存的过剩或短缺,降低库存的不确定性。

3)库存作为供需双方信息交流和协调的纽带,可以暴露供应链管理中的缺陷,为提高供应链管理水平提供依据。在 JMI 模式下,库存不仅是商品的储存地,更是供需双方进行信息交流和协调的重要平台。通过共同管理和控制库存,各节点企业能够更加清晰地了解供应链的运行状况,及时发现并解决问题。

4)为实现零库存管理、JIT 采购及精细供应链管理创造了条件。JMI 模式的实施,使得供应链上的各节点企业能够更加精细地控制库存水平,实现库存的最小化和最优化。这为实现零库存管理、JIT 采购,以及精细供应链管理提供了有力的支持。

5)进一步体现了供应链管理的资源共享和风险分担的原则。在 JMI 模式下,各节点企业共同参与到库存管理中,共享资源、分担风险。这种互利合作的关系,不仅有助于增强供应链的整体竞争力和稳定性,还能够实现共赢和可持续发展。

3.4.2 联合管理库存的实施策略

1. 构建供需协调管理机制

JMI 作为一种基于互利合作的管理模式,其核心在于建立有效的供需双方协调管理机制。这一机制应明确双方的目标和责任,并建立起顺畅的合作沟通渠道,这是有效实施 JMI 策略的关键所在。

(1)确立共同合作目标 在构建 JMI 模式时,供需双方需本着互惠互利的原则,深入理解双方在市场目标中的共同点和潜在冲突。通过充分的协商和沟通,双方应形成共同的目标,如共同提高服务水平、增加利润、降低风险等,以确保 JMI 模式的顺利实施和双方的长远发展。

(2)制定联合库存的协调控制策略 JMI 中心需要制定明确的库存优化策略,包括如何在多个需求方之间有效调节与分配库存,确定合理的最高库存量、最低库存水平,以及安全库存量。同时，还需要做好需求预测工作，以确保库存的充足和供应链的顺畅运行。

（3）建立信息沟通渠道　信息共享是 JMI 模式成功实施的重要条件之一。为保证需求信息在供应链中的畅通性和准确性，供需双方需要充分利用现代信息技术，如条码技术、销售时点信息系统（POS）、电子数据交换（EDI）等，并借助互联网在双方之间建立起一个高效、畅通的信息沟通桥梁和联系纽带。

（4）设计利益分配和激励机制　为确保 JMI 模式创造的利益能够在供应链各节点企业之间进行合理分配，防止消极怠工现象和机会主义行为的发生，需要建立一种公平的利益分配制度和有效的激励机制。这将有助于改善供应链运行的协调性，推动 JMI 模式的长期稳定发展。

2．充分利用两种资源计划系统

在原材料 JMI 中心，应采用 MRP Ⅱ 系统来协调供应商与制造商之间的供需信息，确保原材料供应的及时性和准确性。而在产销 JMI 中心，则应采用配送需求计划（DRP）来协调制造商与分销商之间的供需信息，以实现销售与生产的紧密衔接。这两种系统能够很好地实现供应链节点企业之间的信息共享共用，提高供应链的整体运行效率。

3．建立快速响应系统

快速响应（Quick Response，QR）系统是一种先进的供应链管理策略，旨在减少供应链中从原材料到用户过程的时间和库存，最大限度地提高供应链的运行效率。在 JMI 模式下，供需双方的密切合作将为快速响应系统发挥更大的作用创造有利的条件。快速响应系统的建立和实施，可以进一步提高供应链的响应速度和灵活性。

4．发挥第三方物流系统的协同作用

将库存管理的部分功能代理给专业的第三方物流系统管理，可以使企业更加专注于自己的核心业务发展。第三方物流系统在供应链中起到了供应商与用户之间联系桥梁的作用，能够为企业带来诸多好处。在 JMI 模式下，应充分发挥第三方物流系统的协同作用，实现库存管理的优化和供应链的整体提升。通过与第三方物流系统的紧密合作，企业可以进一步提高库存管理的效率和准确性，降低库存成本，提升客户满意度和市场竞争力。

3.4.3　多级库存优化与控制

基于协调中心的联合库存管理策略，主要侧重于供应链的局部优化控制。然而，要实现供应链的全局性优化与控制，则必须采用更为先进的多级库存优化与控制方法。这种方法不仅关注单一库存点的管理，还考虑整个供应链中多个库存点之间的相互作用和影响，从而实现供应链资源的全局性优化。

多级库存优化与控制是在单级库存控制的基础上逐渐发展起来的。根据库存系统的不同配置方式，多级库存系统可以分为多种类型，包括串行系统、并行系统、纯组装系统、树形系统、无回路系统和一般系统。这些系统在实际应用中具有各自的特点和优势，需要根据具体的供应链结构和业务需求进行选择和设计。

供应链库存管理的核心目标是使整个供应链各个阶段的库存达到最小化,以降低库存成本并提高供应链的整体效率。然而,现行的企业库存管理模式往往仅从单一企业内部的角度去考虑库存问题,缺乏全局性的优化和控制。因此,多级库存控制方法应运而生。

多级库存控制的方法主要分为两种:非中心化(分布式)策略和中心化(集中式)策略。在非中心化策略下,各个库存点独立地采取各自的库存策略,管理相对简单,但难以保证产生整体的供应链优化效果。如果信息共享度低,多数情况下只能产生次优的结果。因此,非中心化策略需要更多的信息共享来提高优化效果。而采用中心化策略时,所有库存点的控制参数是同时决定的,考虑了各个库存点的相互关系,通过协调的办法获得库存的优化。但中心化策略在管理上协调的难度大,特别是当供应链的层次较多、长度较大时,协调控制的难度更大。

在实施供应链的多级库存控制时,需要考虑以下几个关键问题:

1. 库存优化的目标问题

传统的库存优化主要关注成本优化,但在强调敏捷制造和基于时间竞争的条件下,这种成本优化策略可能不再适用。供应链管理的两个基本策略都集中体现了顾客响应能力的基本要求,因此在实施供应链库存优化时,需要明确库存优化的目标是什么:是成本还是时间?在现代市场竞争的环境下,仅优化成本这样一个因素显然是不够的,应该把时间的优化(如库存周转时间)也同时作为库存优化的主要目标来考虑。

2. 明确库存优化的边界

供应链库存管理的边界就是供应链的范围。在库存优化中,一定要明确所优化的库存范围是什么。供应链的结构有各种各样的形式,包括全局的供应链和局部的供应链。在传统的多级库存优化模型中,绝大多数的库存优化模型是下游供应链,即关于制造商—分销中心—零售商的三级库存优化。很少有关于零部件供应商—制造商的库存优化模型,在上游供应链中,主要考虑的问题是供应商的选择问题。

3. 多级库存优化的效率问题

从理论上讲,如果所有的相关信息都是可获得的,并把所有的管理策略都考虑到目标函数中去,中心化的多级库存优化要比基于单级库存优化的策略(非中心化策略)好。然而,在实际情况中,当考虑到组织与管理问题时,管理控制权常常下放给各个供应链的部门独立进行,多级库存控制策略的好处也许会被组织与管理的因素所抵消。所以,简单的多级库存优化并不能真正产生优化的效果,需要对供应链的组织、管理进行优化,否则,多级库存优化策略的效率是低下的。

4. 明确采用的库存控制策略

在单库存点的控制策略中,一般采用的是周期性检查与连续性检查策略。这些策略在多级库存控制中仍然适用。但是,到目前为止,关于多级库存控制的研究都是基于无限能力假设的单一产品的多级库存。对于有限能力的多产品的库存控制是供应链多级库存控制的难点和亟待解决的问题。

3.4.4　多级库存优化与控制的分类

多级库存优化与控制是供应链管理中的重要环节，它旨在通过协调和管理供应链中不同阶段的库存，实现全局性的优化和控制。根据不同的分类维度，多级库存优化与控制可以分为多种类型，每种类型都具有其独特的特点和应用场景。以下对多级库存优化与控制分类进行深入探讨，并结合具体案例进行分析。

1．基于控制策略的多级库存控制

从控制策略的角度来看，多级库存优化与控制可以分为中心化控制和非中心化控制。中心化控制是一种集中式的控制策略，它要求所有的库存点都服从统一的控制参数和决策。这种策略能够实现全局性的优化，确保整个供应链的库存水平保持在最佳状态。然而，中心化控制的协调难度大，特别是在供应链层次较多、长度较大的情况下，需要建立高效的信息传递和协调机制。例如，某全球电子产品制造商采用中心化控制策略，通过统一的库存管理系统对全球各地的仓库和分销中心进行实时监控和调度，实现了库存的全局优化和成本的降低。

非中心化控制则是一种分布式的控制策略，它允许各个库存点独立地采取各自的库存策略。这种策略在管理上相对简单，能够快速响应市场需求的变化。然而，非中心化控制难以保证产生整体的供应链优化效果，可能导致库存冗余或缺货等问题。因此，非中心化控制需要更多的信息共享和协作来提高优化水平。例如，某零售商采用非中心化控制策略，允许各门店根据当地市场需求和库存情况独立进行订货和补货决策，提高了供应链的灵活性和响应速度。

2．基于成本优化的多级库存控制

从优化目标的角度来看，多级库存优化与控制可以分为成本优化和时间优化。成本优化是传统的库存优化目标，它主要关注如何降低库存成本，包括持有成本、订货成本等。通过优化库存水平、减少库存积压和降低库存风险，企业可以降低库存成本并提高盈利能力。然而，在现代市场竞争的环境下，仅优化成本可能不足以满足企业的需求。时间优化也逐渐成为多级库存优化与控制的重要目标。时间优化主要关注如何缩短库存周转时间，提高供应链的响应速度，从而更好地满足客户的需求。通过优化库存流动、减少库存停滞和缩短交货周期，企业可以提高客户满意度和市场份额。例如，某汽车制造商通过优化库存周转时间，实现了快速响应市场需求的变化，提高了客户满意度和销售量。

3．基于供应链的多级库存控制

从供应链结构的角度来看，多级库存优化与控制可以分为全局供应链优化和局部供应链优化。全局供应链优化考虑整个供应链的所有阶段和库存点，旨在实现全局性的最优解。

这种优化方式需要更为全面的信息传递和协调机制，难度较大，但能够实现整个供应链的最优化。例如，某跨国物流公司通过全局供应链优化，实现了全球各地仓库和运输网络的协同运作，降低了库存成本和运输成本，提高了供应链的整体效率。而局部供应链优化则只关注供应链中的某个特定阶段或库存点，旨在实现该阶段的局部优化。这种优化方式相对简单，能够快速响应局部市场需求的变化，但可能无法达到全局性的最优解。例如，某分销商通过优化其仓库的库存水平和补货策略，提高了仓库的运营效率和客户满意度，但并未考虑整个供应链的优化。

因此，多级库存优化与控制可以根据不同的分类维度进行划分，每种类型都具有其独特的特点和应用场景。在实际应用中，企业需要根据自身的供应链环境和业务需求选择合适的优化与控制策略，并结合具体案例进行实践探索和创新发展。通过不断优化和控制多级库存，企业可以实现供应链的全局性优化和整体竞争力的提高。

案例 H公司库存管理模式

1. 案例背景

在快速迭代的电子产品市场中，H公司作为一家深耕智能手机和平板电脑领域多年的中型企业，一直以其卓越的研发能力、丰富的产品线，以及稳健的市场策略，在行业内占据一席之地。公司不仅拥有先进的研发中心，还配备了高效的生产线和广泛的销售网络，业务遍布国内外多个市场。然而，随着科技的飞速发展和市场竞争的日益激烈，公司逐渐感受到了前所未有的库存管理压力。

在过去，H公司凭借传统的库存管理模式，依赖历史销售数据和生产计划来制定库存策略，在一定程度上保证了生产的有序进行，但随着市场环境的快速变化，这种模式的弊端逐渐显现。一方面，电子产品的更新换代速度极快，消费者的需求日益多样化和个性化，传统的库存策略往往无法及时响应市场的变化，导致库存积压严重，资金占用大，影响了公司的现金流和盈利能力。另一方面，随着原材料价格的波动和供应链风险的增加，库存管理的不确定性也在加大，给H公司的运营带来了更大的挑战。

此外，H公司在库存管理方面还面临着一些其他问题。比如，生产部门、销售部门与采购部门之间的信息沟通不畅，导致库存数据无法实时共享，各部门在制定库存策略时往往各自为政，缺乏协同性。这不仅增加了库存管理的难度，还降低了库存的周转效率。同时，H公司与供应商之间的合作也缺乏紧密性，无法实现供应链的协同管理，导致对市场需求的预测不够准确，进一步加剧了库存积压的问题。

为了应对这些挑战，公司决定启动一场库存控制的优化革命。他们希望通过引入先进的库存管理理念和技术手段，实现库存管理的精细化、高效化和智能化，从而提升公司的运营效率和市场竞争力。

2．案例分析

（1）库存管理现状与挑战

1）库存积压严重，资金占用大，影响公司的现金流和盈利能力。

2）客户需求响应慢，无法及时满足市场变化，导致客户满意度下降。

3）传统的库存管理方式滞后，无法有效应对市场变化和客户需求。

4）部门间信息沟通不畅，缺乏协同性，降低库存周转效率。

5）与供应商合作不紧密，无法实现供应链的协同管理，影响市场需求预测准确性。

（2）问题根源分析

1）库存策略的制定主要依赖历史销售数据和生产计划，缺乏实时性和准确性。

2）生产流程存在浪费，导致库存成本过高。

3）部门间信息共享机制不完善，导致库存管理缺乏协同性。

4）与供应商的合作关系不紧密，缺乏有效的供应链协同管理。

3．实施策略

为了打破库存管理的僵局，该公司采取了一系列优化措施：

（1）引入先进的库存管理系统　引入先进的库存管理系统，实现库存信息的实时更新和共享。各部门通过系统准确掌握当前库存状况，及时调整库存策略，避免库存积压。

（2）贯彻精益生产理念　对生产流程进行全面梳理和优化，消除不必要的浪费，降低库存成本。引入先进的生产设备和技术，提高生产效率，缩短生产周期。

（3）加强部门间协同与信息共享　建立完善的部门间信息共享机制，确保库存数据的实时性和准确性。加强部门间的沟通与协作，共同制定库存策略，提高库存管理效率。

（4）深化与供应商的合作　与供应商建立紧密合作关系，实现供应链的协同管理。共同制定采购计划和库存管理策略，提高市场需求预测的准确性。

（5）加强客户沟通与市场预测　定期收集客户反馈和市场信息，制定更为精准的库存策略。引入先进的预测模型，对市场需求进行更为准确的预测，降低库存风险。

4．案例成果

经过一系列的努力和优化措施，该公司的库存管理水平得到了显著提升：库存积压问题得到有效解决，资金占用大幅降低，运营效率显著提高；对市场需求的响应速度更快，能够更好地满足客户需求，提升了客户满意度和忠诚度；库存管理实现精细化、高效化和智能化，为公司的可持续发展奠定了坚实基础；部门间协同性增强，信息共享机制完善，提高了整体运营效率；与供应商的合作更加紧密，供应链协同管理效果显著，降低了采购成本和市场风险。

思考题：

结合上述电子产品企业的库存控制优化案例，请设计一个综合性的库存管理优化方案，并详细阐述如何通过引入先进的库存管理系统、贯彻精益生产理念、加强部门间协同与信息共享，以及深化与供应商的合作等策略，来解决企业面临的库存积压、资金占用大、客户需求响应慢等问题。同时，请分析在实施这一方案过程中可能遇到的主要挑战，并提出相应的风险应对措施，以确保优化方案的顺利实施和持续有效。

课后习题

1. 库存的作用与成本有哪些？
2. 库存控制的基本策略有哪些？并解释其应用场景。
3. 供应商管理库存（VMI）的核心思想与实施步骤是什么？
4. 联合库存管理与多级库存控制的区别与联系是什么？
5. 设计一个库存控制优化方案。假设你是一家零售连锁店的库存经理，面临库存成本高、缺货率上升的问题。请设计一个库存控制优化方案，包括库存策略选择、供应商管理、多级库存协同等方面。阐述该方案的预期效果，并提出实施步骤和可能遇到的挑战。

第4章 供应链网络设计与优化

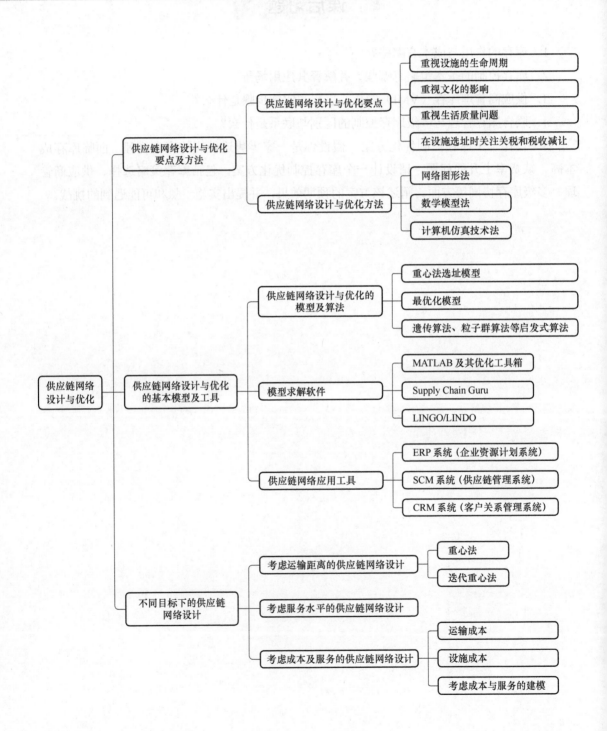

4.1 供应链网络设计与优化要点及方法

4.1.1 供应链网络设计与优化要点

在对一个供应链进行网络设计决策时，管理者应记住以下一些要点：

1. 重视设施的生命周期

考虑决策长期的影响是非常重要的，因为决策过程直接关乎企业长期竞争力和运营效率。设施作为供应链的物理基础，其选址、建设、运营及未来调整，均对企业成本结构、响应速度、市场适应性产生深远影响。生命周期视角要求设计者不仅要考虑当前的市场需求和成本效益，更要预见未来几年的技术革新、市场需求变化，以及潜在的竞争态势。只有这样，才能确保所建设施在长时间内保持高效运转，避免短期内因技术过时或需求转变而导致的资源浪费和重新布局的高昂成本。此外，重视设施生命周期还体现在对其灵活性、可扩展性和可持续性的规划上，确保设施能够随着企业成长和市场环境的变化而灵活调整，为企业的长期发展奠定坚实基础。因此，在供应链网络设计与优化过程中，将设施生命周期作为核心因素进行考量，是实现企业资源优化配置、提升供应链整体效能的关键所在。

2. 重视文化的影响

文化因素对供应链伙伴间的沟通、协作、信任建立及冲突解决方式具有深远影响。不同国家和地区的企业拥有独特的文化背景、价值观、商业习惯和法律体系，这些差异可能直接影响供应链的运作效率和效果。忽视文化因素可能导致误解、沟通障碍和合作不畅，进而增加运营成本、降低响应速度并损害供应链的整体稳定性。

3. 重视生活质量问题

在选择设施地点时，企业绝不能忽视生活质量这一关键因素，因为它直接关系到劳动力的吸引力、保留率及工作士气，进而深刻影响企业的整体绩效。尽管低成本位置可能诱人，但若该区域生活质量低下，可能导致难以招募到高素质员工，或现有员工因不满生活环境而流失，这将对企业的长期发展构成严重威胁。因此，在设施选址决策中，综合考虑生活质量因素，确保员工满意度与工作效率的和谐统一，是企业实现可持续发展的重要保障。

4. 在设施选址时关注关税和税收减让

关税作为产品或设备跨越国境时必须支付的税收，其高低直接影响企业的运营成本和市场竞争力。在关税较高的国家建立供应链设施，可能导致企业面临沉重的税负，从而增加产品成本，削弱市场竞争力。因此，企业在选址时会倾向于选择关税较低的国家和地区，以降低运营成本，提升盈利能力。

另外，税收减让政策也是企业选址时的重要考虑因素。许多国家和地区为了吸引外资和促进经济发展，会向企业提供税收减免、退税等优惠政策。这些政策能够直接降低企业的税负，提高企业的净利润水平。因此，企业在选址时会综合考虑不同国家和地区的税收环境，选择那些能够提供更为优惠的税收政策的地区进行投资。

4.1.2 供应链网络设计与优化方法

1. 网络图形法

网络图形法主要包括五个步骤：一是确定供应链节点，即明确供应链中的各个节点，包括供应商、制造商、分销商、零售商和最终消费者等。这些节点构成了供应链网络的基本组成部分。二是分析节点间关系，如供应商与制造商之间的供应关系、制造商与分销商之间的分销关系等。这些关系决定了供应链中物料、信息和资金的流动方向。三是绘制网络图，即根据确定的节点和关系，使用网络图形法绘制供应链网络图。网络图通常包括节点（表示供应链中的各个实体）和边（表示实体之间的关系）。通过不同的颜色、形状和大小来区分不同的节点和关系，使得网络图更加清晰易懂。四是优化网络结构，即在绘制完网络图后，通过分析网络结构来发现潜在的问题和优化机会。例如，可以识别出供应链中的瓶颈环节、冗余节点和不合理的关系，并提出相应的优化措施。五是实施与监控，即根据优化后的网络图，实施相应的改进措施，并持续监控供应链网络的运行情况。通过不断的数据收集和分析，可以进一步调整和优化供应链网络，确保其高效、稳定地运行。

在具体的设计中，可以借助计算机辅助设计等手段进行网络图的绘制。网络图形法的优点在于能够直观地展示供应链网络的复杂性和动态性，帮助决策者更好地理解和管理供应链。同时，通过图形化的方式，可以更容易地发现潜在问题和优化机会，提高供应链的效率和响应速度。然而，需要注意的是，网络图形法只是一种分析和优化工具，其效果还取决于数据的准确性和完整性，以及决策者的经验和判断。因此，在使用网络图形法构建供应链网络时，需要充分结合实际情况和需求，进行科学的分析和决策。

2. 数学模型法

数学模型法在经济与管理领域的应用极为广泛，通过建立数学模型来量化供应链经济特性变得尤为重要。其中，系统动力学模型与经济控制论模型是两大主流工具，但系统动力学模型因其独特的优势，在描述供应链问题时更为贴切。系统动力学源自对工业企业管理难题的探索，它融合了系统论、控制论、组织科学、信息论，以及先进的计算机仿真技术，形成了一套强大的系统分析与模拟体系。这种模型不仅能够深入剖析供应链的内在运行机制，还能精准地映射出其经济层面上的关键特征，为供应链管理决策提供有力的数据支撑和洞察。首先，需要明确供应链网络构建的具体问题和目标，例如降低成本、提高响应速度、优化库存水平等。这有助于确定构建数学模型的方向和重点。其次，抽象和量化问题，将供应链网络中的实际问题抽象为数学问题，并进行量化处理。这包括将供应链中的节点（如供应商、制造商、分销商等）、连接关系（如供应关系、运输关系等），以及相关参数（如成本、时间、库存量等）用数学符号和变量表示。根据抽象和量化后的问题，建立相应的数学模型，包括线性规划模型、整数规划模型、动态规划模型等，可根据具体问题选择合适的模型类型。模型应能够反映供应链网络的运行机制，包括物料流动、信息传递、成本控制等。再者，求解和分析模型，利用数学方法和工具对建立的模型进行求解和分析，包括求解最优解、分析参数变化对结果的影响等。通过求解和分析，可以得到供应链网络的最优配置策略或改进方向。然后，验证和调整模型，将求解结果与实际供应链网络进行对比和验证，检查模型的准确性和有效性。如果模型与实际存在偏差，就需要根据实际情况对模型进行调整和优化，以提高其预测和决策能力。最后是应用和实施策略，根据数学模型的分析结果，制定具体的供应链网络构建和优化策略，并在实际中进行应用和实施。通过持续监控和评估策略的效果，可以进一步调整和优化供应链网络。

数学模型法构建供应链网络的优点在于能够定量地分析供应链网络的运行规律和优化潜力，提供科学、客观的决策依据。同时，数学模型具有较强的通用性和灵活性，可以适用于不同类型的供应链网络和不同的问题场景。然而，需要注意的是，数学模型法的应用需要具备一定的数学和统计学知识，并且对实际问题要有深入的理解。此外，模型的建立和求解过程可能比较复杂，需要借助专业的软件和工具。因此，在使用数学模型法构建供应链网络时，需要充分考虑实际情况和需求，选择合适的模型和方法，并结合实际数据进行验证和调整。

3. 计算机仿真技术法

这种方法通过模拟供应链网络的运行过程，帮助决策者深入理解供应链的动态行为和性能特征，从而发现潜在问题并提出改进策略。利用计算机仿真技术来模拟实际的供应链构建问题，是一个系统化的过程。根据所选用仿真软件的具体要求，将复杂的供应链系统抽象化、模型化，这一过程涉及将供应链中的各个环节、参与者、流程，以及交互关系转化为计算机可识别的逻辑和算法。模拟过程中可以灵活调整各种参数和条件，以反映不同市场环境、政策变化或运营策略下的供应链表现。通过对仿真结果进行深入分析，评估不同方案的效果，识别潜在的风险与机遇，从而为供应链的优化与决策提供科学依据。在利用计算机仿真技术法时，首先需要确定仿真目标和范围，即要解决的问题和仿真的对象，如降低库存成本、提高物流效率或缩短供应链响应时间等。然后，建立供应链网络模型，根据实际的供应链网络结构和运行机制，利用仿真软件或工具建立相应的模型。模型应包括供应链中的各个节点（如供应商、制造商、分销商等）、连接关系（如物流路径、信息流等），以及相关的参数和规则。再者，设定仿真场景和参数，根据仿真的目标和范围，设定不同的仿真场景和参数。例如，可以模拟不同的市场需求、供应波动、运输延误等场景，以观察供应链网络的响应和性能变化。随后，运行仿真实验，利用计算机仿真软件或工具，运行建立的供应链网络模型，并收集仿真数据。通过多次仿真实验，可以获得大量关于供应链网络性能的数据和结果。对收集到的仿真数据进行深入的分析和解读，以揭示供应链网络的动态行为和性能特征。例如，可以分析库存水平、运输成本、响应时间等指标的变化趋势和影响因素。最后，优化供应链网络，根据仿真结果的分析，发现供应链网络中存在的问题和瓶颈，并提出相应的优化策略，它可以调整库存策略、优化物流路径或改进信息共享机制等，以提高供应链网络的效率和性能。验证和实施优化策略，将优化策略应用到实际的供应链网络中，并进行验证和评估。通过对比优化前后的性能指标，验证优化策略的有效性，并根据实际情况进行必要的调整和改进。

目前的供应链设计计算机仿真技术有：离散事件仿真（DES）、代理基础建模（ABM）、连续系统仿真、优化仿真、虚拟现实仿真等。离散事件仿真是一种常用的技术，用于模拟供应链中的事件和活动。通过将供应链中的各个节点和活动建模为离散事件，可以模拟出整个供应链系统的运行过程，并分析其性能和效率。代理基础建模是一种建立在个体行为基础上的仿真技术。在供应链设计中，可以将供应商、制造商、分销商等各个参与方建模为独立的代理，并模拟它们之间的交互和决策过程，以评估不同策略对整体供应链性能的影响。连续系统仿真是一种模拟连续变化的技术，适用于涉及物流和生产流程的供应链设计。通过建立数学模型和模拟算法，可以模拟供应链中的物流过程、生产过程等，以评估不同方案的效率和成本。优化仿真是一种结合了仿真和优化技术的方法，用于寻找最佳的供应链设计方案。通过在仿真模型中引入优化算法，可以自动搜索最优的决策变量组合，以实现最大化利润、最小化成本或最小化交货时间等目标。虚拟现实仿真技术可以将供应链设计模型呈现为三维虚拟环境，使用户能够亲身体验和观察供应链系统的运行情况。通过虚拟现实技术，用户可以更直观地理解供应链设计方案的影响，并进行交互式的优化和调整。

计算机仿真技术法构建供应链网络的优点在于能够模拟供应链的复杂性和动态性，提供丰富的数据和结果支持决策。同时，仿真实验具有可重复性和可控性，能够方便地对不同的场景和参数进行测试和比较。然而，需要注意的是，仿真结果的准确性和可靠性取决于模型的准确性和仿真参数的设置，因此需要充分结合实际情况进行建模和仿真。此外，随着技术的不断发展，计算机仿真技术也在不断更新和完善。例如，基于人工智能和大数据技术的仿真方法能够更好地处理复杂的供应链数据和模式识别问题，提高仿真的精度和效率。因此，在使用计算机仿真技术法构建供应链网络时，需要关注最新的技术发展和应用趋势，以充分利用其优势和挖掘其潜力。

总的来说，供应链网络设计在现代企业管理中扮演着至关重要的角色，它不仅关系到企业的生存和发展，也对整个产业链的发展和社会经济的可持续发展具有重要影响。因此，企业需要重视供应链网络设计，不断优化和改进，以适应不断变化的市场环境和客户需求。

4.2 供应链网络设计与优化的基本模型及工具

4.2.1 供应链网络设计与优化的模型及算法

供应链网络的设计与优化流程起始于识别现存问题或潜在瓶颈，随后基于这些问题明确优化目标。接下来，通过构建一个能够反映供应链复杂性的数学模型，将实际业务场景抽象化。在模型中，输入关键的基础数据作为分析的基石，随后采用恰当的数学优化技术和算法进行求解，以探索最佳的运营策略。初步的管理决策基于这些分析结果制定，并付诸实践以指导供应链的实际运营。

在运营过程中，不断收集实际运营效果的数据，通过反馈机制评估决策的有效性。这一过程不仅是对既有决策的检验，也是持续改进的起点。基于运营反馈，重新审视并可能调整优化模型及其算法,以更准确地反映供应链动态和外部环境变化。这一循环往复的过程,旨在不断逼近并最终找到针对供应链网络的最优决策方案,实现效率、成本、响应速度等多方面的综合优化。下面本书将会简单介绍供应链网络优化的几种建模方法。

1. 重心法选址模型

重心法选址模型是一种基于解析几何和物理重心的概念,用于确定物流中心、仓库或其他服务设施最佳位置的方法。该方法通过模拟物流系统中需求点和资源点的分布,将各点的需求量和资源量视为物体的重量,通过计算这些"重量"在平面内的物理重心来确定设施的最佳位置,从而优化运输成本和其他相关费用。

重心法选址模型的基本原理是将物流网络中的需求点看作平面内的点,每个点的需求量作为该点的"重量"。通过计算这些点的物理重心,即所有点"重量"加权平均后的位置,来确定设施的最佳位置。这种方法假设运输成本与运输距离成正比,因此选择重心作为设施位置可以最小化总运输成本。

假设 x_i、y_i 分别表示某个供应点 i 的横坐标与纵坐标;F_i 表示需求点与供应点 i 之间运送单位数量单位距离的运输成本;Q_i 表示需求点与供应点 i 之间运输产品的数量。

用 (x, y) 表示需求点的位置,则需求点与供应点 i 之间的距离 d_i 可表示为

$$d_i = \sqrt{(x - x_i)^2 + (y - y_i)^2} \tag{4-1}$$

建模目标是求得总运输成本 F 最小的需求点位置,其中 F 可由以下公式求得:

$$F = \sum_{i=1}^{k} d_i Q_i F_i \tag{4-2}$$

然后,通过求解软件或迭代公式进行求解。

由于重心法选址模型通过简单的数学公式计算得出最优位置点,因此计算过程相对迅速,能够快速响应选址需求。此外,该方法的核心是优化运输成本,通过合理分配运输量,使总运输成本达到最低,有助于降低企业的物流成本。对于管理层来说,重心法选址提供了一种科学的选址思路和方法,可以帮助其做出更加合理的决策。

2. 最优化模型

最优化模型在供应链网络设计中的作用,堪称现代供应链管理中的智慧引擎,它不仅深刻影响着物流效率与成本控制的精度,还促进了供应链系统的灵活性与响应速度,为企业在全球竞争激烈的市场环境中赢得先机。供应链网络设计,作为连接生产、存储、运输与配送等关键环节的纽带,其复杂性和动态性要求决策者必须采用科学的方法论来指导决策过程,而最优化模型正是这一需求的一种解决方案。例如,在设施选址问题上,模型可以综合考虑运输成本、建设成本、客户需求分布、供应链风险等因素,通过计算得出最优的仓库或配送中心位置,从而显著降低物流总成本并提高货物周转效率。同时,在库存管理中,最优化模型能够平衡库存持有成本与缺货成本,确定最佳的库存策略,减少资金占用并提升客户满意度。此外,最优化模型通过将不确定性因素(如需求波动、运输时间延

迟等）纳入考虑范围，构建鲁棒性或弹性优化模型，使得供应链网络在面对不确定性时仍能保持高效稳定运行。这种模型不仅能帮助企业在日常运营中优化资源配置，还能在危急时刻迅速调整物流策略，减少损失并快速恢复供应链的正常运转。

通过应用线性规划模型或混合整数规划模型，我们可以根据给定的数据、假设及具体的参数，计算出网络结构的"最优"结果。建立最优化模型一般包括以下四个步骤：设置目标函数、建立约束条件、选择决策变量、输入和输出数据。其中，常见的目标函数有成本最小化、利润最大化、客户满意度最大化、供应链响应时间最小化等。约束条件有资源约束、财务约束、时间约束、服务水平约束等。决策变量有需求点的数量、运输量、产品种类等。输入输出的数据可以是物料需求、成本、库存数据等。因此，最优化模型如下：

目标函数为

$$\max/\min y = f(x) \tag{4-3}$$

约束条件可以表达为

$$v(x) \leqslant 0 \tag{4-4}$$

$$z(x) = 0 \tag{4-5}$$

在优化问题中，我们定义了目标向量 y 和决策向量 x。目标函数 $f(x)$ 是基于实际问题构建的，它建立了决策向量 x 与目标 y 之间的数学关系表达式，用于衡量解决方案 x 的优劣。此外，还引入了不等式约束条件 $v(x) \leqslant 0$ 和等式约束条件 $z(x) = 0$。当优化问题仅涉及一个优化目标时，它被称为单目标优化问题；而当存在多个相互矛盾或需同时权衡的优化目标时，则称其为多目标优化问题。

供应链网络最优化模型是供应链管理中用于提高整体效率和效益的重要工具。这些模型通过数学方法和算法，对供应链网络的结构和运营策略进行优化。常见的供应链网络最优化模型有线性规划模型、整数规划模型、动态规划模型、排队论模型、对策论模型、网络流模型、策略评价模型等。线性规划模型是最常用的优化模型之一，它适用于解决供应链网络中的线性优化问题。如果供应链网络中的目标函数和约束条件都是线性的，如成本最小化、利润最大化等，则线性规划模型能够提供有效的解决方案。在制造业、零售业和物流业等领域，线性规划模型被广泛应用于生产计划、库存控制、运输路线规划等方面。整数规划模型用于解决供应链网络中的整数优化问题，如决策变量必须是整数的情况。这在供应链网络设计中尤为重要，如确定供应商数量、分销中心数量等。整数规划模型能够确保决策结果符合实际情况，避免非整数解带来的不便。动态规划模型则适用于解决供应链网络中的动态优化问题，即决策过程随时间变化而变化的问题。它能够处理多阶段决策过程，通过分解复杂问题为一系列简单的子问题来求解。在库存控制、生产调度等领域，动态规划模型能够提供有效的解决方案。此外，排队论模型主要用于研究生产企业在平稳生产状态下的情况，如各个设备或车间等的输出率等。它通过对资源分配进行优化，如合理安排各个设备的加工任务、合理安排人员的加工任务等，以达到提高生产效率的目标。排队论模型在制造业中尤为重要，能够帮助企业优化生产流程，缩短等待时间和减少资源浪费。对策论模型主要用于研究供应链中不同成员之间的相互协调问题，如供应商与制造商之间、制造商与销售商之间的协调。它通过确定各方对策，如产品价格、订货时间等，来使各方都能获得比原来更好的收益。对策论模型在供应链管理中具有重要意义，能够帮助企业建立稳定的合作关系，提高整体竞争力。

3. 遗传算法、粒子群算法等启发式算法

遗传算法是一种模拟达尔文生物进化论的自然选择和遗传学机理的生物进化过程的计算模型，是一种通过模拟自然进化过程搜索最优解的方法。该算法的核心思想是通过对种群中的个体进行评价、选择、交叉和变异等操作，逐步找到最优解。在遗传算法中，种群中的每个个体代表问题的一个潜在解，通过适应度函数来评价个体的优劣。适应度高的个体被选择出来进行交叉和变异操作，生成新的个体，逐步逼近最优解。

遗传算法可以用于优化供应商的选择过程，通过编码表示不同的供应商组合，利用适应度函数评估各组合的成本、质量、交货期等因素，从而找到最优的供应商组合。在订单配送问题中，遗传算法可以生成不同的配送路径和方案，通过适应度函数评估各方案的运输成本、时间等因素，从而找到成本最低、时间最短的配送方案。此外，遗传算法还可以应用于库存控制策略的优化，通过模拟不同库存策略下的库存水平和成本变化，找到最优的订货点和订货量，以平衡库存成本和缺货成本。在供应链网络设计中，遗传算法可以优化网络的结构和布局，包括仓库、分销中心等设施的位置和数量，以降低运输成本、提高物流效率。

粒子群优化算法是一种模拟鸟类觅食行为的群智能算法。该算法通过模拟粒子在问题的可行解空间中的迁徙行为，通过粒子之间的合作与竞争来寻找最优解。在粒子群优化算法中，每个粒子代表问题的一个潜在解，粒子在解空间中移动并更新自己的位置和速度，以逼近最优解。

粒子群优化算法可以应用于配送路径的优化，通过模拟粒子在路径空间中的移动和更新，找到成本最低、时间最短的配送路径。通过模拟不同库存策略下的库存水平和成本变化，粒子群优化算法可以找到最优的订货点和订货量，以平衡库存成本和缺货成本。在运输调度问题中，粒子群优化算法可以优化车辆的路径规划和货物的装载率，以减少运输中的空载率和重载率，降低燃料消耗和运输成本。与遗传算法类似，粒子群优化算法也可以用于供应链网络的设计和优化，通过模拟粒子在解空间中的移动和更新，找到最优的网络结构和布局。

4.2.2 模型求解软件

1. MATLAB 及其优化工具箱

MATLAB（Matrix Laboratory）是 MathWorks 公司出品的一款商业数学软件，它将数值分析、矩阵计算、科学数据可视化，以及非线性动态系统的建模和仿真等诸多强大功能集成在一个易于使用的视窗环境中，为科学研究、工程设计，以及必须进行有效数值计算

的众多科学领域提供了一种全面的解决方案，并在很大程度上摆脱了传统非交互式程序设计语言（如 C、Fortran）的编辑模式。

MATLAB 的优化工具箱（Optimization Toolbox）提供了一套丰富的函数和工具，用于解决各种优化问题。首先，它可以求解无约束和约束条件下的优化问题：用户可以使用优化工具箱中的函数和方法，求解无约束条件下的非线性极小值问题，该工具箱支持在给定约束条件下求解非线性极小值，包括目标逼近问题、极大 - 极小值问题，以及半无限极小值问题等；其次，可以求解二次规划和线性规划问题：优化工具箱提供了专门的函数和方法，用于解决二次规划和线性规划问题；另外，还可以进行非线性最小二乘逼近和曲线拟合：用户可以使用该工具箱进行非线性最小二乘逼近和曲线拟合操作，以便更好地处理和分析数据，也可以通过该软件求解非线性方程，为用户提供了更广泛的数学计算功能；最后，对于复杂结构的大规模优化问题，MATLAB 优化工具箱同样提供了相应的函数和方法，以帮助用户高效地解决问题。

MATLAB 的优化工具箱与 MATLAB 的核心功能紧密结合，用户可以轻松地在 MATLAB 环境中调用优化工具箱的函数和方法，进行数据的导入、处理、分析和优化。此外，MATLAB 还支持并行计算、GPU 加速等功能，可以进一步提高优化问题的求解效率。

2. Supply Chain Guru

Supply Chain Guru 是一款专注于供应链战略规划与优化的高级仿真软件，由 LLamasoft 智模软件公司开发并推广。Supply Chain Guru 将仿真与优化功能相结合，帮助企业预测并优化供应链网络的设计与运行，并且能够快速模拟并优化企业的供应链，从而大幅降低物流、库存、生产和采购成本，提高客户服务水平。

用户可以输入或导入供应链网络信息，包括场地位置、需求预测、网络运行方式等，Supply Chain Guru 将自动建立强大的离散事件仿真和网络优化模型。该软件支持多种数据格式的交互，包括与 Excel、Access 等软件的无缝连接。通过仿真功能，用户可以模拟不同供应链设计方案下的性能表现，包括服务水平、库存水平、运输成本等关键指标。另外，该软件可以通过提供"事件历"功能，用于运行供应链模型并观察关键的供应链度量。网络优化也可以用混合整数 / 线性规划技术，评估并优化供应链网络结构，寻找最具利润潜力的网络配置。在决策支持方面，支持对供应链中的各个环节进行假设分析，以评估不同策略对供应链性能的影响。为企业提供预算功能，预测库存投资、运输费用和生产情况。通过仿真和优化结果，为企业提供战略决策支持，帮助企业制定更加科学合理的供应链战略。最后，该软件提供仪表盘功能，集地图、视图、图表、输入表格和输出表格于一体，生成详细的优化报告和仿真结果报告，以直观的方式展示供应链数据，帮助用户深入理解供应链性能并做出决策。

3. LINGO/LINDO

LINGO 和 LINDO 是由美国 LINDO 系统公司开发的专门用于求解最优化问题的软件包，它们在数学、科研和工业界得到了广泛应用。

LINGO 全称 Linear Interactive and General Optimizer，即交互式的线性和通用优化求解器。LINGO 除具有 LINDO 的全部功能外，还可以用于求解非线性规划问题，以及一些线性和非线性方程组的求解等。其内置建模语言提供了十几个内部函数，方便用户建立优化模型。它允许决策变量是整数（包括 0-1 整数规划），方便灵活；执行速度非常快，能够迅速求解大规模优化问题；提供与其他数据文件（如文本文件、Excel 电子表格文件、数据库文件等）的接口，方便数据输入和输出；并且附带详细的用户手册，包含对 LINGO 所有命令和特征的深度说明。

LINDO 全称 Linear Interactive and Discrete Optimizer，即线性交互式和离散优化器。LINDO 主要用于求解线性规划、二次规划和整数规划等问题。它也可以用于一些非线性和线性方程组的求解，以及代数方程求根等。LINDO 执行速度很快，方便输入、求解和分析数学规划问题；它包含一种建模语言和许多常用的数学函数，可供使用者建立规划问题时调用，特别适用于解决大型复杂问题。

LINGO 和 LINDO 都提供了内置的建模语言，允许用户以直观的方式表达优化模型。这种建模语言类似于用户在使用纸和笔时的表达方式，使得建模过程更加简单易懂。并且，LINGO 和 LINDO 都提供了与其他数据文件的接口，如文本文件、Excel 电子表格文件和数据库文件等。这使得用户能够方便地输入和输出数据，进行更加灵活的数据处理和分析。由于其强大的功能和广泛的应用范围，LINGO 和 LINDO 被广泛应用于生产线规划、运输、财务金融、投资分配、预算、混合排程、库存管理等领域。它们帮助企业解决复杂的优化问题，提高运营效率并降低成本。在求解功能方面，LINGO 拥有一整套快速、内建的求解器，用于求解线性、非线性（球面或非球面）、二次、二次约束和整数优化问题。用户甚至不需要指定或启动特定的求解器，因为 LINGO 会自动选择合适的求解器。LINDO 则专注于线性规划、二次规划和整数规划等问题的求解，其求解能力同样强大且高效。

4.2.3 供应链网络应用工具

1. ERP 系统（企业资源计划系统）

ERP 系统作为一个集成化的管理平台，将企业的各个业务部门和流程紧密地联系在一起，实现信息的实时共享和协同作业。在供应链网络构建中，ERP 系统的应用主要体现在以下几个方面：

（1）采购管理　ERP 系统通过供应商管理模块，可以实时跟踪供应商的资质、价格、交货时间等信息，实现自动化采购流程，降低采购成本并减小货期风险。同时，通过与供应商在线交互，提高采购效率和管理透明度。

（2）订单管理　订单管理模块可以自动处理销售订单、发货通知和发票等文档，增强对销售订单和交货情况的控制，协调供需关系。这有助于企业快速响应市场变化，提高客户满意度。

（3）库存管理　库存管理模块实时记录物料入库、出库情况，以及库存水平和供应商情况。这有助于企业降低过剩库存，提高对物料交货时间和供应情况的掌握，优化整个供应链的库存水平。

2. SCM 系统（供应链管理系统）

SCM 系统则专注于供应链的整体优化和协调。在构建供应链网络时，SCM 系统的应用主要体现在以下几个方面：

（1）网络设计与优化　SCM 系统要求网络具有可互操作性、可靠性、可扩展性、可管理性和安全性等关键特性，以确保供应链网络的稳定运行和高效协同。

（2）物流管理　SCM 系统的物流管理模块可以跟踪物流的整个过程，包括运输、仓储、分销等，帮助企业实时了解物流状态，优化物流路径，降低物流成本。

（3）风险管理　SCM 系统还可以帮助企业识别、评估和管理供应链中的风险，包括供应商风险、运输风险、市场需求风险等，从而制定相应的风险应对策略，保障供应链的稳定性和可持续性。

3. CRM 系统（客户关系管理系统）

CRM 系统则主要关注客户关系的建立和维护，以及销售和服务流程的优化。在供应链网络构建中，CRM 系统的应用主要体现在以下几个方面：

（1）客户信息管理　CRM 系统能够整合和存储客户信息，包括购买记录、服务需求等，为企业提供全面的客户视图。这有助于企业更好地了解客户需求，提供个性化的产品和服务。

（2）销售流程优化　CRM 系统可以自动化销售流程，包括线索管理、销售预测、订单处理等，提高销售效率。同时，通过数据分析和报告功能，企业可以洞察销售趋势，制定更有效的销售策略。

（3）客户服务提升　CRM 系统可以帮助企业快速响应客户反馈和投诉，提供及时有效的客户服务。通过客户满意度调查和反馈分析，企业可以不断改进产品和服务，提高客户满意度和忠诚度。

综上所述，ERP 系统、SCM 系统和 CRM 系统在供应链网络构建中各自发挥着重要的作用。它们通过集成化的管理、优化协调，以及客户关系管理等功能，共同推动供应链网络的高效运转和持续改进。然而，每个系统的具体应用和实施方式还需根据企业的实际情况和需求进行定制和调整。在实际操作中，企业需要综合考虑业务需求、技术可行性、成本效益等因素，选择适合自身的系统解决方案，以实现供应链网络的最佳效果。由于篇幅限制，本书仅简单描述了每个系统在供应链网络构建中的基本用法。在实际应用中，每个系统都具有丰富的功能和复杂的操作流程，需要企业进行深入的学习和实践。同时，随着技术的不断发展和市场的不断变化，这些系统的功能和应用也将不断更新和完善。因此，企业需要保持对新技术和新应用的关注和学习，以便更好地应对市场挑战和实现持续发展。

4.3 不同目标下的供应链网络设计

4.3.1 考虑运输距离的供应链网络设计

在供应链运行过程中，运输成本往往占据相当大的比例，特别是在全球化背景下，跨国运输更是成为企业不可忽视的成本项。运输距离的增加不仅导致燃油消耗、车辆磨损等直接成本的上升，还可能因运输时间的延长而引发库存积压、资金占用等间接成本的增加。因此，通过科学规划供应链网络，实现运输距离的最优化，可以显著降低企业的物流成本，提升整体运营效率。而实现优化运输路线，缩短不必要的运输距离，则需要企业在选址布局、物流路径规划、运输方式选择等多个环节上进行精心设计与优化，以构建高效、经济的供应链网络。

从响应性与服务水平的角度考虑，考虑运输距离的供应链网络设计是提升供应链灵活性和客户满意度的有效途径。在快速变化的市场环境中，企业需要具备快速响应市场需求的能力，以确保产品能够及时、准确地送达客户手中。而运输距离的缩短，意味着产品从生产到交付的周期将大大缩短，从而提高了供应链的响应速度。此外，较短的运输距离还有助于减小产品在运输过程中的损耗和延误风险，进一步提升服务质量和客户满意度。在竞争日益激烈的商业环境中，优秀的供应链服务已经成为企业赢得市场、树立品牌形象的重要砝码。因此，考虑运输距离的供应链网络设计，不仅是出于成本控制的考虑，更是提升企业核心竞争力的关键举措。

通过优化运输路线、缩短运输距离，企业可以有效降低物流成本、提升运营效率、增强市场竞争力，并为客户提供更加快速、可靠的服务体验。这一目标的实现需要企业在多个方面进行努力和创新，包括运用先进的物流技术和管理手段、加强与供应商和客户的沟通与协作等。只有这样，才能构建出高效、灵活、经济的供应链网络，为企业的可持续发展奠定坚实基础。

1. 重心法

本部分讲解以运输距离最小为目标的供应链网络设计。重心法模型是一种用于确定物流中心或仓库位置的方法，旨在通过优化布局来降低总体运输成本。该方法将物流系统中的需求点和资源点视为分布在某一平面范围内的物流系统，各点的需求量和资源量分别视为物体的重量，通过计算这些"重量"的重心来确定物流网点的最佳位置。重心法基本原理是把销售成本看成运输距离和运输数量的线性函数，即总成本（或运输成本）与运输距离和运输量成正比。通过在坐标系中标出各个地点的位置，并计算其相对距离，来确定运输成本最低的位置坐标。

加权平均距离能够更全面地反映供应链网络中各节点的实际运输情况。在供应链网络中，不同的货物往往具有不同的数量、重量和价值，这些因素都会影响运输成本和效率。通过加权平均距离的计算，可以将这些差异纳入考虑范围，使得计算结果更加贴近实际情况。此外，加权平均距离有助于企业在进行供应链网络布局时做出更合理的决策。通过计算加权平均距离，企业可以了解不同节点之间的运输成本差异，进而在选址、仓储、配送等方面做出更加经济、高效的决策。例如，在选择供应点位置时，企业会倾向于选择加权平均距离 ∂ 较短的地点，以减少运输成本和提升物流效率。

$$\partial = \frac{\sum d_{i,j} q_j}{\sum q_j} \tag{4-6}$$

式中，$d_{i,j}$ 表示供应点 i 到需求点 j 的距离；q_j 表示各需求点的需求量。例如两需求点分别为 A、B，两需求点距离为 100km，供应点在 A、B 之间。A 需求点的需求量为 20000 份，B 需求点的需求量为 100000 份，那么设需求点 A 到供应点的距离为 X，则需求点 B 到供应点的距离为 100km－X，则加权平均距离 =[20000X+100000（100－X）]／（20000+100000），随后求解即可。

在二级供应链网络中，当目标是使总加权距离最小化时，我们需要从一组备选的供应地中选择一个或多个供应点的地址来服务已知位置和需求的需求点，并且各个供应点都有能力满足某个需求点的需求，一个需求点也只能由一个供应点全部满足其需求。因此，我们定义 i 表示供应点，决策变量 X_i 表示是否选择供应点 i，$Y_{i,j}$ 表示供应点 i 是否为需求点 j 提供服务，并且 I 为供应点集合，J 为需求点集合。因此，目标函数可以列为

$$\min \sum_{i \in I} \sum_{j \in J} d_{i,j} q_j Y_{i,j} \tag{4-7}$$

式中，$\sum_{i \in I} Y_{i,j} = 1$（$\forall j \in J$）表示需求点 j 的需求能够被一个供应点全部满足；$\sum_{i \in I} X_i = Z$ 表示指定的供应点数量为 Z（X_i 表示是否选择供应点 i）；$Y_{i,j} \leqslant X_i$ 表示选择供应点 i 为需求点 j 提供服务，$Y_{i,j} \in \{0,1\}$，$X_i \in \{0,1\}$，$\forall i \in I$，$\forall j \in J$。

重心法的最大优势在于其能够综合考虑成本和需求的分布情况，通过简单的计算公式迅速找到一个平衡点，使得设施位置既能满足大多数客户的需求，又能有效控制运输成本。然而，重心法也存在明显的局限性。首先，该方法过于简化，主要依赖于地理坐标和运输距离的计算，忽略了诸多实际因素，如土地可用性、环境影响、竞争对手的分布、地表形态和现有地理布局等。这些因素在实际选址中往往起着至关重要的作用，而重心法却未能充分考虑。其次，为了应用重心法，需要收集各个地点的坐标、成本和需求数据，这些数据可能难以获取，特别是在涉及广泛区域或大量需求点的情况下，数据收集工作变得尤为困难。此外，当需求点数量较多时，计算量会显著增加，使得手动计算变得不切实际，通常需要依赖计算机程序进行辅助计算。因此，选择重心法作为选址方法实施较为困难且会有一定的误差，选择其进行网络设计时要慎重考虑。

2. 迭代重心法

本部分讲解基于运输距离的运输成本最小化供应链网络设计。迭代重心法（Iterative Centroid Method）是一种在物流问题中广泛应用的算法，特别是在设施选址、仓库布局和分销中心优化等领域。该方法的核心思想是通过迭代计算，逐步逼近问题的最优解，旨在

最小化运输成本或提高物流效率。其中，运输成本为各需求点的运输量、选址点到各需求点的距离、运输费率三者乘积之和。

迭代重心法特别适用于处理复杂的物流网络问题，其中涉及多个节点和多种运输方式。在实际操作中，首先需确定初始的源节点和目标节点，并计算它们之间的初始运输费用。随后，在每一轮迭代中，算法会根据最新的物流数据和运输条件，重新评估各节点间的运输费用。这一过程不仅考虑了运输距离这一直接因素，还可能涉及运输方式的选择、不同运输成本的比较，以及交通网络的实时状况等多种复杂因素。通过不断迭代，算法逐步优化运输费用的分配，最终找到使运输总成本最低的最优位置点。

在物流中心选址问题中，具体的迭代步骤如下：设某区域有 n 个需求点，其坐标分别为 (X_i, Y_i)（$i=1, 2, \cdots, n$），运输量（或需求量）为 Q_i，运输费率（单位距离单位货物运输所需费用）为 R_i。

（1）计算初始坐标 (X, Y) 通过加权平均法或重心法计算。

（2）计算各需求点到当前物流中心的距离 D_i

$$D_i = \sqrt{(X_i - X)^2 + (Y_i - Y)^2} \tag{4-8}$$

（3）计算加权距离和

对于 X 坐标：$\qquad \text{WeightedSum } X = \sum_{i=1}^{n} Q_i R_i X_i / D_i \tag{4-9}$

对于 Y 坐标：$\qquad \text{WeightedSum } Y = \sum_{i=1}^{n} Q_i R_i Y_i / D_i \tag{4-10}$

（4）更新物流中心坐标

新的 X 坐标：$\qquad X' = \dfrac{\text{WeightedSum } X}{\sum_{i=1}^{n} Q_i R_i / D_i} \tag{4-11}$

新的 Y 坐标：$\qquad Y' = \dfrac{\text{WeightedSum } Y}{\sum_{i=1}^{n} Q_i R_i / D_i} \tag{4-12}$

（5）重复迭代 使用新的坐标 (X', Y') 作为物流中心的坐标，重复步骤 2 至步骤 4，直到满足收敛条件或达到预设的迭代次数，如 2 次迭代得到的选址点坐标变化小于某个阈值，或运输成本的变化小于一定值等。

以物流中心选址问题为例，假设有三个需求点和一个待建的物流中心。供应商的位置、运输量和运输费率见表 4-1。

表 4-1　供应商的位置、运输量和运输费率

需求点编号	X 坐标	Y 坐标	运输量 /t	运输费率 /（元 • t • km）
1	10	20	50	2
2	30	40	30	2
3	20	10	40	2

我们需要找到一个物流中心的最佳位置（X，Y），使得从物流中心到所有需求点的加权运输成本最低。

迭代步骤如下：

（1）确定初始选址位置　选择所有需求点坐标的加权平均值作为初始点。

初始 X 坐标 =（10×50+30×30+20×40）/（50+30+40）

初始 Y 坐标 =（20×50+40×30+10×40）/（50+30+40）

（2）计算 D_i　使用距离公式计算物流中心到各需求点的距离。

$$D_1 = \sqrt{(10-X)^2 + (20-Y)^2}$$

$$D_2 = \sqrt{(30-X)^2 + (40-Y)^2}$$

$$D_3 = \sqrt{(20-X)^2 + (10-Y)^2}$$

（3）计算加权距离

$$WeightedSum\ X = \frac{50\times10\times2}{D_1} + \frac{30\times30\times2}{D_2} + \frac{40\times20\times2}{D_3}$$

$$WeightedSum\ Y = \frac{50\times20\times2}{D_1} + \frac{30\times40\times2}{D_2} + \frac{40\times10\times2}{D_3}$$

（4）更新选址位置　使用迭代公式计算新的物流中心坐标。

（5）重复迭代　重复步骤（2）、（3）、（4），直到总成本收敛或达到预设的迭代次数。

迭代重心法具有计算速度快、收敛效率高的特点。由于该方法采用迭代方式逐步逼近最优解，因此在处理大规模物流网络问题时，能够在较短的时间内给出较为满意的解决方案。这一特点对于需要快速响应市场变化、及时调整物流策略的企业来说尤为重要。通过迭代重心法，企业可以迅速评估不同选址方案的成本效益，从而做出更加明智的决策。

另外，迭代重心法具有较强的灵活性和适应性。在实际应用中，物流网络往往受到多种因素的影响，如交通拥堵、天气变化、政策调整等。这些因素可能导致运输费用发生波动，进而影响设施选址和物流布局的最优解。迭代重心法通过不断迭代计算，能够实时调整运输费用的分配，以适应这些变化。这种灵活性和适应性使得迭代重心法能够在复杂多变的物流环境中保持较高的求解精度和可靠性。

4.3.2　考虑服务水平的供应链网络设计

考虑服务水平的供应链网络设计要求在供应链网络的构建和优化过程中，必须充分考虑客户需求的变化、市场环境的波动，以及服务水平的提升。通过精细的节点选址、合理的网络结构设计、科学的库存策略，以及先进的信息技术应用，实现供应链的高效运作和快速响应。供应链网络的服务水平深受设施与客户间距离的影响，这一关系体现在以下两个核心指标上，共同塑造了供应链的高效运作与客户满意度。

首先是设施到客户的加权平均距离，这是衡量供应链网络布局效率的关键指标。这一指标反映了设施与客户需求点在地理上的接近程度，直接关系到响应速度与交付效率。当设施与客户的平均距离较短时，意味着供应链网络能够更快地响应客户需求，缩短交付周期，从而有效提升服务敏捷性，增强客户满意度。这种紧凑的布局策略也有助于减少物流时间和成本，使供应链更加灵活和高效。

其次是设施服务覆盖率，这是衡量设施服务能力和覆盖范围的重要维度。它关注的是在特定距离限制内，设施能够满足的客户需求比例。最高服务需求可以通过一定距离内服务的客户需求量之和除以客户总需求量来计算。通过计算这一比例，我们可以清晰地了解设施的服务范围和服务效率。高服务覆盖率意味着设施能够覆盖并满足更广泛地理区域内的客户需求，从而最大化设施的利用效能，减少资源浪费。这种布局策略不仅提升了供应链网络的整体服务能力，还增强了其市场适应性和竞争力。

因此，设施到客户的加权平均距离与设施服务覆盖率共同构成了衡量供应链网络服务水平的关键因素。通过优化这两个指标，企业可以构建出既高效又灵活的供应链网络，以更好地满足客户需求，提升客户满意度，并在竞争激烈的市场环境中保持领先地位。

那么在建立模型时，重点要考虑限制的服务距离与供应点到需求点距离 $d_{i,j}$ 的关系，该关系用 $V_{i,j}$ 表示。若供应点到需求点距离大于所限制的服务距离，则表达式的值为 0；若供应点到需求点距离小于或等于所限制的服务距离，则表达式的值为 1。要求 $Y_{i,j} \leqslant T_{i,j}$（$\forall i \in I$, $\forall j \in J$），其中 $T_{i,j}$ 表示供应点到需求点的最大服务距离与 $d_{i,j}$ 的关系。若供应点到需求点距离大于最大服务距离，则表达式的值为 0；若供应点到需求点距离小于或等于最大服务距离，则表达式的值为 1。因此，目标函数可以表现为

$$\max \sum_{i \in I} \sum_{j \in J} V_{i,j} q_j Y_{i,j} \tag{4-13}$$

$Y_{i,j}$ 的含义及约束条件见式（4-7），且要求 $Y_{i,j} \leqslant T_{i,j}$，其中 $V_{i,j}$ 和 $T_{i,j}$ 均为 0-1 变量。

考虑服务水平的供应链网络设计能够显著提升企业响应市场需求的能力，通过优化库存布局、缩短交付周期、增强物流灵活性，以及提高故障恢复能力，确保产品与服务能够快速、准确地送达客户手中，从而增加客户满意度与忠诚度，进而促进市场份额的增长和企业竞争力的提升。这种设计还有助于降低运营成本，提高整体运营效率，为企业在激烈的市场竞争中赢得先机。

4.3.3 考虑成本及服务的供应链网络设计

由于运输成本和设施成本在物流成本中占据举足轻重的地位，它们是构成物流总成本的主要部分，直接影响着企业的运营效率和经济效益。因此，在进行供应链网络设计时，成本主要指的是运输成本和设施成本。其中，运输成本是指在整个供应链体系中，将原材料、在制品及最终产品从起点运输至终点过程中所产生的一切费用。设施成本则涵盖了供应链网络节点在建设和运营过程中所产生的各类费用，具体分为固定成本和可变成本两大类。设施固定成本主要包括设施建设费、长期设备购置费等不随运营量直接变动的费

用；而设施可变成本则涉及日常维护费、人员薪酬、随运营量变化的设备使用费等，这些费用会根据运营活动的变化而有所调整。

考虑运输成本对于供应链网络设计具有重要作用。运输成本作为物流成本的重要组成部分，其高低直接影响着企业的盈利能力。在全球化市场环境下，企业往往需要从世界各地采购原材料，并将产品销往全球各地。这一过程中，运输成本占据了相当大的比例。因此，在进行供应链网络设计时，必须充分考虑如何降低运输成本，以减轻企业的财务负担，提高利润空间。通过合理的运输路线规划、运输方式选择，以及运输管理优化，企业可以有效降低运输成本，从而提升整体供应链的经济性。其次，运输成本的高低还影响着供应链的响应速度和灵活性。在快速变化的市场环境中，企业需要能够快速响应客户需求，及时调整生产计划和库存策略。而高效的运输系统则是实现这一目标的重要保障。通过优化运输网络布局、提高运输工具的利用率和运输效率，企业可以缩短产品从生产到交付给客户的时间，提高供应链的响应速度。同时，灵活的运输安排也有助于企业应对市场的不确定性，降低库存风险，提高供应链的抗风险能力。再者，运输成本还与企业的市场竞争力密切相关。在激烈的市场竞争中，价格优势往往是企业赢得市场份额的重要手段之一。而降低运输成本则有助于企业降低产品成本，从而制定更具竞争力的价格策略。此外，高效的运输服务还能提升客户满意度，增强品牌形象，进一步巩固企业的市场地位。

同时，在进行供应链网络设计时，充分考量设施成本也是至关重要的，它深刻影响着供应链的响应速度、客户服务水平，以及市场竞争力。设施成本直接关系到企业的资本利用效率与回报周期。合理的设施布局与规模设定能够避免过度投资导致的资源浪费，同时也能确保企业在面对市场需求变化时能够快速调整生产与物流策略，减少因设施不足或过剩而产生的额外成本。因此，在供应链网络设计阶段，对设施成本的细致规划与评估，有助于企业实现资本的最优配置，提升投资回报率。另外，设施成本的高低还直接影响到供应链的运营效率与灵活性。高效的设施设计能够缩短产品从生产到交付的周期，提高库存周转率，降低库存成本，从而提升企业的市场响应速度与竞争力。同时，具备良好灵活性的设施布局能够支持企业快速适应市场变化，如产品线的调整、销售渠道的拓展等，确保供应链的稳定运行与持续发展。设施成本的管理与优化也是企业实现绿色供应链、践行社会责任的重要途径。通过采用环保材料、节能设备及智能化管理系统等措施，企业可以在降低设施成本的同时，减少能源消耗与碳排放，促进企业的可持续发展。这种环保型供应链的建设不仅能够提升企业的社会形象，还能吸引更多注重环保的消费者与合作伙伴，进一步拓展市场空间。最后，设施成本的考虑有助于供应链的风险管理。在全球化的供应链体系中，各种不确定因素（如自然灾害、政治动荡、贸易壁垒等）都可能对供应链造成冲击。合理的设施布局与冗余设计能够降低这些风险对供应链的影响，确保供应链的连续性与稳定性。例如，在多个地区设立生产基地与配送中心，可以分散风险，提高供应链的抗风险能力。

下面将分别对其计算进行简要的描述。

1. 运输成本

运输成本的计算方式主要有两种：若每年运费固定，则不考虑其他变动因素，直接采用固定费用模式；若采用变动费用模式，则依据运输量和运输距离的基础单价，通过具体的运输量、运输距离及单位运输成本的乘积来计算出总运输成本，基本计算公式如下：

$$C_{i,j} = \sum_{i=1}^{m}\sum_{j=1}^{n}d_{i,j}Q_{i,j}P_{i,j} \tag{4-14}$$

式中，$C_{i,j}$ 表示从 i 地到 j 地的总运输成本；$d_{i,j}$ 表示从 i 地到 j 地的距离；$Q_{i,j}$ 表示从 i 地到 j 地的运输量；$P_{i,j}$ 表示单位运输成本。为了简化建模过程，单位运输成本 $P_{i,j}$ 可以用从 i 地运到 j 地的成本除以从 i 地运到 j 地的实际载运量来表示。

2. 设施成本

设施固定成本是指在一定时期内，不会随生产或销售量的变化而变化的成本。这些成本通常包括但不限于设备折旧费用、房租或地产税、管理人员工资等。设备折旧费用反映了设备和设施的损耗与老化所产生的费用，房租或地产税代表了设施所占用的土地或建筑的使用成本，而管理人员工资则是管理设施运行所需支付的人力成本。此外，设施固定成本还可能包括保险费用、设施维护费用等项目。这些固定成本是企业经营中必须承担的，且不会因生产或销售量的增减而有所变化。供应链网络设计中设施固定成本为所有的设施固定成本之和。

另外，在计算设施固定成本时，有几点需要特别注意。首先是明确成本范围，要清晰界定哪些成本属于固定成本，通常包括设备折旧、房租、地产税、保险费用、设施维护费用等不随生产量变化的成本。其次是遵循会计准则，在计算过程中，应遵循相关的会计准则和法规，以确保财务报表的合规性和准确性。最后是定期更新和审查，固定成本并非一成不变，应定期更新成本数据，并审查计算方法的合理性，以反映企业实际情况的变化。

设施成本除了设施固定成本之外还有设施可变成本。供应链设计中的设施可变成本是指在供应链运营过程中，随着生产或销售量的变化而相应变化的成本。这些成本与生产或销售活动的规模和频率直接相关，通常包括原材料成本、直接劳动力成本、能源和水资源消耗费用、运输和物流成本等。当生产或销售量增加时，这些成本会相应增加；反之，则会减少。因此，可变成本的公式可以表达为

$$F_{变} = \sum_{i\in I}\sum_{j\in J}VC_i r_i Y_{i,j} \tag{4-15}$$

式中，VC_i 表示第 i 个供应点的单位可变成本，与供应点所在的地点和供应量有关；r_i 表示第 i 个供应点的总处理量；$Y_{i,j}$ 表示供应点 i 是否为需求点 j 提供服务。

3. 考虑成本与服务的建模

降低成本是企业提高盈利能力和竞争力的重要手段。而维持或提升客户服务水平同样

也是企业保持市场份额和客户忠诚度的关键。供应链网络设计通过优化物流路径、减少库存积压、提高资产利用率等方式，有效降低企业的运营成本。例如，通过合理的仓储和配送网络布局，可以缩短运输距离和时间，从而降低运输成本；通过精确的需求预测和库存管理，可以减少库存积压和浪费，进而降低库存成本。并且，供应链网络设计也要兼顾到产品能够及时、准确地送达客户手中，提供高质量的售后服务。这不仅可以提高客户满意度，还可以增强企业的品牌形象和口碑。因此，如何在满足一定的客户服务水平的前提下，实现物流成本的最小化呢？

首先，由于考虑物流成本最小，而物流成本又包含运输成本、设施固定成本、设施可变成本，因此可以设置目标函数为

$$\min \sum_{i \in I} \sum_{j \in J} (P_{i,j} + VC_i) \, r_i Y_{i,j} + \sum_{i \in I} \sum_{u \in U} Z_{i,u} X_{i,u} \qquad (4\text{-}16)$$

式中，$P_{i,j}$ 为从供应点 i 向需求点 j 发送一个需求单位的运输成本；VC_i 为第 i 个供应点的单位可变成本；$Z_{i,u}$ 为固定费率；$X_{i,u}$ 为决策变量，表示是否在位置 i 使用容量为 u 的设施；$Y_{i,j}$ 为供应点 i 是否为需求点 j 提供服务。

约束条件为：①需求一次性被满足；②设施数量为 Z（上文已提及）；③每个位置的供应点在 U 个规模下最多选一个，即 $\sum_{u \in U} X_{i,u} \leqslant 1$；④供应点必须已经开放，即 $Y_{i,j} \leqslant \sum_{u \in U} X_{i,u}$；⑤由于新加入了服务水平作为约束条件，服务水平的约束可以用 $\sum_{i \in I} \sum_{j \in J} V_{i,j} q_j Y_{i,j} \geqslant S$ 表示，其中 S 为需求点的总需求量乘以需求点需求百分比，$\forall i \in I$，$\forall j \in J$，其他变量见前文。

通过上述的解释与分析，可以了解到考虑成本与服务时供应链网络设计应该如何建模。在建模后可以通过求解软件进行求解。

最后，在考虑供应链网络设计时，由于供应链网络的设计与优化不仅受到企业管理者战略决策和偏好的深刻影响，同时还受到权衡方法选择，以及计算过程中各种细节差异的左右。这些因素的综合作用使得最终方案呈现出多样性，因此，在实际操作中，企业需要全面考虑各种可能的影响因素，并结合自身实际情况，灵活选择最适合的供应链网络设计与优化路径。

案例 F公司供应链优化案例

F公司主营业务为新鲜农产品配送。该公司属于中型企业，员工200人，旗下拥有10个自营农场和3个主要配送中心。目前的市场范围主要覆盖其所在市区及周边城市，目标客户包括大型超市、餐厅、食品加工厂，以及直接面向消费者的在线平台。

起初，公司只是一家小型的地方农产品供应商，主要依靠当地的农场和市场进行产品销售。随着消费者对新鲜、绿色和有机食品需求的增加，F公司迅速扩展其业务范围，开始建设自己的农场，并逐渐与周边地区的多个村庄建立了合作关系。

1. 原供应链设计

（1）选址　最初的仓储中心设在距主要农场 70km 的地方，交通条件较差。这种选址导致运输时间过长，尤其是在高温天气时，易导致产品在运输过程中失去新鲜度。长时间的运输不仅影响了产品质量，还增加了运输成本。此外，由于距离较远，出现了配送延误和客户投诉频繁的问题，客户的不满情绪直接影响了公司的声誉和客户忠诚度。配送中心主要设在城市中心，但未充分考虑周边市场需求和交通状况。虽然城市中心交通便利，但由于未考虑到实际的市场需求和高峰时段的交通拥堵，配送效率大打折扣。在高峰期，配送产品难以迅速到达客户手中，导致订单积压，客户满意度降低。

（2）运输　在运输线路方面，原有的配送路线是固定的，未结合实时交通情况进行调整。这种静态的配送路线安排在高峰时段容易造成延误。比如，当城市出现交通管制或突发事件时，固定的路线无法应对，配送车辆面临拥堵，导致配送时间延长，客户对配送时间的不满增加，影响了客户的复购率和品牌形象。在运输方式方面，主要依赖小型配送车进行配送。在订单高峰期，小型配送车的运载能力和配送频率无法满足需求，导致部分订单无法及时配送，影响客户体验。尤其是在促销季节，订单量激增，配送压力加大，造成了客户的流失。

（3）信息系统　原有的 ERP 系统功能较为单一，无法实现实时数据更新。由于信息滞后，库存管理和采购决策受到严重影响，导致库存积压严重，部分产品过期。缺乏实时数据使得管理层对市场变化反应迟钝，无法及时调整生产和采购计划，增加了运营成本，无法快速调整生产和配送策略，导致库存压力和客户流失风险。

原本的客户管理比较分散，客户信息存储在多个系统和表格中，更新不及时，缺乏统一的客户视图，无法有效追踪客户的购买历史和偏好，影响个性化服务的提供。客户沟通依赖于电子邮件和电话，缺乏系统化管理，容易遗漏重要信息，并且客户反馈处理时间长，客户满意度下降。

2. 改进措施

（1）选址优化

1）新仓储中心的选址：经过重心法计算以及对其他因素的考虑，F 公司决定将新的仓储中心设立在距离主要农场 15km 的地点。该地点交通便利，临近主要公路和交通枢纽，能够有效减少运输时间。通过改进的交通网络，货物能够快速到达客户手中，从而提高了整体配送效率。由于仓储中心距离主要农场较近，减少了长途运输距离，显著降低了物流成本。这将使运输费用在总成本中占比降低，有助于企业提高利润率。

2）新配送中心的设置：F 公司计划设置新的配送中心，具体考虑了市场需求和灵活的配送能力两个方面。通过对客户需求和购买行为的分析，确定了这两个区域在客户集中度和市场潜力方面的优越性。这将确保 F 公司的配送能够覆盖更广泛的客户群体。新配送中心的设立将使公司能够快速响应不同区域的客户需求，提供更为灵活的配送服务。这种区域化的配送策略可提升客户满意度和忠诚度。

（2）运输优化

1）运输路线的优化：采用模型结合实际情况对配送路线进行了优化，通过整合实时交通数据和历史配送记录，F公司能够识别出高峰时段及交通拥堵情况，使其能够灵活调整配送路线，从而避免延误，提升配送效率。同时，F公司还设计了多种配送方案，以应对不同的运输需求和突发情况。比如，在高峰期可优先选择次要路线，或者根据实时情况调整配送车辆的出发时间，确保及时送达。

2）运输方式的优化：为了确保产品的新鲜度和安全性，F公司引入了中型货车和冷链运输。中型货车可以在城市和乡村之间灵活调度，适应不同的配送需求，尤其是针对小批量、多频次的配送需求，提升了运输的灵活性和效率。对于易腐产品，采用冷链运输确保在整个运输过程中维持适宜的温度。这不仅保证了产品的新鲜度，还减少了因品质问题导致的损失，提高了客户的满意度。

（3）信息系统升级　F公司引入了一个集成化的新ERP系统，具备实时库存管理、自动生成数据报表等功能，它能够实时监控库存状态，自动记录入库和出库数据，减少人为错误，提高信息的准确性；并且能够根据实时数据自动生成各类报表，为管理层提供决策支持，帮助识别潜在问题和优化管理流程。

此外，F公司引进CRM系统后，企业在客户数据管理和沟通效率方面取得了显著改善。原本分散的信息被集中管理，提供了360°的客户视图，使得销售团队能够实时获取客户状态，从而提升个性化服务和销售效率。多渠道的沟通集成有效缩短了客户反馈处理时间，显著提高了客户满意度。

3. 改进结果

通过以上改进措施，企业的运输成本成功降低，这一改进不仅提升了盈利能力，还为价格竞争提供了更大的灵活性。另外，F公司的准时配送率提高了20%，显著改善了客户体验，提升了客户对品牌的信任，同时也减少了因延迟导致的客户投诉和退货率。最后，公司运输产品损耗率降至5%，减少了不必要的损失。F公司不仅在成本控制和运营效率上取得了显著成果，还增强了市场竞争力和客户满意度。这些积极的变化为企业的可持续发展奠定了坚实的基础，提升了整体的业务表现和市场响应能力。

思考题：

如果你是企业的运营经理，面对市场需求的快速变化，你会如何综合利用选址优化、运输优化和信息系统升级来提升企业的竞争力？请根据自己的理解和对案例的分析，进行深入的思考和论述。

· 课后习题 ·

1. 请列举一家企业成功实施ERP系统的案例，讨论其实施过程、遇到的挑战及解决方案，并评估其对供应链管理的影响。

2．某物流公司计划在一个区域内建立一个新的物流中心，以服务于该区域内的三个主要客户点 A、B、C。这三个客户点的年需求量分别为：A 点 5000t，B 点 3000t，C 点 2000t。客户点 A 的坐标：（10，10），客户点 B 的坐标：（40，30），客户点 C 的坐标：（50，10）。为了最小化运输成本，公司决定使用重心法来确定物流中心的最佳位置。请利用重心法计算物流中心的最佳坐标位置。

3．某跨国电子产品制造企业计划在未来五年内扩建其全球供应链网络，以满足不断增长的市场需求和实现成本效率。该企业目前在全球多个地区拥有生产基地和分销中心，但部分设施已接近其生命周期的末期，需要进行翻新、升级或替换。同时，随着可持续发展理念的普及，企业也面临着来自环保法规和社会责任的压力。请分析：设施生命周期如何影响该企业的供应链网络设计决策？在制定扩建计划时，应如何考虑现有设施的剩余价值、翻新成本及未来技术升级的需求？

4．列举几种供应链网络设计中的计算机仿真技术，并简述它们是如何应用的。

5．简述网络图形法的步骤，并举例具体说明。

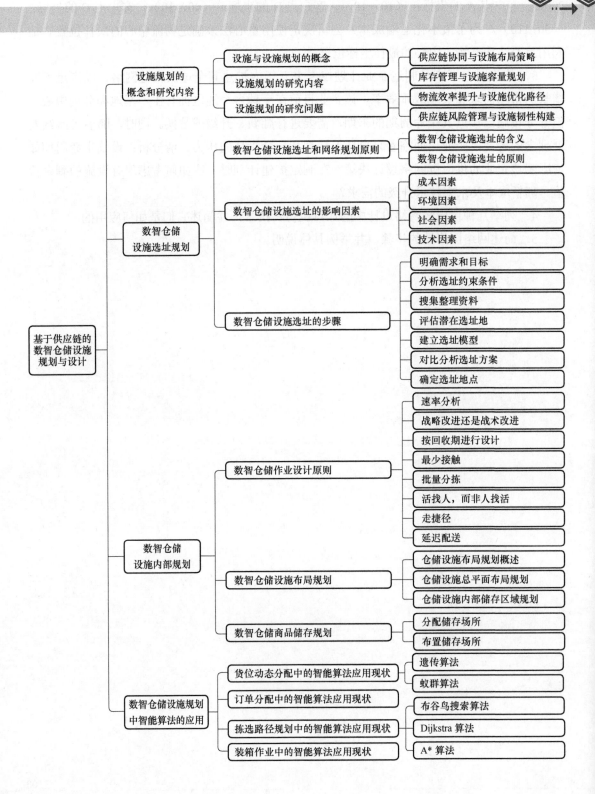

随着物流业运输量的不断提升，传统仓储人工操作所造成的货物出入库效率较低、出错率高的弊端显露无遗；而智能仓储的诞生则可以利用先进技术，实现自动化和智能化管理，大幅提升仓储效率和准确性，从而提升整个供应链的运行效率。

仓储规划作为物流战略蓝图中的关键一环，其重要性不言而喻。它不仅奠定了作业效率、操作便利性及数据精度的基础，更是衡量物流体系成熟度与效能的关键指标。数智仓储规划作为这一领域的先进实践，专注于在特定区域或库区内对仓储空间的平面布局、高科技设施设备的部署等核心要素进行深度剖析与前瞻设计，力求实现资源的最优配置与效率的最大化。

在当今产品多元化、个性化需求日益增长的背景下，数智仓储物流成了推动产业升级、提升客户体验、增强企业核心竞争力的关键力量。随着大数据、物联网、智能机器人、高精度传感器等前沿技术的蓬勃发展，数智仓储作为这些先进技术的集大成者，正迎来前所未有的发展机遇，预示着仓储行业的智能化转型已势不可挡。面对土地使用成本攀升与人工成本增加的双重挑战，仓储费用的上涨已成为行业普遍面临的难题。因此，降本增效成了我国仓储行业未来发展的核心战略。在此背景下，合理规划设计数智仓储，通过智能化手段减少人力依赖、优化空间利用，进而降低物流总成本，成了行业转型升级的必由之路。数智仓库的成功构建，不仅为传统制造企业带来了革命性的变革，使其能够以前所未有的精准度和效率处理仓库日常运营及物料流通，还显著提升了作业效率，降低了物流成本，实现了库存的精细化管理。这些优势不仅增强了企业的市场竞争力，更为其在激烈的市场竞争中保持领先地位奠定了坚实的基础。

5.1 设施规划的概念和研究内容

5.1.1 设施与设施规划的概念

设施规划的由来，是一段融合了技术创新、管理智慧与社会变迁的历程，其根基深深扎在早期制造企业的工厂设计之中。这一领域作为工业工程的重要分支，见证了工业化进程中的诸多变革与突破。

设施规划最早可以追溯到 18 世纪末制造业的工厂设计，是工业工程的重要分支。随着工业蒸汽机的应用催生了工厂制度，怎样设计这些工厂开始受到关注。19 世纪末 20 世纪初，以工业工程之父弗雷德里克·温斯洛·泰勒（Frederick Winslow Taylor）为代表的工程师开始研究制造工厂的设计与管理问题，最终实现人、机、物的合理融合与高效运行，其中对机的研究为机器设备、工装工具、加工和摆放现场、各种物流通道的合理配置与布置，即形成工厂布置的概念。第二次世界大战后到 20 世纪 80 年代，工业生产能力的极大提升使得工厂的规模和复杂性越来越高，拓展了系统化、定量化的综合分析思路和方法。此阶段的工厂规划与布置也逐渐从工厂内的布置和物流搬运扩展到了生产系统及服务系统的整体规划，形成了设施规划的概念内涵。80年代以来，供应链、精益生产、计算机技术等的发展和应用，促进了设施规划的进一步发展：

1）设施规划的对象从单个企业逐渐扩展到了供应链的上下游乃至整个供应链。

2）系统化的设施规划与设计方法的应用越来越广泛。

3）将定性与定量综合分析的方法相结合，使其更加符合实际情况。

4）借助计算机技术，形成计算机辅助设施规划，综合运用优化模型、算法使得一些大规模设施规划问题的定量优化成为可能。

5）将设施规划提升至战略高度，根据未来某个时期的战略规划进行设施规划，以支持企业的生产、供应、物流、销售等战略目标。

所谓设施，是组织提供服务或生产产品所需的物理结构和空间的总称。它涵盖了建筑物、设备、工具、技术系统，以及其他支持日常运营和长期战略目标的基础设施元素。设施的概念不仅包括它们的物理形态，还涉及它们如何被规划、设计、布局和维护，以确保它们能够满足特定的功能需求和操作效率。例如，对于制造工厂来说，设施就是指所占用的土地、建筑物、生产及生产辅助设备、公用设施等，投入各种原材料、零配件和辅助材料等，产出各种产品投放市场；对于餐饮业，设施包括土地、店铺、餐饮炊事设施等，投入食品和服务人员，使顾客得到满意的餐饮服务。由于各种内部或外部的原因，当为了实现几个目标时，这些目标包括以最低的成本、让顾客满意的质量或用最少的自然资源等来制造产品或提供服务，"设施"必须经过恰当的规划、设计和管理才能达到期望的目标，这正是"设施规划"的主要工作。

对设施规划（也称为"设施规划与设计"）的定义，有各种不同的表述。

美国的 James A. Tompkins 和 John A. White 等合著的《设施规划》中指出，"设施规划是就如何使一个有形的固定资产，为实现其运营的目标提供最好的支持，做出决定。"对这个定义，他们做了进一步说明：如对一个制造工厂，设施规划涉及如何使制造设施为生产提供支持做出决定；对一个机场，设施规划涉及如何使机场设施为乘客与飞机之间的联系提供支持做出决定；同样，对一个医院，设施规划是如何使医院为病人医护提供支持做出决定。

美国的 Richard Muther 和 Lee Hales 合著的《系统化工业设施规划》中指出，"工业设施规划就是设计或确定怎样具体地把一个工厂建造出来，使之运行或生产。工业设施规划人员的工作，是为一个工业公司有效实现其产品的设计、创造、分发，提出所必需的工厂面积、建筑物和设备。"

美国 James M. Apple 的著作《工厂布置与物料搬运》中指出，"设施设计工程师为商品生产系统或服务系统进行分析、构思、设计，并付诸实施。设计通常表现为物质设施（设备、土地、建筑物、公用设施）的一个平面布置或一种安排，用以优化人流、物流、信息流，以及有效、经济、安全地实现企事业目标的措施之间的相互关系。"

德国的 Hans Kettner 等合著的《工厂系统设计手册》中指出,"工厂设计的任务是,在考虑众多总体条件和边界条件的情况下,为工厂创造实现企业目标、社会功能和国民经济功能所需的先决条件。也就是说,工厂设计要保证生产工艺流程既正确又经济,工厂人员能在良好的工作条件下进行工作。"

《中国大百科全书》机械工程篇中指出,"设施规划是以生产系统或服务系统能生产或提供的特定产品或服务为目标,满足时间、质量、成本、服务、柔性、环保等方面的基本要求,使其所有设施能得到科学合理的规划、选择、设计、布局和管理的科学方法。"

尽管上述书籍和文献关于设施规划(设施规划与设计)有不同定义和描述,它们共同强调了设施规划是为实现特定运营或企业目标而进行的科学规划、设计与决策过程,涵盖了从生产、服务到社会功能、经济效益等多方面的考虑,旨在通过优化设施布局、资源配置和管理,来提高效率、降低成本、确保安全并满足环境要求。这些定义虽表述各异,但均指向了设施规划对于提升系统整体效能的关键作用。

5.1.2 设施规划的研究内容

设施规划的研究范畴深远且全面,它远远超越了建筑物落成后内部空间的单纯配置。鉴于建筑竣工后其空间布局的固化性,往往难以灵活应对实际运营中不断涌现的需求变化,强行适配不仅可能导致布局上的不合理与功能受限,还可能严重削弱设施的整体效能。以制造系统为例,卓越的设施规划必须预先并系统地考量建厂初衷、生产目标,以及配套的机器设备选型、动力系统配置、人力资源规划、法律法规约束等多方面因素,而后据此进行厂址选定与厂内布局设计。因此,设施规划可逻辑地划分为两大核心部分,如图 5-1 所示。

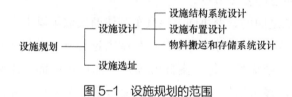

图 5-1 设施规划的范围

1. 设施设计

此部分聚焦于工厂内部所有布局相关的精细化作业,具体涵盖以下关键领域:①设施结构系统设计:涉及结构稳定性、暖通空调系统的集成、建筑围护结构的优化、电气照明与通信系统的协调布局、安全系统的全面覆盖,以及给水排水系统的合理规划,确保各系统间无缝衔接,共同支撑设施的高效运作。②设施布置设计:依据物流、人流、信息流的高效流动原则,对建筑物、生产设备、运输通道及场地进行精心布局,以实现资源的优化配置与作业流程的顺畅衔接。③物料搬运和存储系统设计:合理规划物料搬运的路径、预估运量、选择适宜的搬运方法及设备,并科学安排存储区域,以减少搬运成本,提升物流效率，确保物料的安全存储与及时供应。

2. 设施选址

此部分专注于设施位置的战略选择，通过深入分析潜在地区的顾客分布、供应商位置、与其他设施的协同效应等关键因素，运用科学方法进行评价与比较，以选定最优厂址。设施选址不仅包括宏观的选位决策，即确定企业在一个区域或跨区域的最佳经济布局；也涉及微观的定址考量，如具体位置的选定，以及当存在多个设施时，如何有效分配服务区域，优化客户服务响应机制。

设施规划是一个集战略眼光与精细操作于一体的综合过程，它要求规划者在全局视角与细节把控之间找到最佳平衡点，以实现设施效能的最大化。

5.1.3 设施规划的研究问题

在供应链管理的视角下，设施规划的研究问题是一个综合性和复杂性的议题，它涵盖了供应链的多个关键环节和要素。以下是对设施规划研究问题的深入剖析与细致阐述：

1. 供应链协同与设施布局策略

在供应链管理的宏观架构中，设施规划的首要任务是促进供应链各节点（包括供应商、生产商、分销商及最终客户）之间的紧密协同。通过精心设计的设施布局方案，缩短供应链的物理跨度，进而降低物流成本，并显著提升供应链的响应速度与灵活性。此外，设施规划还需兼顾各设施间的功能互补与资源共享，以实现供应链整体效能的最大化，这不仅是空间布局的艺术，更是对供应链协同机制深刻理解的体现。

在汽车制造行业中，供应链协同与设施布局策略的重要性尤为突出。假设有一家国际知名的汽车制造商，其供应链遍布全球，涉及原材料供应商、零部件生产商、组装工厂、分销商，以及最终消费者等多个节点。

为了促进这些节点之间的紧密协同，该汽车制造商采取了以下设施布局策略：

1）区域化集群布局：汽车制造商在全球范围内选择几个关键区域，如北美、欧洲和亚洲，建立区域性的生产集群。每个集群内包含零部件供应商、组装工厂和物流中心，通过地理上的接近性，显著缩短了供应链的物理跨度。例如，在亚洲地区，汽车制造商可能选择在中国、日本和韩国等汽车零部件生产强国设立集群，以便快速获取高质量的零部件供应。

2）功能互补与资源共享：在每个生产集群内部，设施规划注重功能互补与资源共享。例如，组装工厂周围布局了多家零部件供应商，这些供应商不仅提供特定零部件，还共享仓储、物流和质检等基础设施，降低了各自的运营成本。同时，组装工厂与物流中心紧密相连，确保零部件能够即时送达生产线，提高了生产效率和响应速度。

3）灵活应对市场变化：设施布局策略还考虑了市场变化的灵活性。汽车制造商通过设立多个组装工厂和物流中心，可以根据市场需求快速调整生产计划和物流路线。例如，当某个地区对某种车型的需求激增时，制造商可以迅速调整相关集群的生产资源，增加该车型的生产量，并通过优化的物流网络将产品快速送达市场。

4）数字化与智能化支持：为了进一步提升供应链协同与设施布局的效能，汽车制造商还引入了数字化和智能化技术。通过建立供应链管理（SCM）系统，实现供应链各节点之间的信息共享与实时沟通。同时，利用物联网（IoT）、大数据分析和人工智能等技术优化物流路线、预测库存需求和调整生产计划，从而实现了供应链的高效协同与整体效能的最大化。

2. 库存管理与设施容量规划

库存管理是供应链运营中的关键环节，其效率直接关联到供应链的流畅度与稳定性。设施规划在此方面扮演着至关重要的角色，通过科学合理的设施容量规划，维持库存水平处于一个既不过度积压又足以应对市场需求的平衡点。在这一过程中，需综合考虑库存周转率、补货策略及资金占用成本，以确保库存管理的经济性与高效性。同时，引入物联网、RFID 等先进技术，能够实现对库存数据的实时追踪与精准管理，进一步提升库存管理的精细化水平。

在竞争激烈的零售行业，库存管理直接关系到企业的盈利能力和客户满意度。以一家大型连锁超市为例，其面对的是快速变化的市场需求和多样的商品种类，因此，科学合理的设施容量规划与库存管理策略显得尤为重要。

1）设施容量规划：超市在选址和建立仓库时，会进行详尽的市场调研和需求分析，以确定合理的设施容量。这些容量规划不仅考虑到当前的销售规模，还预留了未来增长的空间。例如，超市会根据历史销售数据、季节性变化，以及新产品引入计划，预测不同商品的库存需求，并据此设计仓库的存储区域、货架布局和冷链设施等。通过科学合理的设施容量规划，超市能够确保库存水平既不过度积压占用资金，又能在需求高峰时满足顾客需求。

2）库存周转率优化：为了提高库存周转率，超市会采用先进的库存管理系统（IMS），对库存进行实时监控和动态调整。系统会根据商品的销售速度、保质期和库存成本等因素，自动计算最佳的补货量和补货时间，并向供应商发送订单。同时，超市还会定期进行库存盘点，及时发现并处理滞销商品和过期商品，避免库存积压和资金浪费。

3）补货策略与资金占用成本：超市在制定补货策略时，会综合考虑商品的销售周期、市场需求波动，以及资金占用成本等因素。对于畅销商品，超市会采用高频次、小批量的补货方式，以确保商品的新鲜度和充足供应；对于季节性商品或新品推广，超市则会根据市场预测和营销策略灵活调整补货计划。此外，超市还会通过优化采购渠道、降低物流成本等方式来降低资金占用成本，提高整体盈利能力。

4）物联网与 RFID 技术的应用：为了进一步提升库存管理的精细化水平，超市引入了物联网和 RFID 等先进技术。通过在商品上粘贴 RFID 标签，超市可以实现对库存数据的实时追踪和精准管理。当商品被移动或销售时，RFID 系统会自动更新库存信息并传输到库存管理系统中。这样，超市管理人员就可以随时掌握库存情况，及时调整补货计划和销售策略，提高库存管理的效率和准确性。

3. 物流效率提升与设施优化路径

物流效率是衡量供应链竞争力的重要指标之一。设施规划通过优化设施的布局与作业流程，减少物流过程中的等待时间、搬运次数及运输距离，从而有效降低物流成本并提升物流速度。此外，还需关注物流网络的构建与优化，确保物流路径的合理性与高效性。在此基础上，自动化与智能化设备如自动化立体仓库、智能分拣系统等的广泛应用，不仅提高了物流作业的自动化程度，还显著增强了物流系统的灵活性与响应能力。

在快速发展的电子商务行业中，物流效率是决定企业竞争力的关键因素之一。以一家知名的电商巨头为例，其通过设施规划与优化，显著提升了物流效率，为消费者提供了更快捷、更可靠的配送服务。

1）设施布局与作业流程优化：该电商企业在全国范围内建立了多个大型物流中心，每个物流中心都经过精心布局，旨在减少物流过程中的等待时间、搬运次数及运输距离。例如，物流中心内部采用了高效的货物分类与存储系统，将热销商品放置在易于取货的区域，减少了拣选时间。同时，优化了作业流程，如引入"先进先出"原则，确保库存周转快速，减少商品积压。

2）物流网络构建与优化：为了提升物流速度，该企业构建了覆盖全国的物流网络，包括自有配送队伍和第三方物流合作伙伴。通过智能调度系统，对订单进行实时分析，选择最优的配送路线和方式，确保物流路径的合理性与高效性。此外，还建立了多层次的物流节点，如前置仓、分拣中心等，以缩短配送时间，提升用户体验。为了进一步提高物流作业的自动化程度，该企业大量采用了自动化与智能化设备。例如，在物流中心内部部署了自动化立体仓库，利用机器人和自动化设备完成货物的存取、搬运等任务，大大提高了作业效率。同时，引入了智能分拣系统，通过机器视觉和算法优化，实现快速、准确的订单分拣，减少了人工错误和等待时间。

3）数据驱动决策：该企业还充分利用大数据和人工智能技术，对物流过程进行实时监控和数据分析。通过收集和分析物流数据，如订单量、配送时间、运输成本等，为设施优化和物流策略调整提供科学依据。例如，根据历史销售数据和物流效率指标，预测未来需求趋势，提前调整库存和物流资源，确保供应链的顺畅运行。

4. 供应链风险管理与设施韧性构建

在充满不确定性的商业环境中，供应链风险管理显得尤为重要。设施规划作为风险管理的前沿阵地，需制定一系列策略增强供应链的韧性，以应对自然灾害、政治动荡、供应商违约等潜在风险。这包括构建多元化的供应商体系以降低依赖风险、加强库存管理与物流保障能力以确保供应链的连续运行，以及制定详尽的应急预案与风险管理机制以减轻风险损失。设施韧性的构建，是供应链在面对外部冲击时能够迅速恢复并持续创造价值的关键所在。

5.2 数智仓储设施选址规划

5.2.1 数智仓储设施选址和网络规划原则

1. 数智仓储设施选址的含义

数智仓储设施选址是指在供应链管理和数智化背景下，为构建高效、智能的仓储系统而选择并确定仓库的具体位置。这一过程不仅涉及地理位置的选择，还涵盖仓库类型、规模、功能布局，以及智能化设施配置等多个方面的决策。

2. 数智仓储设施选址的原则

数智仓储设施选址的原则构成了一个详尽且多层次的评估框架，旨在通过全面而深入的考量，确保选址决策既科学严谨又合理高效，同时着眼于长远发展。这一体系不仅涵盖了企业内外部的多种因素，还深刻体现了与社会责任、环境保护及技术进步等现代管理理念的融合。

（1）战略与规划契合性原则

1）企业战略一致：选址的首要原则是必须紧密契合企业的整体发展战略蓝图，确保新设施能够成为企业实现市场扩张、供应链优化等核心战略目标的坚实支撑。通过精准的选址，企业能够更有效地配置资源，加速市场渗透，提升整体竞争力。

2）地区规划遵循：在选址过程中，严格遵守所在地区、城市或乡镇的总体发展规划至关重要。这不仅能够确保选址的合法性，避免潜在的法律风险，还能确保仓储设施与周边环境的和谐共生，实现可持续发展。同时，遵循地区规划也有助于企业获得更多政策支持和市场机会。

（2）经济性原则

1）成本效益优化：在选址决策中，经济因素始终是核心考量之一。通过综合评估土地购置成本、设施建设投资、日常运营成本等多个维度，力求在保障设施质量和服务水平的前提下，实现成本的最小化与经济效益的最大化。这要求企业在选址时既要考虑短期投入，也要兼顾长期回报。

2）市场需求与潜力分析：深入分析目标市场的规模、消费者需求趋势及未来增长潜力，是确保选址成功的关键。通过精准的市场定位和需求预测，企业能够确保仓储设施能够有效覆盖并满足市场需求，进而实现业务的快速增长和市场份额的扩大。

（3）交通便捷性原则

1）多式联运便利：在全球化背景下，物流效率成为企业竞争力的关键因素之一。因此，在选址时优选具备公路、铁路、水路等多种运输方式便捷性的区域显得尤为重要。这样的区域能够加速物流周转速度，降低运输成本和时间成本，提高整体运营效率。

2）物流网络融通：除了交通方式的多样性外，选址还需确保能够无缝接入周边的交通基础设施与物流网络。这包括与高速公路、铁路干线、港口码头等重要物流节点的紧密连接，以及与周边物流中心、配送站点的有效协同。通过构建完善的物流网络体系，企业能够实现货物的快速集散与高效流转。

（4）技术适应性原则

1）智能化条件具备：随着物联网、大数据、人工智能等技术的飞速发展，数智仓储已成为行业发展的新趋势。因此，在选址时评估该地区是否具备支持数智仓储设施所需的电力供应、网络通信、自动化设备等基础设施条件至关重要。这将为后续的智能化建设提供坚实基础并降低改造成本。

2）技术前瞻考量：在关注当前技术条件的同时，企业还需具备前瞻性思维，关注并预测未来技术发展的趋势和前景。通过选择能够灵活应对技术升级与变革需求的区域作为仓储设施的建设地点，企业能够保持设施的技术先进性和竞争优势。

（5）环境友好性原则

1）自然条件适宜：在选址过程中需全面考察该地区的自然条件如地形、地貌、气候等是否适宜仓储设施的建设和运营。这有助于规避地质灾害频发或恶劣气候条件对仓储运营的不利影响并降低潜在风险。

2）环保合规践行：随着社会环境保护意识的日益增强，企业在选址时还需确保符合环保法律法规的要求。通过积极采取环保措施如节能减排、绿色建材使用等减少对环境的不良影响并保护生态环境。这不仅有助于企业树立良好形象，还能降低因环保问题导致的法律风险和经济损失。

（6）可持续发展原则　以长远眼光审视选址决策是确保企业持续发展的关键所在。通过综合考虑选址对企业长期运营与发展的影响如市场需求变化、技术进步趋势等因素，确保选址能够支撑仓储设施的长期运营与发展，并实现经济效益与社会效益的双赢局面。

5.2.2　数智仓储设施选址的影响因素

1. 成本因素

（1）土地成本　土地成本是仓储设施选址中的基本因素。不同地区、不同地段的土地价格差异较大，因此选择合适的地点可以有效控制土地成本。此外，还需考虑土地征用的相关费用，如土地出让金、土地使用税等。

（2）建筑成本　建筑成本包括仓库建设所需的各种费用，如建筑设计费、施工费、材料费等。不同类型的仓库结构、材料选择和建筑标准都会影响建筑成本。因此，在选择仓储设施地点时，需要充分考虑当地的建筑成本水平。

（3）设备成本　仓储设施通常需要配备各种设备，如货架、叉车、搬运设备等。这些设备的购置和安装成本也是选址时需要考虑的因素。不同品牌和型号的设备价格差异较大，因此在选址时需要权衡设备成本和设备性能之间的关系。

（4）运营成本　运营成本包括仓库日常运营所需的各种费用，如人工费、水电费、维护费等。选址时需要考虑当地的人工成本、能源价格，以及维护成本等因素，以确保仓储设施的长期运营经济合理。

（5）运输成本　运输成本是仓储设施选址中不可忽视的因素。选址时需要考虑货物从仓库到市场的运输距离、运输方式及运输费用等。选择靠近交通枢纽或物流中心的地点可以降低运输成本，提高物流效率。

（6）税收和政策成本　不同地区的税收政策、产业政策等都会对仓储设施选址产生影响。例如，一些地区可能提供税收优惠或政策扶持，以降低仓储设施的运营成本。因此，在选址时需要充分了解当地的税收政策和产业政策，以便做出更经济的决策。

2. 环境因素

（1）地理条件　仓储设施应该尽量选择地势较高、地形平坦之处，避免建在地基承载力低、易发生滑坡和洪水灾害的地段。外形上不宜选择狭长或不规则形状，面积上应留有发展余地，以备仓库扩建之需。

（2）气象条件　在选址时需要考虑温度、风力、降水量、无霜期、冻土深度、年平均蒸发量等气象条件。例如，选址时要避开风口，因为建在风口处会加速露天堆放的物品老化。

（3）水电供应条件　仓储设施选址应该靠近水源、电源，保证方便可靠的水电供应，且场区周围要有污水和固体废弃物处理设施。

（4）运输条件　仓储设施选址最好靠近现有的水陆交通运输线，确保至少有两种运输方式相衔接。对于大型仓库，还应考虑铺设铁路专用线或建设水运码头。

（5）安全条件　仓储设施是火灾重点防护单位，不宜设在易散发火种的工业设施附近。同时，为了方便消防灭火，仓库周围的道路必须保证交通畅通，防止交通堵塞。此外，仓库地点也不宜选择在居民住宅区附近，以避免各种潜在危险。

3. 社会因素

（1）供应因素　仓储设施建在供应商附近，不仅能够获得较低的采购价格，降低运输费用，还可以保证货物供应的时效性，减少时间延迟。

（2）客户服务因素　仓储设施选址需要充分考虑客户分布情况、订货量、订货周期等因素，保证客户能够获得快速满意的服务。

（3）社会责任和可持续发展　在选址过程中，企业应考虑其社会责任和可持续发展目标。选址应符合当地的环保法规和政策要求，尽量减少对环境的负面影响。同时，企业应关注当地社区的可持续发展需求，通过提供就业机会、支持当地经济等方式积极服务社会。

（4）劳动力可用性　仓储设施选址应考虑当地劳动力的供应情况，包括劳动力的数量、技能和经验。劳动力充足且技能匹配的地区有助于降低招聘成本和培训成本，提高运营效率。此外，劳动力市场的稳定性和未来增长潜力也是需要考虑的因素，以确保仓储设施在运营过程中能够持续获得合适的劳动力资源。

（5）社区支持度　仓储设施的建设和运营可能对当地社区产生影响，因此获得社区的支持和合作至关重要。选址时应考虑当地居民、政府机构和其他利益相关者的态度和意见，以确保项目的顺利实施和运营。与当地社区建立良好的关系，有助于解决潜在的问题和冲突，促进仓储设施的长期稳定发展。

（6）基础设施完善度　仓储设施需要依赖完善的基础设施来支持其运营，包括交通网络、供水供电系统、通信网络等。选址时应考虑当地基础设施的完善程度和未来发展潜力，以确保仓储设施能够高效、稳定地运行。

（7）安全和治安状况　仓储设施的安全和治安状况是选址时必须考虑的重要因素。选址时应评估当地的安全和治安环境，包括犯罪率、火灾风险、自然灾害等因素，以确保仓储设施的安全和稳定运行。

4. 技术因素

（1）周边科技资源

1）科技资源的重要性：周边科技资源为数智仓库的建设和运营提供了必要的技术支持和创新动力。这些资源包括科研机构、高新技术企业、技术孵化器等，它们能够不断推动新技术、新产品、新模式的研发和应用。

2）具体内容：

① 科研机构：周边是否有知名的高校、研究院所等科研机构？这些机构在物联网、大数据、人工智能等领域的研发实力如何？能否为数智仓库提供前沿的技术支持和解决方案？

② 高新技术企业：区域内是否存在专注于数智仓储、物流自动化等领域的高新技术企业？它们的技术实力和市场经验可以为数智仓库的建设提供宝贵的参考和借鉴。

③ 技术孵化器：是否有技术孵化器或创新中心，为初创企业提供技术支持、资金对接、市场拓展等服务？这些技术孵化器或创新中心有助于推动数智仓储技术的创新和发展。

（2）人才储备

1）人才储备的重要性：人才是数智仓库建设和运营的核心资源。拥有高素质、专业化的技术和管理人才，对于提升数智仓库的运营效率、降低运营成本、增强市场竞争力具有重要意义。

2）具体内容：

① 专业技能人才：包括物联网工程师、大数据分析师、人工智能专家等，他们具备丰富的技术知识和实践经验，能够负责数智仓库的技术开发、系统维护和数据分析等工作。

② 管理人才：具备现代化仓储管理理念和经验的管理人才，能够制定科学合理的运营策略和管理制度，提升数智仓库的整体运营效率和管理水平。

（3）未来技术发展趋势和前景

1）技术发展趋势：

① 自动化与智能化：未来数智仓库将继续向自动化、智能化方向发展。通过引入更多的智能设备和机器人，实现仓储作业的无人化、高效化；同时，利用人工智能技术对仓储数据进行深度分析和挖掘，为决策提供更加精准的依据。

② 物联网与大数据：物联网技术的广泛应用将使得仓库内的设备、货物等实现互联互通，提高仓库管理的透明度和效率；大数据技术则可以对海量数据进行处理和分析，为仓库运营提供有力支持。

③ 绿色化与可持续化：随着环保意识的不断提高，绿色化、可持续化将成为智慧仓库

的重要发展方向。通过优化仓库布局、提高能源利用效率、使用环保包装材料和运输方式等措施，降低物流活动对环境的影响。

2）前景展望：数智仓储行业市场前景广阔。随着电商、物流等行业的迅猛发展以及全球贸易的日益加深，仓储需求不断增长；同时，数智仓储技术以其高效、智能、精准的特点受到越来越多企业的青睐。预计未来几年内，数智仓储市场规模将持续扩大并保持快速增长态势。

5.2.3　数智仓储设施选址的步骤

1. 明确需求和目标

首先，需要明确数智仓储设施的服务对象，包括现有顾客的分布情况和未来增长预测。通过分析货物作业量的增长率以及配送区域的范围，可以初步确定设施的规模和容量需求。同时，设定数智仓储设施的主要目标和功能，例如提高物流效率、降低成本、优化供应链等，以确保选址决策与整体战略相一致。

2. 分析选址约束条件

在选址过程中，需要考虑到一系列约束条件。在法规制度方面，需要了解指定用地区域的法律规定，确定哪些地区允许建立数智仓储设施。在交通运输能力方面，应考虑设施是否靠近铁路货运站、港口和公共货车终点站等运输据点，以及运输业者的办公地点，确保货物能够高效、便捷地进出仓库。在配送服务条件方面，需要分析向顾客报告到货时间、发送频次等要求，以及根据供货时间计算的从顾客到仓库的距离和服务范围。此外，还需考虑用地条件，包括土地价格和可用性，以及仓库的特殊需求，如冷冻、保温设施或危险品保管等设施的需求。

3. 搜集整理资料

为了更全面地了解潜在选址地的情况，需要收集与选址相关的数据和信息。这包括地理位置、交通网络、市场需求、竞争态势等方面的数据。通过整理和分析这些数据，可以了解潜在选址地的优缺点和潜在风险，为后续的评估工作提供基础。

4. 评估潜在选址地

在搜集整理资料的基础上，对潜在选址地进行初步筛选。根据选址约束条件和搜集整理的资料，对选址地进行详细的评估。评估内容包括地理位置的优越性、交通便利程度、货运路线的合理性、运输工具的多样性、市场需求的满足程度，以及竞争态势的分析等。同时，还需要考虑数智仓储设施的特殊需求，如设备要求、环境要求等，对选址地进行进一步的评估。

5. 建立选址模型

根据评估结果，建立选址模型。模型中将运输费用、配送费用及物流设施费用等因素进行量化，并采用约束条件及目标函数建立数学公式。通过求解这个数学公式，可以寻求费用最小的选址方案。在建立模型时，需要考虑到各种因素的影响和相互作用，以确保模型的有效性和准确性。

6．对比分析选址方案

通过对比分析不同选址方案的优缺点，包括成本、效率、市场覆盖等方面，选择最符合需求的选址方案。在对比分析时，需要综合考虑各种因素，确保所选方案能够实现整体效益的最大化。同时，还需要考虑数智仓储设施的长远发展，选择具有可持续发展潜力的选址方案。

7．确定选址地点

根据对比分析结果，确定数智仓储设施的选址地点。在确定选址地点后，需要与相关部门和利益相关者进行沟通，确保选址方案的可行性和顺利实施。同时，还需要制定详细的实施计划和时间表，确保选址工作能够按时完成并投入使用。

5.3 数智仓储设施内部规划

5.3.1 数智仓储作业设计原则

1．速率分析

一个产品系列的速率，衡量的是一个最小库存单位（SKU）的分拣频率；而一个货品的速率，衡量的是为履行一个订单所需要拣选出的某个产品系列中一个货品的数量。每个速率分析都会注重分拣高速率货品和低速率货品时劳动力的消化。如果使用帕累托法则来划分分拣区（20%的最小库存单位占80%的吞吐量），那么很可能会产生大量不必要的资本投入。

2．战略改进还是战术改进

大多数改进项目采用的是一个战术层面的方法，它能描述出"就我们现在所处的位置而言，下一步应该做什么？"然而，每一个操作每隔几年都需要用战略的眼光加以审视，它所描述的是"别管我们现在处于什么位置，就目前公司的规模、竞争环境、客户需求和成本而言，我们应该处于什么位置？"

3．按回收期进行设计

这条原则评估了在根据投资回报而改进流程设计时所涉及的各种资本要素。一般来说，主要的节约来自于提高生产率，因而不需要花费太多的时间证实那些"软"利益。大多数客户需要用有吸引力的投资回报率来使得项目所需资金获得批准。数据驱动型投资（DDI）采用规范的方法，为设计中的每个要素测算了投资回报率，而不是仅仅关注整个项目的投资回报率。根据投资回报率进行流程设计的原则能够防止仅根据设计中一个要素的投资回报率，来对其他没有被考虑到的要素进行推断。

4．最少接触

与所存货品接触得越频繁，运作成本就会增加得越多。一定要保证所有的"接触"都是能够增值的操作，不仅仅是支出额外的成本。

5．批量分拣

在大多数的配送作业中，一个员工每天至少有 50% 的时间用于走路和找货。在一个仓库中，分拣工作本身就要耗费大半的劳动力。通过将订单集中在一起，形成不同的订单组，并利用一些技术按组进行分批分拣，配送中心能够大大减少员工行走时间。

6．活找人，而非人找活

在仓储作业中，有很多环节可以使用成本合理的技术和手段把"活"交给分拣人员，这样就可以减少行走和找货的时间，从而提高生产率。这个原则通常是与传送带、区域分拣（一种订单分拣技术）或者专业训练的分拣小组一同实施的。

7．走捷径

这条原则被用来省略物料流动过程中某些步骤，它通常是合理的仓库管理系统的一个特征。有关找捷径的例子有：基于提前装运通知的，提前接收货品项目，将货品直接从接收区域送到分拣区域而不经过储存和补货环节，越库转运，以及直接从储存区进行整箱分拣。

8．延迟配送

根据这条原则，尽量推迟对有特殊目的或为特殊客户定制的产品做任何工作。延迟战略的一个主要应用就是在接收订单后再对零配件进行组装，而不是在接收订单前将其组装好再进行储存。这个原则最好被用在延迟战略与仓库操作已经成为一个有机体时，这样，接收订单的后续工作就能顺利而快速地完成。

5.3.2　数智仓储设施布局规划

1．仓储设施布局规划概述

（1）仓储设施布局规划的含义　仓储设施布局是一项系统性的规划活动，它旨在将仓储系统内的所有关键元素——包括库房、货棚、货场、辅助建筑、铁路专用线、内部道路布局，以及各类附属固定设备——在限定的空间范围内，进行详尽的平面与立体布局设计。这一过程强调对各项资源的优化配置与高效整合，通过精心策划与合理安排，最大程度地提升仓库的存储容量与作业处理能力。同时，仓储设施布局还致力于降低运营成本，通过优化布局减少空间浪费，提升作业效率，从而降低包括仓储管理、货物搬运及储存等在内的各项费用支出。

（2）仓储设施布局的原则

1）适应现代物流生产流程，有利于生产正常进行和物品储存保管。

2）有利于提高仓库经济效益，发挥仓储效能。

3）有利于安全生产和文明生产，保证仓储设施、设备和人员的安全。

4）有利于实现绿色物流和低碳物流，推动 ESG 实践。

2. 仓储设施总平面布局规划

仓储设施总平面布局规划是根据现代仓库总体设计要求，科学地解决生产和生活两大区域的布局问题，如主要业务场所、辅助业务场所、办公场所、生活设施等的布局。

（1）精准规划仓库面积　鉴于仓库类型与规模的多样性，其面积构成呈现出差异化的特点。仓库实用面积作为衡量仓库存储效能的核心指标，特指在仓库整体使用面积中，直接且有效用于物品堆放的那一部分空间。精确计算仓库实用面积，可通过将仓库设计的最高储存容量除以单位面积所能承载的商品储存量来实现，这一步骤为仓库布局提供了坚实的数据基础。

为了全面把握仓库的空间需求，我们需要计算库房的总面积。这一过程涉及将仓库实用面积与仓库面积利用系数相结合进行考量。仓库面积利用系数，作为评估仓库空间利用效率的关键参数，其值的高低直接反映了仓库设计的合理性与空间利用的充分程度。通过将仓库实用面积除以该系数，我们能够得出库房所需的总面积，为仓库的整体规划与建设提供科学依据。

（2）仓库总平面规划　仓库一般可以分为生产作业区、辅助作业区和行政生活区三大部分。仓库总平面规划就是对这三个区域进行规划，如图 5-2 所示。

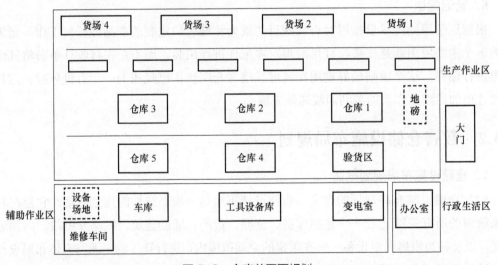

图 5-2　仓库总平面规划

1）生产作业区：作为仓库的核心功能区，生产作业区承载着商品仓储的主要操作活动。它集成了储存区，这里是货物存放的核心地带；道路或铁路专用线，确保货物的高效运输与进出；以及装卸平台，作为货物装卸的枢纽，促进物流流程的顺畅进行。

2）辅助作业区：辅助作业区扮演着支持仓储业务顺利运行的重要角色，设备维修车间用以保障设备的持续运行，车库停放作业车辆，工具设备库存储必要的维护工具，油库供应能源需严格隔离于维修车间、宿舍等火源附近，并配备完善的消防设施以确保安全。此区域的设计充分体现了对仓储作业辅助需求的全面考量。

3）行政生活区：行政生活区是仓库管理团队的办公场所和员工的生活休憩之地，由办公楼、警卫室、宿舍和食堂等组成。出于业务便利与管理的需要，行政管理机构被巧妙地设置在仓库的主要出入口附近，并通过隔墙与生产作业区进行清晰划分，既促进了信息的有效沟通，又有效隔离了非作业区域对生产作业的潜在干扰，确保了仓库运营的秩序与效率。

3. 仓储设施内部储存区域规划

仓储设施的内部储存区域经过精心规划，被明确划分为多个功能区，以确保商品管理的有序与高效。具体划分如下：

（1）待检区域　此区域专门用于暂时存放正处于严格检验流程中的商品。这些商品以醒目的黄色标识进行区分，确保它们与其他已明确状态的商品清晰可辨，便于管理人员快速识别并追踪其检验进度。

（2）待处理区　该区域被设定为暂存那些尚未达到验收标准或质量状况尚待进一步确认的商品。这些商品统一采用白色标识进行标记，既体现了其特殊状态，也便于仓储人员及时采取相应措施，如等待进一步检测或联系供应商等。

（3）不合格品隔离区　此区域严格隔离并存放所有质量不合格的商品，以防止其与非合格品混淆。不合格商品以醒目的红色标识作为警示，确保在任何情况下都能迅速被识别，从而有效保障库存商品的整体质量水平。

（4）合格品储存区　作为仓储设施的核心区域，此区专门用于存放已通过所有检验流程、质量合格的商品。合格商品均配备绿色标识，不仅代表了商品的卓越品质，也便于仓储与物流团队高效地进行库存管理、拣选与配送工作。

5.3.3　数智仓储商品储存规划

商品储存规划是物资合理储存的先决要素与核心环节，其制定过程对于优化仓储管理至关重要。一个科学合理的商品储存规划，不仅能够显著提升物资的保管品质，确保商品的安全与完好，还能最大限度地发挥仓库设施的潜力，促进空间的高效利用。同时，这样的规划还能显著提高仓库的收发存取效率，加速物流周转，降低运营成本。商品储存规划包括以下内容：

1. 分配储存场所

分配储存场所是指在仓库生产作业区内，合理安排每一项库存物资存放的地点和位置，一般包括：储存区的划分，存储设施（或仓储设施）类型的选择与配置，仓库层次规划，确定存入同一库房的物资品种等。

（1）储存区的划分　储存区的规划需紧密贴合实际需求，其划分策略灵活多样。依据物资用途的不同，储存区可明确区分为通用物资储存区与专用物资储存区，以满足多样化的存储需求。从物资的自然属性出发，储存区可进一步细化为金属材料储存区、非金属材料储存区、机电产品储存区等，确保各类物资得到适宜的存储环境。此外，按物资使用方向划分，则可分为生产资料储存区与生活资料储存区，以优化资源配置。

在规划储存区时，确保储存任务与仓库设施的高度匹配至关重要。这要求深入考虑物资的周转特点、类别、品种、数量，以及存储、装卸、运输等环节的特定要求，以科学合理地划分储存区域。值得注意的是，由于库存物资的种类与数量可能随市场变化而波动，因此储存区的划分应保持动态调整的能力，以适应不断变化的储存任务，确保仓库运营效率与物资安全。

（2）存储设施（或仓储设施）类型的选择与配置　合理地将各类物资分配至库房、货棚或货场，是提升保管质量、促进仓库作业顺畅及降低仓储成本的关键因素，同时也是确保物资妥善保管的基础。在进行物资分配时，需全面权衡多重因素，包括但不限于货物的物理化学特性、加工状态、价值、功能用途、批量规模、单位重量与体积等。此外，还需特别关注货物的预计存储时长、仓库所在地的地理环境及气候条件，以及储存时节的特殊要求。针对那些仅需短期存储且物理化学性质相对稳定的物资，出于成本效益与操作便利性的考量，可优先考虑将其安置于货棚或露天货场。这样的安排不仅有助于节省宝贵的库房空间，还能有效降低仓储成本，同时确保物资在既定的保管期内保持良好的状态。

（3）仓库层次规划　在分配楼库层次时，应根据各楼层的保管条件和作业要求合理存放物资，充分发挥各楼层的作用。

楼库底层的优点是承载能力强、净空较高、前后和左右一般都设有库门，收发作业很方便。但是，楼库底层的地坪易返潮，且容易受到库边道路振动和灰尘的影响。因此，楼库底层适合存放单位体积和单位重量大或收发作业频繁的物资，如金属材料、机械零部件、机械设备等。

楼库中间层的保管条件比较优越，相比底层较为干燥，通风采光良好，受外界温湿度的影响较小。缺点是楼板的承载能力较差，净空高度比较低，需要垂直方向搬运，作业不方便。楼库中间层适合存放体积小、重量小，以及要求保管条件比较高的物资，如仪器仪表、电子器件、电工器材等。

楼库顶层通风采光良好、较干燥。但是，楼库屋顶直接受日光照射，夏季受温度影响较大，温度高于其他楼层，而冬季由于散热面积大，温度低于其他楼层。这些因素对物资保管不利。此外，楼层越高，垂直搬运距离越大，楼库顶层作业较不方便。因此，楼库顶层适合储存收发不太频繁、要求保管条件一般，以及体积小、重量小的物资，如纤维及纤维制品、塑料制品等。

（4）确定存入同一库房的物资品种　存入同一库房（或同一楼层）的物资要考虑彼此之间的互容性。例如，金属材料、金属制品、金属零部件、机械设备等具有互容性，彼此之间不会产生不良影响，可以存入同一库房。但有些物资性能不同，相互有影响甚至相互抵触，不能存入同一库房。例如，粉尘材料与精密仪器仪表、化学危险品与一般物资等均不能混存。绝大多数化学危险品也不能混存。

对保管条件要求不同的物资，也不能存入同一库房。例如，在同一库房内不可能同时达到不同的湿度要求，因此，对湿度条件要求不同的物资，不宜存入同一库房。灭火方法要求不同的物资，也不应存入同一库房，以免给消防工作带来困难。

2. 布置储存场所

布置储存场所是指将各种物资合理地布置到库房、货棚或货场的某个具体位置。储存场所的合理布置对提高物资保管质量、充分利用仓储能力、加速物资收发、降低仓储费用等具有重要意义。储存场所的布置形式可以分为平面布置和空间布置。

（1）平面布置　储存场所的平面布置是指在有效的平面上，对库房、货棚、货场内的货垛、货架、通道、收发货区、垛间距、墙间距等进行合理的布置，主要注意正确处理相互之间位置的关系。

常见的平面布置形式有垂直布置和倾斜式布置两种类型。

1）垂直布置。垂直布置是指货垛或货架的长度（或宽度）方向与库墙和通道互相垂直，具体又可分为横列式布置、纵列式布置和纵横式布置。

① 横列式布置。横列式布置是指货垛或货架的长度方向与库房的通道互相垂直，如图 5-3 所示。采用横列式布置时，运输通道较长，作业通道较短，对库存物资的收发和检验比较方便，有利于实现机械化作业，通风采光良好。但是，该种布置方式的运输通道占用面积较多，从而影响了仓库的面积利用率。

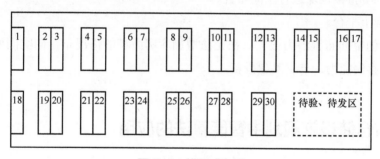

图 5-3　横列式布置

② 纵列式布置。纵列式布置是指货垛或货架的宽度方向与库房的通道互相垂直，如图 5-4 所示。纵列式布置的优点是运输通道较短，占用面积少，仓库面积利用率较高；缺点是作业通道长，存取物资不方便，对通风采光不利。

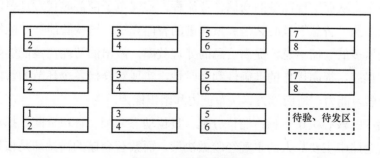

图 5-4　纵列式布置

③ 纵横式布置。纵横式布置是指同一库房内横列式布置和纵列式布置兼而有之，是横列式与纵列式两种形式的结合。

2）倾斜式布置。倾斜式布置是指货垛或货架的长度方向与运输通道成锐角（30°或60°），如图 5-5 所示。倾斜式布置的最大优点是便于利用叉车配合集装单元进行作业，它能减小叉车作业时的回转角度，提高装卸搬运效率。

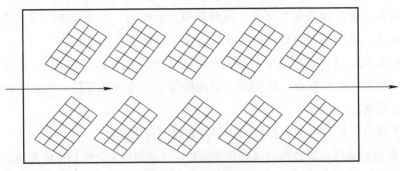

图 5-5　倾斜式布置

（2）空间布置　储存场所的空间布置是指物资在库房、货棚、货场高度方向的安排和布置。通常有以下几种形式：

1）通过货架进行空间布置。

2）通过物资直接堆垛进行空间布置。

3）采用架上平台。

储存场所的空间布置潜力很大。在无法增加库房面积的情况下，向空间要货位可以成倍扩大仓库的存储能力，节省基建投资。

5.4　数智仓储设施规划中智能算法的应用

仓储作业过程中会产生大量的订单信息、货物信息、存储信息、设备信息、控制指令信息等。信息的数量庞大、种类繁多、动态性强。数智仓储系统的"智慧"就是通过运用信息识别技术、智能算法和决策优化等技术，对仓储内这些信息进行智能感知、智能处理和智能决策，从而实现高效的仓储作业流程，实现电子商务时代对订单的及时响应。其中，数智仓库的"智慧"核心就是大量先进的智能算法，这些智能算法能够有效地处理大量的、种类繁多的仓储信息，提高信息的处理效率，做出的智能决策能够降低人为操作带来的错误和误差，提高操作的准确性和及时性，实现对仓储各个环节的智能控制，使得仓储设备具有学习能力、适应能力、决策能力和组织能力。

现代仓储中的核心决策包括：储位分配、货位动态分配、订单分配、拣选路径规划、装箱等。传统仓储中主要靠人的主观经验做决策，而数智仓储的决策却是依靠智能算法，所以本书将对各决策问题的智能算法应用现状进行综述。

5.4.1 货位动态分配中的智能算法应用现状

货位动态分配是指在给定储位布局的前提下，考虑如何存储货物能够使得货物的出入库效率高、仓库货架稳定等。按照作业方式可以将货位动态分配分为入库货位动态分配和出库货位动态分配两个问题。

入库货位动态分配问题是指结合仓储目前的存储现状，确定货位分配的策略及优化原则，给待入库的货物安排最恰当的货位。入库货位分配常常需要考虑的原则有同类货物相邻原则、提高出入库效率原则，以及货架稳定性原则等，所以一般的入库货位分配优化问题常常将这三个原则作为优化目标建立优化模型。

出库货位动态分配问题是在收到出库订单后按照订单信息选择合适的货物位置，不同的位置对应着不同的出库行走路径。影响出库作业效率的因素主要有出库路径规划、货位分配、叉车和工人的作业效率等。

无论是入库货位动态分配还是出库货位动态分配问题，都是一个典型的组合优化问题，可以用智能算法进行求解。在国内外现有针对货位动态分配中的研究中，遗传算法及蚁群算法成为解决该问题较为常用的智能算法。本书将对这两种智能算法进行简单的介绍：

1. 遗传算法

遗传算法（Genetic Algorithm，GA）是由美国密歇根大学的 John Holland 教授于 1975 年首次提出的，它的基本思想是基于达尔文的进化论和孟德尔的遗传学，即生物的遗传和变异在生物的进化过程中起着重要的作用，它使得生物不仅能够保持自身固有的特性，同时还能够不断地改变自身以适应新的生存环境。遗传算法是一种基于群体进化的计算模型，它通过群体的个体之间繁殖、变异、竞争等方法进行的信息交换优胜劣汰，从而一步步地逼近问题的最优解。对个体的遗传操作主要通过选择（繁殖）、交叉和变异这三个基本的遗传算子来实现。生物的进化是以群体的形式进行的，而群体的进化通过个体的信息遗传与交叉来完成。与之相对应，遗传算法的运算对象也是群体，它由 n 个个体组成一个集合，通过对该集合进行遗传操作来模拟生物的进化过程，遗传算法中的个体就是模拟生物的染色体，称为人工染色体。为了完成对个体的遗传操作，需要将个体的表现型转换成基因型，这一个过程称为编码；反之，将基因型转换成表现型的过程称为解码。

在货位分配问题中，遗传算法将货位分配方案编码成染色体，每个染色体代表一个可能的解。算法首先随机生成一组初始染色体，即初始的货位分配方案。然后，根据适应度函数计算每个染色体的适应度值，该适应度函数通常基于货物出入库效率、货架稳定性、空间利用率等实际因素设计。接下来，遗传算法通过选择、交叉和变异等操作来进化染色体。选择操作根据适应度值选择优秀的染色体，将其保留到下一代；交叉操作通过交换两个染色体的部分基因，产生新的染色体；变异操作则随机改变染色体中的某些基因，以引入新的基因信息。通过不断的迭代进化，遗传算法能够逐步优化货位分配方案。在每一代中，算法都会根据适应度函数评估当前种群中的染色体，并选择适应度较高的染色体进行后续的交叉和变异操作。这样，适应度较低的染色体逐渐被淘汰，而适应度较高的染色体则得以保留并继续进化。最终，当满足终止条件（如达到最大迭代次数或找到满意解）时，遗传算法将输出最优的货位分配方案。这个方案不仅考虑了当前的仓库需求和条件，还具有一定的适应性和灵活性，可以应对未来可能出现的变化。具体流程如图 5-6 所示。

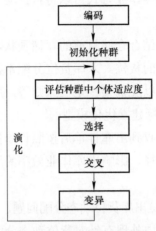

图 5-6　遗传算法流程图

2. 蚁群算法

蚁群算法（Ant Colony Optimization，ACO）是由意大利学者 Marco Dorigo 于 1992 年在他的博士论文中提出来的一种仿生进化算法。它产生于对蚁群行为的研究：蚁群中的蚂蚁以"信息素"为媒介，间接异步地相互联系。蚂蚁在寻找食物或巢穴的路径过程中，会在它们经过的地方留下一些化学物质，称为"信息素"，这些物质能被同一蚁群中后来的蚂蚁感受到，并作为一种信号使后到的蚂蚁选择有这些物质的路径的可能性比选择没有这些物质的路径的可能性大得多，后到的蚂蚁也会留下信息素对原有的信息素进行加强。这样，寻找最优选址变成一种正反馈过程，蚂蚁到过次数多的地点，后来的蚂蚁选择到此处的可能性就越大。

蚁群算法的设计利用了蚂蚁个体的运动规则：

（1）搜索范围　可具体设定蚁群个体的搜索参数半径，这样就限定了其运动过程中的观察能力和移动能力。

（2）局部环境　蚂蚁个体仅需要感知它周围的局部环境信息，并且该局部环境中点的信息素是按一定速度消失的。

（3）觅食规则　每只蚂蚁只是在其能感知的范围内进行信息探索和留存，在局部环境中，哪一点的信息素最多，就以较大的概率决定了它的运动方向。这样，虽然在其运动过程中，会出现小概率的搜索错误，但从总体上说，其搜寻的效率和正确性会通过其他蚂蚁的行为反馈加以调整。

（4）移动规则　每只蚂蚁都朝着信息素最多的方向移动，当周围没有信息素指引的时候，蚂蚁会按照自己原来运动的方向惯性地运动下去，并且，在运动的方向上有一个随机的小的运动，以保留原来的运动记忆。如果发现有其已经经过的地点，则以较大概率进行避让。

（5）避障规则　如果在蚂蚁即将移动的方向上存在障碍物，则它会随机选择一个方向，或者按照信息素的指引继续其觅食行为。

（6）通信规则　实际上，每只蚂蚁是通过其信息素的播撒和感知来进行通信的。其具体规则是多元化的，它可以在找到相对最优解的时候散发最多的信息素，并且随着它走过的距离越来越远，播撒的信息素也越来越少。

在货位分配问题中，蚁群算法将每只蚂蚁视为一个寻找货位分配方案的个体。算法开始时，蚂蚁随机从起始点出发，在货位之间移动，并根据一定的规则选择下一个货位。在选择货位时，蚂蚁会考虑当前货位的状态（如空闲、已占用等）以及货位之间的信息素浓度。信息素是蚂蚁在移动过程中释放的一种化学物质，用于与其他蚂蚁进行信息交流和协作。

蚂蚁在移动过程中会根据信息素浓度选择货位，信息素浓度较高的货位被选中的概率也较大。当蚂蚁完成一次遍历后，会根据所经过的路径长度、货位利用率等因素计算出一个适应度值，并释放一定量的信息素。随着时间的推移，信息素在货位之间不断积累，形成了一种正反馈机制。信息素浓度较高的路径逐渐被更多的蚂蚁选择，从而形成了对最优货位分配方案的搜索。通过多次迭代，蚁群算法能够逐渐找到适应度较高的货位分配方案。在迭代过程中，算法还可以根据实际需要调整蚂蚁的数量、信息素挥发速度等参数，以平衡搜索的广度和深度。最终，蚁群算法会输出一个较优的货位分配方案，该方案考虑了货物的出入库效率、货位利用率，以及货架稳定性等因素。通过蚁群算法的应用，可以实现对货位的合理分配和优化利用，提高仓储效率并降低运营成本。

近年来，自动化立体仓库的货位分配优化是一个研究热点。自动化立体库存货和取货有多种启发式规则可以使用：对于入库货位分配，有先到先服务规则，即按照先后顺序安排货物到最近的空位上；对于出库货位分配，有具有最长等待时间的随机取货、最近邻居、应急最近邻居取货规则等。结合这些启发式规则，已有大量研究将其集成到某种智能算法形成混合算法，用于优化自动化立体库的货位分配优化问题。

5.4.2　订单分配中的智能算法应用现状

"货到人"的数智仓储是近年来出现的一种新型高效的配送中心仓储模式，由机器人代替人工完成仓库内部的拣货工作，能够大大提高拣货效率。如何协调多个机器人完成多项任务是影响仓储效率的关键要素之一。这就是数智仓内的订单分配问题，又称为拣选任务分配问题，它是指在特定条件下，将未完成的订单任务合理分配给拣选机器人，以实现整体执行效果最优。

任务分配的好坏对数智仓储的整体效率有着直接且重要的影响，所以国内外学者对其进行了深入系统的研究，并形成了一些优秀的算法。

北京物资学院的李文玉设计了快速求解模型的启发式算法。长春工业大学的史朋涛研究了适用性较好的蚁群算法和遗传算法，对订单中货物需求量比较大的订单，设计了用于订单分割的遗传算法，对于分割后的子订单和小订单的备货路径优化问题，设计了多目标的动态蚁群算法，证明了蚁群算法要比遗传算法优越。西班牙胡安卡洛斯国王大学的Menéndez针对订单任务分配问题，结合启发式规则提出了变邻域搜索算法，并与已有算法进行了对比，证明针对此类问题变邻域搜索算法是迄今为止最好的算法。

5.4.3 拣选路径规划中的智能算法应用现状

据英国学者估计，订单拣选所耗成本占整个仓库作业成本的55%，所以拣选路径规划成为数智仓库改造的重点。这是仓库中最复杂，也是最重要的一个环节，高效率的拣选是提高商品出库的重要保障。

拣选路径规划问题是指对每个订单，如何合理确定拣货员或拣货机器人对货物拣选的顺序，以实现拣选时行走距离最短或者损耗时间最少。在仓储机器人数量充足的智能仓库系统中，仓储机器人的数量多于每批订单中的任务个数，此时的多机器人任务分配问题相当于一个非平衡指派问题。仓储机器人数量不足的多机器人任务分配问题，则属于一个典型的调度问题。

人工拣选时常用的启发式算法是基于简单路径规则，如S型路线、返回型路线、中点返回型路线、最大间隔型路线、混合型路线等。不同的拣选路径策略在不同的前提条件下有不同的最优效果，这个前提条件包括货位的指派方式、存储区的形状，以及每条拣选通道上拣选货物的密度。已有研究表明拣选货物密度小于3.8时，最大间隔型路线最优；大于3.8时，S型路线最优。

绝大多数的数智仓内都布置了机器人负责拣选工作，那么路径规划针对的是多个机器人在场地内运动时，如何为每个机器人确定运动的轨迹，使得所有机器人都能尽快到达任务的目的地。数智仓储内部的路径规划大都可以采用智能算法进行求解。在现有路径规划研究中，遗传算法、蚁群算法、布谷鸟搜索算法、迪杰斯特拉（Dijkstra）算法、A*算法等成为解决该问题较为常用的智能算法。本书将对这几种智能算法进行简单的介绍（遗传算法与蚁群算法上文已介绍过，此处不再赘述）：

1. 布谷鸟搜索算法

布谷鸟搜索算法（Cuckoo Search, CS）是由剑桥大学的杨新社和戴布（Deb）于2009年提出的一种新型启发式算法。根据鸟类学家的长期观察研究，一部分布谷鸟以寄生的方式养育幼鸟，它们不筑巢，而是将自己的卵产在其他鸟（通常为黄莺、云雀等）的巢中，由其他鸟（义亲）代为孵化和育雏。然而，如果宿主发现这些外来鸟蛋，便会抛弃这些鸟蛋或新筑鸟巢。

通俗理解就是，布谷鸟蛋能成功在其他鸟巢成功孵化这个过程就是寻优过程。布谷鸟搜索算法源于对布谷鸟繁育行为的模拟，为了简化自然界中布谷鸟的繁衍习性，杨新社等将布谷鸟的产卵行为假设为 3 个理想状态。

1）布谷鸟一次只产一个卵，并随机选择鸟巢位置来孵化它。

2）在随机选择的一组鸟巢中，最好的鸟巢将会被保留到下一代。

3）可选择的寄生巢的数量是固定的，寄生巢主人发现外来鸟蛋的概率为 p_a（$0 \leqslant p_a \leqslant 1$）。

基于这 3 个理想状态，杨新社等采用式（5-1）对下一代鸟巢位置 X_i^{t+1} 进行更新：

$$X_i^{t+1} = X_i^t + \alpha \otimes Levy(\lambda) \tag{5-1}$$

式中，X_i^t 表示第 i（$i=1,2,\cdots,n$）个鸟巢在第 t 代的位置；$\otimes$ 表示点乘；α 表示步长控制量，用来控制步长大小，通常情况下，取 $\alpha = 1$；$Levy(\lambda)$ 为莱维（Levy）随机搜索路径，属于随机行走，采用莱维飞行机制，其行走的步长满足一个重尾的稳定分布，而随机步长为莱维分布：

$$Levy: \mu = t^{-\lambda}, 1 \leqslant \lambda \leqslant 3 \tag{5-2}$$

基本布谷鸟搜索算法先按照式（5-1）对下一代的鸟巢位置进行更新，并且计算目标函数的适应度值，如果该值优于上一代的目标函数值，则更新鸟巢位置，否则保持原来位置不变。位置更新后，用随机产生的服从 0 到 1 均匀分布的数值 R 与鸟巢主人发现外来鸟蛋的概率 p_a 相比较，若 $R>p_a$，则 X_i^{t+1} 对进行随机改变，反之不变。最后保留测试值较好的一组鸟巢位置，记为 X_i^{t+1}。判断算法是否满足设置的最大迭代次数：若满足，结束迭代寻优，输出全局最优值 f_{min}；否则，继续迭代寻优。该算法可保证全局探索和局部开发性能的平衡及种群的多样性。

2. Dijkstra 算法

Dijkstra 算法是由荷兰计算机科学家迪杰斯特拉于 1959 年提出的，是从一个顶点到其余各顶点的最短路径算法，解决的是有权图中最短路径问题。迪杰斯特拉算法主要特点是从起始点开始，采用贪心算法的策略，每次遍历到起始点距离最近且未访问过的顶点的邻接节点，直到终点为止。

Dijkstra 算法采用的是一种贪心策略，声明一个数组 dis 来保存起始点到各个顶点的最短距离和一个保存已经找到了最短路径的顶点的集合 T，初始状态下，起始点的路径权重被赋为 0（dis[s]=0）。若对于顶点 s 存在能直接到达的边（s，m），则把 dis[m] 设为 w（s，m），同时把所有其他（s 不能直接到达的）顶点的路径长度设为无穷大。初始状态下，集合 T 只有顶点 s。

从 dis 数组选择最小值，则该值就是起始点到该值对应的顶点的最短路径，并且把该点加入 T 中，此时完成一个顶点，然后，查看新加入的顶点是否可以到达其他顶点并且查看通过该顶点到达其他点的路径长度是否比起始点直接到达更短，如果是，那么就替换这些顶点在 dis 中的值。再从 dis 中找出最小值，重复上述动作，直到 T 中包含了图的所有顶点。图 5-7 所示为 Dijkstra 算法的轨迹。

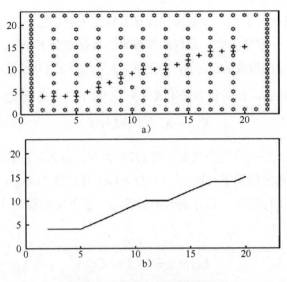

图 5-7 Dijkstra 算法的轨迹

3. A* 算法

A*（Astar）算法是一种在图或网络中寻找从起始节点到目标节点的最短路径的启发式搜索算法。A* 算法结合了 Dijkstra 算法的最短路径搜索和贪心算法的启发式搜索，因此在许多情况下可以比其他算法更高效地找到最优路径。它常用于路径规划、游戏中的路径查找，以及人工智能领域的图搜索问题。

A* 算法的主要思想是维护两个集合：一个是已探索的节点集合，另一个是待探索的节点集合。算法在每一步选择待探索集合中的节点，计算该节点的代价（包括实际代价和启发式代价），然后选取代价最小的节点进行探索。这种选择过程通过使用启发式函数（估计从当前节点到目标节点的代价）来指导，从而使搜索更具方向性，更加高效。

A* 算法是一种广泛应用于路径规划中的图搜索算法，它在 Dijkstra 算法的基础上加入启发信息，从而减少扩展节点个数、提高最短路径搜索速度。定义节点代价函数：

$$f(n)=g(n)+h(n)$$

其中，$g(n)$ 为起始节点至节点 n 的实际代价；$h(n)$ 为节点 n 至目标节点的估计代价，该启发项是 A* 算法的关键，当 $h(n)$ 不超过节点 n 至目标节点的实际代价时可以保证搜索出最短路径，而选取尽量逼近真值的启发项可以使得扩展节点个数更少，一般情况下选取欧氏距离。

该算法的主要流程为：

1）设置起始节点的代价为 0，将起始节点放入根据代价排列的优先队列中。

2）从优先队列中取出代价最小的节点，若该节点为目标节点，则完成搜索跳转至步骤 4）；否则继续执行步骤 3）。

3）遍历当前节点 n 的所有相邻节点 m_i，若 $g(n)+\text{cost}(n,m)<g(m_i)$，则途经当前节点 n 的新代价更小，更新 $g(m_i)$ 和 $f(m_i)$，设置节点 m_i 的父节点为 n，并将其加入优先队列。返回步骤2）。

4）从目标节点开始递归连接父节点，通过回溯得到最短路径。

通过使用欧氏距离作为启发项，传统 A* 算法在提高搜索效率的同时保证搜索出一条数学上连通的最短路径，但其中存在大量拐角，不符合实际移动机器人的运动学、动力学约束，无法直接由机器人准确执行。因此，在机器人轨迹规划任务中一般先应用 A* 算法搜索一条全局路径，然后使用其他局部规划算法对全局路径进行平滑处理，从而优化出一条符合机器人各项约束的轨迹。

5.4.4　装箱作业中的智能算法应用现状

菜鸟智能装箱算法自从投入使用以来，大大提高了满箱率，真正做到了节约成本和保护环境。目前已累计优化超过 5 亿个包裹，相当于节省了 1.15 亿个邮政 6 号纸箱，减少超过 1.5 万 t 的碳排放量，一个仓库仅此一项就可以节省数万元成本。菜鸟装箱算法通过大数据分析，根据一个订单中所有商品的特性，比如长宽高、可否堆压等，能够快速推荐出最优的箱型和智能装箱方案，打包员只要按图操作即可，方便快捷，不但可节省包装成本，还提高了包装效率。智能装箱算法的背后，到底应用了哪些人工智能技术呢？

首先，我们给出数智仓中装箱问题的描述：有 t 种不同规格的箱子，每种规格的箱子尺寸分别为：长度为 L_j，宽度为 W_j，高度为 H_j（$j=1,2,\cdots,t$），成本为 C_j。现有一个订单，内含 n 种矩形物品，第 i 种物品的属性包括三维尺寸 l_i、w_i、h_i，重量 d_i 和其他属性（如是否可堆压、有无气味等），同种物品有 m_i 个（$i=1,2,\cdots,n$），同种物品所包括的所有物品属性相同。使装纳这些物品所需要箱子成本最低，并需要给出订单中的物品在选定箱型中的布局方案。

按照装箱物体所属装箱空间，可把装箱问题分为一维装箱问题、二维装箱问题、三维装箱问题，其中三维装箱问题可以看作是一维、二维装箱问题的一个泛化。按照装箱物体的形状，可以把装箱问题分为规则物体的装箱和不规则物体的装箱：规则物体是指具有规则外形的物体，不规则物体是指具有任意几何形状的物体。按照装箱物体到达情况，可把装箱问题分为在线装箱问题和离线装箱问题：如果装入一个物品时，只利用这个物品前面物品的信息，而不知道后继物品的任何信息，即按照物品到达顺序随到随装，则称该类问题为在线装箱问题；若物品装载以前就已得到所有物品信息，之后统一处理所有物品，则称该类问题为离线装箱问题。按照装载过程是否有惩罚值，装箱问题可分为带拒绝装箱问题和不带拒绝装箱问题：如果在装载过程中待装载物品没有被放在箱中而产生惩罚，这种情况下的装箱问题是带拒绝装箱问题，反之为不带拒绝装箱问题。装箱问题还可按容器数目分为单容器装载问题和多容器装载问题，如图 5-8 所示。

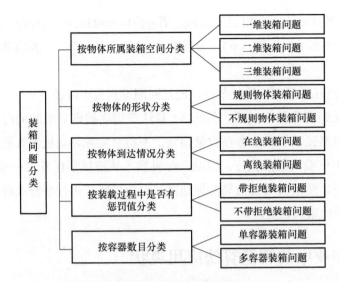

图 5-8　装箱问题分类

装箱问题是一个组合优化问题，在理论上属 NP-hard 问题。由于目前 NP 完全问题不存在有效时间内求得精确解的算法，装箱问题的求解极为困难，在 20 世纪七八十年代陆续提出的装箱算法都是各种近似算法，如下次适应、首次适应、降序下次适应和调和算法等。近几年装箱问题的研究方法主要有线性规划法、动态规划法、传统启发式方法及现代启发式方法（如模拟退火算法、禁忌搜索算法、遗传算法）等。

装箱算法设计中应用较多的是垂直"层"或"墙"的概念。使用"层"来生成摆放模式的基本思路是：通过生成垂直的互不相关的包含多种物品的层，由这些层来组成完整的布局模式，层内单个物品的摆放方式不同的算法有各自的规定。

Bischoff 等人针对多种物品单托盘装载问题（只考虑空间和稳定性约束），从托盘缺少可用于支撑的垂直壁的特点和由底向上的摆放方式出发，提出了基于"平面"的算法。由底向上每次只放入一层最多由两种物品组成的水平层，迭代填充和生成平面、水平层，获得有效且具有高稳定性的布局模式。

与"塔"和"层"的概念不同，德国卡塞尔大学的 Michael Eley 设计了基于同类"块"的算法，完整的布局模式是由这些同类"块"组成的，而"块"则是由完全相同的物品（物品属性和摆放方向均相同）组成的多层结构。用贪心算法生成初始解，然后用分支定界法改善，在搜索树的节点时采用最佳搜索策略，即只选择具有最佳评价值的节点作为下一步的拓展节点。该算法在容器空间利用率和物品稳定性方面表现较好。另外，由于块与块之间不关联的特点，可以很好地满足重心约束。

北京科技大学李昱蓉借鉴"金角银边草肚皮"的思想提出的最大穴度算法也很有效。其基本思想是，在某一时刻，已经按放置规则向箱子中放置了若干物品，那么对还未放入的物品，按照穴度大小来放置，即：放进箱子的物品始终占据由三个先前已放进箱子的物品所形成的角，并且放置动作的穴度还要尽可能地大；若有多个穴度最大的动作，就挑选边度最小的动作（边度体现了放进箱子中各物品所形成布局的规整程度）。这样一来，放进箱子的诸物品就非常紧凑，从而提高了箱子的积载率。

案例　技术驱动下，中兴通讯的智能仓储变革之道

中兴通讯股份有限公司（以下简称"中兴通讯"）是信息与通信技术（ICT）领域的领军企业，拥有 ICT 行业完整的、端到端的产品和解决方案，以及全球领先的信息与通信技术。在数智化转型大趋势下，中兴通讯立足"数字经济筑路者"，持续发力"连接＋算力＋能力＋智力"，不仅助力客户企业实现数智化转型，携手头部客户打造了一系列数字化标杆项目，同时自身也在持续深化数字化转型及流程优化。在供应链战略升级过程中，中兴通讯通过新建和改造升级，在国内陆续建成五大智能仓储中心，为 3C 电子行业的仓储智能化升级做出示范。

1. 智能仓储需求与痛难点

在全球经济艰难复苏、市场充满诸多变数与不确定性的大背景下，中兴通讯持续稳健发展。根据中兴通讯近期发布的 2023 年年度报告，归属于上市公司普通股股东的净利润为 93.3 亿元，同比增长 15.4%。

中兴通讯的发展，显然离不开技术的加持。中兴通讯历来将技术视为核心驱动力和公司高质量发展的保障，始终保持对技术的极度重视和持续投入，如在"连接＋算力"技术上进行高强度研发投入，对底层核心技术持续创新，以及对产品不断进行打磨，以满足客户多样化、多场景的需求。

技术驱动带来的变革，不仅仅体现在前端的产品和解决方案上。在供应链方面，中兴通讯正在加快 SPIRE 战略升级，通过打造安全（Safe）、精准（Precise）、智能（Intelligent）、可靠（Reliable）、高效（Efficient）的供应链，实现交付和服务可视、可信、有竞争力。仓储物流管理作为供应链核心业务之一，对生产交付起到重要支撑作用。因此，在中兴通讯 SPIRE 供应链战略升级中，通过技术变革来实现仓储管理的数字化、智能化变得更加迫切。

从业务角度看，中兴通讯主要面临三大挑战：一是周期要求高、计划波动大；二是物料种类多达数万种、齐套协同极其复杂，传统的人工／半自动化模式难以支撑；三是物流断点多，人力密集成本高，劳动强度大，效能提升成为痛点。

从技术角度看，其难点主要体现在：一是自动化设备的类型和型号较多，实现混场调度，以及多楼层、多库房之间的协同比较困难；二是如何打破作业孤岛，实现全流程自动化作业；三是新仓储技术如何在差异化的库房条件中同步落地。

2. 智能仓储愿景与规划

为了助力公司的高质量发展，中兴通讯通过新建和改造升级等方式持续推进智能仓储建设，目前在国内形成了五大智能仓储中心，并对流程精益化、作业自动化、业务数字化、运营智能化的智能仓储路径进行了详细说明。

（1）流程精益化　流程精益化要"自上而下"和"自下而上"紧密结合。"自上而下"就是通过各部门负责人牵头做课题攻关＋专项攻关，自上而下引领精益文化，加速模式变革；"自下而上"则是通过广泛的提案改善、现场精益生产指导等活动，使全员活性化，推进全员改善，支撑整体业务演进。

（2）作业自动化　作业自动化是通过引入自动读码／堆垛／输送／入库设备、自动化立体仓库、自动拣选装备、"AGV＋X"集群柔性物流设备、电子围栏／视觉安防技术，实现接收入库、存储／盘点、拣选出库、运输上线，以及安防等仓储全流程的作业自动化，不断推进少人化，最终实现无人化。

（3）业务数字化　业务数字化的实施路径，是推进每个业务模块从"线下状态"先到"线上状态"，再到"智能在线状态"，从"人找事"变成"事找人"，进而实现库房端智能自主决策与行动。

（4）运营智能化　有了自动化和数字化建设的基础，下一步就是要实现运营智能化的更高目标，这能让其对仓储风险、物流动态、全球货运情况，以及订单履行情况等一目了然、一览无遗。

3. 中兴通讯智能仓储技术"货架"

中兴通讯的智能仓储技术"货架"具体包括：

一是有"聪明的大脑"，能够贯通多系统的数据，利用AI智能决策技术，能够完成模型训练、智能预测等功能，让库房能够更聪明地工作，目前在上架策略、库位布局、最佳路径等方面均有应用。

二是有"锐利的眼睛"，库房有大量物的物料、条码，可通过机器识别技术实现批量扫码、定位和检测，实际应用案例包括一键批量扫码、一键秒收、电子围栏等。

三是有"灵巧的双手"，用工业协作机器人把人的双手解放出来，实现拆料、拣选和码垛的"物流自动化"，用RPA流程自动化机器人来实现"信息流自动化"。

四是有"灵活的双脚"，通过四向穿梭车、堆垛机、AGV、传输线等自动化设备的广泛应用替代人员走动，实现智能仓储、智能搬运、智能拣选和智能生产物流。

五是要有"灵敏的神经"，通过各类传感设备建立广泛连接和感知，对设备运行状态、重点物理安全场所，以及消防场所实现有效的控制和感知，即通过5G＋工业现场网实现生产要素泛在连接，实时感知物理世界。

4. 技术驱动下的智能仓储实践

（1）接收实践　物料接收是仓储作业的第一步。每天前往中兴通讯送货的供应商车辆多达数百辆，如果调度不当，很容易出现拥堵，降低效率。对此，中兴通讯通过融合数字化、机器视觉等技术，实现了接收业务的全流程管理，包括预约到园均衡有序、接收过程高效透明、关键要素防呆管理、多维度的度量告警，评价体系趋于完善，最终实现接收业务的可视、可管、可控。

具体流程为：

1）司机预约到园，车辆停靠推荐系统向司机推荐最佳月台。

2）取号排队，一键秒收，即通过机器视觉一次性完成几十箱物料的快速接收。

3）"货到人"质检，物料入库。

值得一提的是，在此过程还会实现容器的低位自动补充，即利用机器视觉技术，自动监测接收月台区域的托盘数量，当低于安全库存时会自动与 AGV 联动，补充托盘，实现智能在线闭环；此外，在接收月台还利用了基于机器视觉的电子围栏技术，对人员进行物理安全管控，实时监测供应商人员到达和离开的动作等。

从效果来看，在经过全流程的升级改造之后，使接收入库周期大幅度缩短（65.3%），供应商满意度也得到显著提升。

（2）存储实践　中兴通讯通过一期又一期的升级改造项目，实现了从最初的单一场景到多场景，再到全场景的突破，形成日光模式、晨光模式、黑灯模式等多种库房作业模式。其中，日光模式是以人员工作环境为主，需满足照明条件；晨光模式是以自动化工作环境为主，人员辅助作业，按需自动照明；黑灯模式是以无人化工作环境为主，仅需消防应急照明条件。

从效果来看，经过两年左右的建设，中兴通讯河源基地通过导入多种设备与前沿技术，实现了 3D 测高入库、自动上架、"货到人"自动出库、CTU 自动出库、数字化安防、库内自动盘点等功能，河源基地现有超过 100 台 AGV 已实现混场调度，黑灯区域已覆盖超过 60%，作业效率提升超过 50%，能耗降低 15%，河源基地也入选工信部 2023 年度绿色制造名单。

（3）拣选实践　在整箱出库作业中，可以充分利用机械手实现自动捆绑堆垛；在拆零出库作业中，拣选一定要精准，中兴通讯引入了智能机器人实现自动拣选，并且利用 AI 批量扫码实现自动复核和出库。

具体来看，一是"亮灯货架 +AGV 集群线边仓"，通过中央仓 + 线边仓联动，套料推动、AI 预测与安全库存拉动相结合，实现亮灯指引高效拣选，低位拉动小批量、多频次上线至工位。二是"线边仓半成品单板自动上线"，使用 CTU 搭建的半成品线边仓，通过辊筒 AGV 接驳，产线下线后由 AGV 运送至线边仓，CTU 自动接驳入库缓存，清除断点。三是"基于具身机器人的无人线边仓"，基于数字星云 + 工业大模型，通过具身智能机器人实现多样化物料的自动入库与出库拣选，实现全区域的无人化。

5. 智能仓储发展阶段与未来

中兴通讯的仓储数字化支撑与演进过程主要有两条主线：一条主线是以仓储业务数字化本身的能力为牵引，让库房数据从"在线状态"转到"智能在线状态"；另一条主线就是要配合自动化和智能化设备的导入，深化智能仓储的应用，实现设备与设备、设备与系统、系统与系统的贯通。

其发展可分为三个阶段：第一阶段为智能仓储 1.0，由"人找货"转变为"货到人"的阶段，这一阶段主要致力于局部场景的自动化、建立标杆立体仓，实现业务全在线和过程全可视。第二阶段为智能仓储2.0，建设技术货架；实现全场景自动化，减少业务中的不确定性和不必要的等待；全基地横推，从标杆仓储中心到其他仓储中心的推广建设；智能技术由线到面的应用，进而实现"货到机器人"与机器人自动拣选。第三阶段为智能仓储3.0，实现"货到工位"，在这一阶段技术持续迭代并聚焦两个发展方向：第一是仓库本身，致力于建成全域黑灯无人库房；第二是向生产深度延伸，能够和装配线联动，使库房物料能像水龙头一样流畅快速地按照一定节拍交付，实现高柔性制造协同，来支撑制造基地的智能化运营。

（案例改编自任芳《技术驱动下，中兴通讯的智能仓储变革之道》，

文章载于2024年第5期《物流技术与应用》）

思考题：

在数智化转型的大趋势下，中兴通讯作为ICT领域领军企业，通过技术变革推进智能仓储建设。请思考中兴通讯在智能仓储建设过程中，如何应对业务和技术方面的挑战，实现流程精益化、作业自动化、业务数字化和运营智能化。

课后习题

1．什么是设施规划？为什么设施规划在物流战略蓝图中占据关键地位？

2．请简要阐述数智仓储的定义，并列举至少三项数智仓储相对于传统仓储的主要优势。并简要说明数智仓储在规划过程中应遵循哪些原则，在规划过程中应考虑哪些因素能最大可能地降低企业成本。

3．简述数智仓储设施内部规划中仓储设施布局规划的原则，并说明仓库总平面布局规划的具体内容。

4．在货位动态分配中，遗传算法和蚁群算法是如何应用的？它们的基本思想是什么？

5．装箱问题可以分为哪些类型？目前装箱问题的研究方法主要有哪些？请结合本书内容进行说明。

第6章 基于供应链管理的库存控制优化

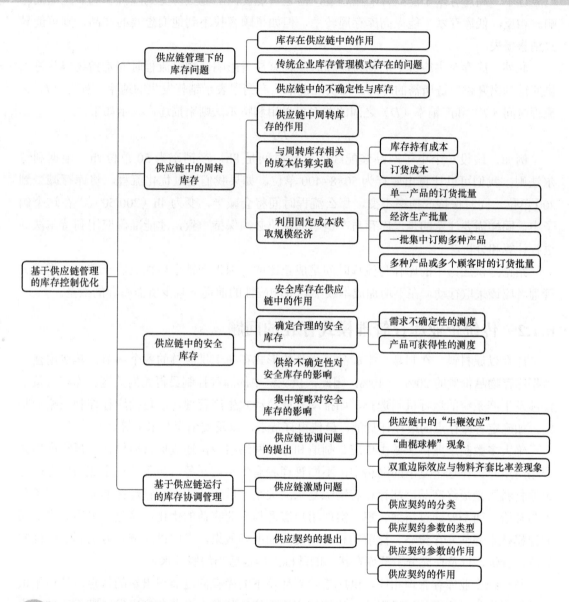

6.1 供应链管理下的库存问题

6.1.1 库存在供应链中的作用

　　供应链中的库存之所以存在，根本原因在于供给与需求之间的不匹配。例如，对于钢铁制造商而言，这种不匹配是刻意为之的策略，因为大规模生产能有效降低单位成本，并为未来的销售做好库存储备。同样，商品零售商也会有意制造这种不匹配，通过预测未来需求来持有库存。库存在供应链中扮演着重要角色，它既能确保货物充足，随时满足顾客需求，从而刺激需求增长，又能在生产和分销过程中利用规模经济效应，帮助降低成本。

库存水平对供应链的资产持有、成本发生，以及响应速度都有着深远影响。在服装供应链中，高库存水平能提升响应速度，但也可能使供应链更易受到降价和利润压缩的影响。相反，低库存水平能提高库存周转率，但如果顾客找不到他们想要的产品，则可能导致销售损失。

此外，库存对供应链上的物料流程时间也有显著影响。物料流程时间是指物料从进入供应链到离开供应链所需的时间。在供应链中，产销率表示销售发生的速率。库存（I）、流程时间（T）和产销率（D）之间的关系可以用利特尔法则来描述，表示如下：

$$I = DT$$

例如，假设一个电子产品装配线的流程时间是 8h，产销率为 50 单位 /h。根据利特尔法则，我们可以计算出库存为 50×8=400 单位。如果我们通过优化流程，将库存减少到 200 单位，同时保持产销率不变，那么流程时间将会减半，变为 4h（200/50）。在这个例子中，同样需要注意的是，库存与产销率的单位必须保持一致，才能准确应用利特尔法则进行计算和分析。

结论是供应链中的库存与流程时间是成正比的，因为产销率往往取决于客户的需求。管理者应该采取行动，在不增加成本或不降低响应性的前提下减少所需库存的数量。

6.1.2 传统企业库存管理模式存在的问题

库存以原材料、在制品、半成品、成品的形式存在于供应链的各个环节，其费用往往占据库存物品价值的 20% ～ 40%，因此，供应链中的库存控制显得尤为关键。库存决策不仅涉及生产系统的运行机制选择，如推动式或拉动式生产管理，还包括库存控制策略的制定，如确定各库存点的最佳订货量、最佳再订货点，以及安全库存水平等。

绝大多数制造业供应链由供应、制造和分销网络组成，通过原材料转化，最终产出分销给用户。在这个复杂的网络中，不同管理者肩负不同任务，而各节点企业的库存，无论原材料还是最终产品，都存在着错综复杂的关系。供应链的库存管理并非简单的需求预测与补给，而是要通过精细管理，实现用户服务与企业收益的优化。这包括采用先进的商业建模技术评估库存策略、提前期和运输变化的准确效果，考虑供应链各方面影响以确定经济订货量，以及在充分了解库存状态的基础上确定适当的服务水平。

与传统企业库存管理相比，供应链管理环境下的库存问题展现出新的特点，体现了供应链管理思想对库存的深远影响。传统库存管理往往从单一企业角度出发，基于存储成本和订货成本来确定经济订货量和订货点。然而，在市场竞争日益激烈、客户需求瞬息万变的今天，这种方法的适用性已大打折扣。从供应链管理整体来看，单一企业的库存管理显然不够完善。

传统企业管理模式下的库存控制存在诸多问题。以下是对这些问题的综合与分析，并附上具体例子加以说明：

1. 缺乏供应链的整体观念，库存管理的思想落后

供应链整体绩效取决于各节点绩效，但各部门往往各自为政，目标不一，甚至与供应链整体目标相冲突。这种山头主义行为导致供应链整体效率低下。例如，某电子产品供应链中，各部门仅关注自身 KPI，缺乏全局观念，导致整体响应速度迟缓。

2. 对用户服务的理解与定义不恰当

供应链管理的绩效应由用户评价，但对用户服务的理解与定义各异，导致服务水平参差不齐。虽然订货满足率是一个不错的考核指标，但它并不能全面反映供应链运行质量。比如，一家计算机工作站制造商在接收包含多产品的订单时，需要等待各供应商的产品全部到齐后才能一次性装运。此时，总的订货满足率可能很高，但这一指标却无法揭示是哪家供应商的交货出了问题。此外，传统的订货满足率也无法评价订货的延迟水平。两家同样具有90%订货满足率的供应链，在如何迅速补给余下的10%订货要求方面可能存在很大差异。而其他服务指标，如总订货周转时间、平均回头订货率、平均延迟时间、提前或延迟交货时间等，也常常被忽视。

3. 交货状态数据不准确

顾客下单时总想知道交货时间，并可能在等待过程中修改订单。然而，许多企业并未及时、准确地将修改后的交货数据提供给顾客，导致顾客不满。例如，某服装企业在处理顾客订单时，由于系统更新不及时，导致大量订单交货时间延迟，且未及时通知顾客，引发大量投诉。

4. 信息传递系统低效率

供应链中各节点企业之间的需求预测、库存状态、生产计划等是重要数据，须实时传递。但目前许多企业的信息系统彼此孤立，未实现有效集成。这导致信息传递延迟、不准确，影响库存管理的精确度。例如，一家汽车制造商在制定生产计划时，需要从各供应商处获取需求预测、库存状态等信息。但由于信息系统未集成，数据调用工作量大且耗时长，导致生产计划制定不准确，库存积压严重。

5. 库存控制策略简单化

无论是生产性企业还是物流企业，控制库存都是为了保证供应链运行的连续性和应对不确定需求。然而，许多企业对所有物品采用统一的库存控制策略，未考虑供应与需求的不确定性。例如，某零售企业在管理库存时，对所有商品采用相同的订货点和订货量策略，未考虑商品的销售波动和供应可靠性差异，导致部分商品库存过高或过低。

6. 缺乏合作与协调性

供应链需协调各方活动以取得最佳效果。但现实中，各节点企业往往各自为政，缺乏有效合作与协调。例如，在加工 - 装配式供应链系统中，某企业的产品由多种零部件组成，而这些零部件又由不同供应商提供。当企业进行产品装配时，必须协调各供应商的交货期以与装配活动同步。然而，由于供应商之间缺乏协调与合作，任何一个供应商的延误都会导致产品交货期延迟和服务水平下降，同时库存水平也会上升。此外，多厂商特别是全球化的供应链中，组织的协调涉及更多的利益群体，相互之间的信息透明度不高，企业之间

存在的障碍等也可能使库存控制变得更为困难。

7. 产品设计未考虑供应链库存影响

现代产品设计与制造技术的提高带来了生产效率的大幅提升和成本效益的改善。然而，供应链库存的复杂性却常被忽视。例如，某企业在推出新产品时，未进行供应链规划，导致运输时间过长、库存成本高等问题而无法获得成功。同样，在供应链结构设计中也需考虑库存影响。例如，在一条供应链中增加或关闭一个工厂或分销中心时，除了考虑固定成本和物流成本外，还需充分评估这一变化对库存投资、订单响应时间等因素的影响。

6.1.3 供应链中的不确定性与库存

在供应链管理的复杂环境中，不确定性是库存控制优化的核心挑战之一。尤其是对于需求的不确定性，其量化分析对于制定有效的库存策略至关重要。为了精确衡量需求的不确定性，我们采用数理统计中的"标准差"作为关键指标。标准差的大小直接反映了实际需求与预测之间的偏离程度，进而揭示了需求的不确定性水平。这一量化方法使我们能够更准确地理解需求波动的本质，并为后续的库存策略制定提供有力支持。

为了准确计算需求的不确定性，我们系统地收集了过去一段时间内的每期预测和实际需求数据。这些数据涵盖了供应链中的各个环节，包括销售、生产、采购等。通过对这些数据进行深入分析，我们计算了预测与实际之间的误差，并基于这些误差进一步求得了标准差，从而实现了对需求不确定性的量化评估。在这一过程中，我们假定过去的需求历史具有一定的代表性，即过去的需求模式与未来的需求模式存在一定的相似性，并且预测误差的分布符合正态分布的特性（见图 6-1）。这一假设为我们提供了一种可靠的方法来估计未来的需求不确定性。

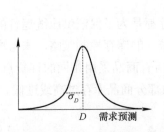

	①	②	③	④
	星期	需求	平均值	差值
	1	83	49.6	33.5
	2	48	49.6	(1.6)
	3	43	49.6	(6.6)
	4	58	49.6	8.5
	5	72	49.6	22.5
	6	63	49.6	13.6
	7	34	49.6	(15.6)
	8	47	49.6	(2.6)
	9	55	49.6	5.5
	10	58	49.6	8.5
	11	65	49.6	15.5
	12	26	49.6	(23.6)
	13	33	49.6	(16.6)
	14	25	49.6	(24.6)
	15	83	49.6	33.5
	16	50	49.6	0.5
	17	31	49.6	(18.6)
	18	51	49.6	1.5
	19	46	49.6	(3.6)
	20	20	49.6	(29.6)
标准差	18.20			18.20

图 6-1 需求相对稳定，符合正态分布时，需求的标准差就是其不确定性

在实际操作中，由于数据获取的限制，我们可能无法获得足够多的数据点来确保标准差的可靠性。然而，为了提高分析的准确性，我们会尽量确保拥有至少 13 个数据点，这些数据点通常代表了一个季度的需求历史，按周进行统计。这样的数据处理方式使得我们能够在有限的数据条件下，尽可能准确地量化需求的不确定性。同时，我们也会采用一些数据平滑技术或插值方法来处理缺失数据或异常数据，以确保数据的完整性和准确性。

在供应链管理中，库存的构成主要包括周转库存和安全库存两部分。周转库存是为了满足日常销售或生产需求而持有的库存量，它确保了供应链的顺畅运行。周转库存的水平通常根据历史销售数据、生产计划和采购周期等因素来确定，以确保供应链的连续性和稳定性。而安全库存则是为了应对需求不确定性而额外持有的库存量，它起到了缓冲作用，降低了缺货风险。安全库存的设置需要考虑需求的不确定性水平、缺货成本，以及库存持有成本等因素，以达到风险与成本的平衡。

为了更深入地探讨供应链中的不确定性与库存之间的关系，我们将周转库存和安全库存作为一个整体来考虑。在需求相对稳定且历史需求符合正态分布的情况下，我们可以直接围绕需求历史来计算标准差，以此作为需求的变动性量化指标。这种方法不仅简单直观，而且易于理解和应用，同时避免了保留需求预测历史的复杂性。然而，这种方法可能无法准确反映需求趋势或季节性变化对库存策略的影响。

为了更全面地考虑需求的不确定性对库存策略的影响，我们需要采用更为复杂的预测模型来准确预测需求，并基于预测结果来计算标准差，以量化需求的不确定性。这些预测模型可能包括时间序列分析、机器学习算法或仿真模型等，它们能够考虑更多的影响因素，并提供更准确的预测结果。同时，我们还需要根据需求的不确定性水平来调整周转库存和安全库存的比例，以确保库存策略的有效性和适应性。例如，当需求不确定性较高时，我们可以增加安全库存的比例，以降低缺货风险；而当需求相对稳定时，我们可以适当减少安全库存，以降低库存持有成本。

综上所述，通过对供应链中的不确定性进行量化分析，并综合考虑周转库存和安全库存的策略调整，我们可以更有效地应对需求的不确定性，优化库存控制，提高供应链的整体性能和竞争力。这一综合性的方法不仅有助于降低库存成本，减小缺货风险，还能够提高供应链的响应速度和灵活性，以适应不断变化的市场需求。

6.2　供应链中的周转库存

6.2.1　供应链中周转库存的作用

批量是供应链某一环节一次生产或采购的数量。例如，一家商店平均每天卖出 4 台打印机，而商店经理每次从制造商处订购 80 台打印机，这种情况下的批量就是 80 台。假设每天销售 4 台打印机，那么销售完所有整个批量的产品并进行补货前，平均需要 20 天。由于打印机的采购批量大于日销售量，因此商店持有一定的打印机库存。周转库存是供应链中的平均库存，因为供应链中某一环节生产或采购的批量大于顾客需求量而产生。

在本章的下述内容中，使用 Q 表示批量，D 为单位时间需求量，不考虑需求波动的影响并假设需求是稳定的。

我们以 Jean-Mart 这家百货公司的牛仔裤周转库存为例进行分析。牛仔裤的需求相对稳定，为每天 $D=100$ 条，目前 Jean-Mart 商店经理的订货批量为 $Q=1000$ 条。

由于订货批量为 1000 条，每天需求量 D 仅为 100 条，因此整批售完需要 10 天。在这 10 天时间里，Jean-Mart 的牛仔裤库存从 1000 条（货物运到时）平稳地下降到 0（最后一条牛仔裤售出）。如图 6-2 所示，货物到达、需求消耗库存、另一批货物到达，依次发生，并以 10 天为周期循环重复。

当需求稳定时，周转库存与批量的关系如下：

$$周转库存 = \frac{批量}{2} = \frac{Q}{2}$$

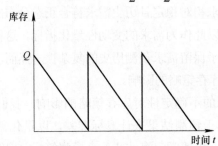

图 6-2　Jean-Mart 公司牛仔裤的库存状况图

由于批量为 1000 条，则周转库存为 $Q/2=500$ 条。由周转库存公式我们看到周转库存与批量是成比例的。和一个各环节生产或采购批量较小的供应链相比，一个各环节生产或采购批量较大的供应链持有更大的周转库存。例如，假设一家百货公司是 Jean-Mart 的竞争对手，具有相同的牛仔裤需求，该百货公司的采购批量为 200 条牛仔裤，则它的周转库存仅为 100 条。

批量和周转库存还影响着供应链中物料的流动时间：

$$平均流程时间 = \frac{平均库存}{平均流转速度}$$

对于任何一条供应链来说，平均流转速度等于需求量，因此得出以下关系：

$$由周转库存导致的平均流程时间 = \frac{周转库存}{需求量} = \frac{Q}{2D}$$

对于 Jean-Mart 来说，牛仔裤批量为 1000 条，日需求量为 100 条，我们可以求得：

$$由周转库存导致的平均流程时间（天）= \frac{Q}{2D} = \frac{1000}{200} = 5$$

因此，Jean-Mart 的周转库存使得每条牛仔裤在供应链中多花了 5 天时间。周转库存越大，产品生产与销售之间的时间间隔越长。企业通常期望较低的周转库存，因为较长的时间间隔使企业容易受市场变化的影响，较低的周转库存能降低企业营运资金的需求。例如，丰田公司在工厂和大多数供应商之间仅保持数小时生产所需的周转库存，从不存放多余的零部件，因此其营运资金的需求量比竞争对手低。丰田公司同时也只需在工厂里分配少量的空间用于库存。

在讨论管理者该采用何种行动降低周转库存前，我们必须理解：为什么供应链的各环节会大批量生产和采购？减小批量将对供应链的绩效产生何种影响？

在供应链中持有周转库存是为了利用规模经济以降低成本。要理解供应链如何实现规模经济，我们必须首先确定受批量影响的供应链成本。

单位采购量的平均价格是确定批量的关键成本因素。倘若增加批量能降低订购产品的价格，采购者将加大订货批量。例如，若制造商对每条牛仔裤的报价是：500 条以下，20 美元/条；500 条及以上，18 美元/条。那么 Jean-Mart 的经理为获得更低的价格就至少要订购 500 条牛仔裤。每单位支付的价格称为物料成本，由字母 C 表示。在许多实际情况下，物料成本表现出规模经济性，增加订货批量会降低物料成本。

固定订货成本是不随订货批量大小变化却在每次下订单时都要发生的所有成本的总和。例如，发出一张订单时可能发生的固定管理费用、运输产品时的货车运输成本、接收订货时的人工成本。例如，Jean-Mart 在每次用货车运输牛仔裤时不管运量多少都要花费 400 美元。如果一辆货车最多能装载 2000 条牛仔裤，批量为 100 条时每条牛仔裤的运输成本为 4 美元；然而批量为 1000 时，每条牛仔裤的运输成本仅为 0.4 美元。考虑到每单货物的运输成本是固定的，商店经理可以通过增加批量来降低单位产品的运输成本。每单货物的固定订货成本用字母 S 表示（通常被认为是一种调整准备成本），用美元/批来衡量。订货成本同样也表现出规模经济性，增大批量可以降低采购的每单位产品的固定订货成本。

库存持有成本是指一定时期内（通常为 1 年）持有一个单位产品的库存所发生的成本，它包括资金成本、实际仓储成本和产品陈旧带来的成本。库存持有成本用字母 H 表示，以美元/单位·年来衡量。它也可以通过一个系数 h 计算得出，h 表示将 1 美元的库存产品持有 1 年的成本。假设单位成本为 C，则库存持有成本 H 可表示为 $H=hC$。

当批量和周转库存增加时，总库存持有成本上升。

下面让我们做个总结。在任何批量决策中都必须考虑以下成本：

每单位采购量的平均价格，以 C 美元/单位计；

每批货物的固定订货成本，以 S 美元/批计。

同样以一家电子产品零售商为例，该零售商销售智能手机，并面临确定最佳订货批量的决策问题。

假设该电子产品零售商的智能手机日需求量为 50 部，考虑两种不同的批量策略：一是每次订货批量为 200 部，二是每次订货批量为 500 部。对于第一种策略，周转库存为批量的一半，即 100 部；而对于第二种策略，周转库存为 250 部。显然，批量大小与周转库存之间存在直接的比例关系。

批量和周转库存不仅影响库存水平，还影响着供应链中物料的流动时间。对于这家电子产品零售商来说，平均流转速度等于需求量。在订货批量为 200 部的情况下，每部智能手机在供应链中的流转时间较短；而在订货批量为 500 部的情况下，流转时间则较长。较长的周转时间使企业更容易受市场变化的影响，并增加了营运资金的需求。

那么，为什么这家电子产品零售商会考虑大批量订货呢？这主要是为了利用规模经济以降低成本。在确定批量时，单位采购量的平均价格是关键的成本因素。如果增加批量能降低价格，采购者就会倾向于加大订货批量。例如，当供应商提供批量折扣时，零售商就会为了获得更低的价格而订购更多的智能手机。

除了物料成本外，固定订货成本也是影响批量的重要因素。固定订货成本是不随订货批量大小变化但在每次下订单时都要发生的成本。通过增加批量，零售商可以降低单位产品的固定订货成本。例如，无论订货量多少，零售商都需要支付固定的订单处理费用、运输费用等。因此，通过增加批量，零售商可以降低每部智能手机的固定订货成本。

最后，库存持有成本也是零售商必须考虑的因素，它包括资金成本、实际仓储成本和产品陈旧带来的成本。对于智能手机这类产品来说，由于技术更新换代较快，产品陈旧带来的成本可能较高。因此，降低库存持有成本是零售商降低总成本、提高供应链绩效的重要手段之一。

6.2.2 与周转库存相关的成本估算实践

在实践中，当我们设定周转库存时，面临的常见挑战是如何准确计算订货成本和库存持有成本。然而，考虑到周转库存模型的稳健性，我们更倾向于迅速获得一个合理的近似值，而不是投入过多时间去进行精确估算。

我们的目标是确定随批量决策变化的那些增量成本。那些不随批量决策变化的成本可以被忽略。例如，如果一家工厂以 50% 的能力运转、所有员工均为全职但不允许加班，那么劳动力的准备增量成本为零。这种情况下，批量的减少不会对调整准备成本产生任何影响，除非劳动力完全满负荷工作（同时加班）或设备被完全满负荷充分利用（由此导致产能不足）。

1. 库存持有成本

库存持有成本通常以产品成本的百分比来计算，它由以下几个主要部分组成：

（1）资本成本　对于不易陈旧的物品，资本成本是库存持有成本的重要组成部分。计算资本成本的一个有效方法是使用加权平均资本成本（WACC），它综合考虑了企业资产的必要收益率和债务成本。WACC 的计算涉及多个因素，包括股本总额、债务总额、无风险收益率、企业 β 系数、市场风险溢价、债务资本成本，以及税率等。WACC 的计算公式为

$$\text{WACC} = \frac{E}{D+E}(R_\mathrm{f} + \beta \times \text{MRP}) + \frac{E}{D+E}R_\mathrm{b}(1-t)$$

式中，E 为股本总额；D 为债务总额；R_f 为无风险收益率（通常为 5 左右的个位数，如 5%、6%）；β 为企业 β 系数；MRP 为市场风险溢价（大约为接近 10 的高个位数，如 8%、9%）；R_b 为债务资本成本（债务人要求的收益率，与债务评级有关）；t 为税率。

税前 WACC 计算公式调整如下：

$$税前 WACC= 税后 WACC/（1-t）$$

因为库存是在税前计算的，所以那些可以通过削减库存来释放资金以拓展业务的企业，适合使用税前 WACC。以上公式中大部分的数据都可以在企业年报和有关该企业的资产研究报告中找到。借贷利率可以借用具有相同信用评级的企业的债券利率。无风险收益率为美国国库债券的收益率。市场风险溢价是市场收益率与无风险收益率的差额。如果无法了解到企业的财务结构，那么可以用同行业内规模相似的上市企业的数据作为近似值。

（2）陈旧（或变质）成本　陈旧成本是指由于市场价值或质量下降而导致的储存物品价值减少的速率。陈旧成本的范围可能很大。易腐品通常具有较高的陈旧成本，例如，新鲜水果和蔬菜，如果储存时间过长，其价值会大幅下降。而生命周期短的非易腐品，如时尚服装，也可能面临较高的陈旧成本，因为过时的款式可能不再受欢迎。相反，像原油这样不易陈旧或变质的产品，其陈旧成本则较低。

（3）搬运成本　搬运成本应仅包括随收货数量变化而变化的收货和储存成本。与订货数量无关，但随订货次数变化的搬运成本应计入订货成本。搬运成本与数量相关，但在一定数量范围内可能保持不变。如果数量变化未超出此范围（例如，一个由 4 名工人组成的小组在一定时间内的卸货能力范围），那么库存持有成本中的搬运成本增加为零。然而，如果需要增加人手或设备来应付收货数量的增加，那么在库存持有成本中需要加上增加的搬运成本。

（4）空间占用成本　空间占用成本反映了由于周转库存变化而导致的空间成本变化。如果企业按仓库中储存产品的实际数量支付存储费用，这种成本就属于直接空间占用成本。只要周转库存的增加不改变对存储空间的需求，空间占用成本的增加就为零。但是，当现有空间被完全利用，需要获取新的空间时，成本会迅速上升。

（5）杂项成本　库存持有成本还包括一些其他细微的成本，如盗窃、安全、损坏、税收和其他额外的保险费用。我们需要估算的是改变周转库存引起的成本增加部分。

2. 订货成本

订货成本包括所有因发出或接收额外订单而增加的成本，与订货数量无关。订货成本包括以下组成部分：

（1）采购员的时间成本　采购员的时间成本是指采购员下达额外订单所增加的时间成本。只有当采购员全负荷工作时，才需要考虑该成本。如果采购员有空闲时间，那么他们进行货物订购所产生的增量成本为零，不会增加订货成本。电子订货可以大幅降低采购员的时间成本。

（2）运输成本　运输成本通常是固定的，与订货数量无关。例如，如果每次货物交付都安排一辆货车，那么装运半车和车辆满载的成本是完全一样的。零担运输定价也包括固定部分和可变部分，其中固定部分，如基本运费和手续费，应计入订货成本。

（3）收货成本　收货成本包括一些与订货数量无关的成本，如单据管理、库存记录更新等。这些成本在每次订货时都会发生，无论订货数量多少。与数量相关的收货成本，如卸货和搬运费用，则不应计入订货成本。

（4）其他成本　在每种情况下，都可能存在一些仅与订货次数有关而与订货数量无关的特殊成本。例如，某些企业可能需要支付固定费用给供应商以维持合作关系，或者每次订货都需要支付一定的手续费给银行进行电子转账。这些成本也应计入订货成本。

需要强调的是，订货成本仅包括由于额外订货而产生的实际成本的增加部分，并且通常表示为分段函数。当资源未完全利用时，订货成本为零；但当资源被完全利用时，订货成本会显著增加，相当于增加额外资源所花费的成本。

6.2.3　利用固定成本获取规模经济

为了更好地理解本节中讨论的利弊权衡，我们可以考虑一个日常生活中常见的场景：日常用品和家居物资的采购。我们可以选择去附近的杂货店购买，或者前往稍远一些的大型超市（如大润发、沃尔玛等）进行采购。在这个例子中，购物的固定成本主要体现为前往购物地点所需的时间。如果选择去附近的杂货店，固定成本会相对较低，但通常这些店铺内的商品价格会稍高一些。在权衡固定成本与购买数量时，我们会做出相应的批量决策。当所需购买的数量较少时，我们更倾向于选择附近的杂货店，因为此时低固定成本带来的好处会超过商品价格稍高的成本。而当需要购买大量物品时，我们则会选择前往大型超市，以更低的价格大量购买，这样节省下来的费用足以弥补因距离较远而增加的固定成本。

在这一节中，我们主要探讨的是每次订货都会产生固定成本的情况，这些固定成本与发出订单、接收货物，以及运输等相关。作为采购主管，目标是最小化满足需求所需的总成本，因此在制定批量决策时，需要合理权衡各种成本。接下来，我们将首先关注单一产品的订货批量决策。

1. 单一产品的订货批量（经济订货批量）

设 D 为产品的年需求量；S 为每次订货的固定成本；C 为产品的单位成本；h 为单位产品的年库存持有成本费率。

假设供货方惠普公司不提供价格折扣，且无论订单数额多大其每台计算机的售价都为 C 美元。因此库存持有成本 $H=hC$。首先，给定基本假设条件如下：

1）需求是稳定的，单位时间需求为 D。

2）不允许缺货，也就是说库存可以满足所有需求。

3）补货提前期为常量（最初假设为零）。

采购主管要确定订货批量以使商店总成本最小化。当确定批量时，必须考虑以下三种成本：年材料成本、年订货成本，以及年库存持有成本。

由于采购价格与批量无关，因此得到

$$年材料成本 =CD$$

订货次数必须足够满足年需求量 D 的需要。假设订货批量为 Q，由此得到

$$年订货次数 = \frac{D}{Q}$$

由于每次发出订单时都会发生订货成本 S，可推出

$$年订货成本 = \frac{D}{Q}S$$

假设订货批量为 Q，那么平均库存为 $Q/2$。因此，年库存持有成本为持有 $Q/2$ 单位库存一年的成本，其表达式为

$$年库存持有成本 = \frac{Q}{2}H = \frac{Q}{2}hC$$

年总成本 TC 即上述三项成本之和：

$$TC = CD + \frac{D}{Q}S + \frac{Q}{2}hC$$

图 6-3 表示不同成本随订货批量变化的趋势。我们注意到年库存持有成本随着订货批量的增大而升高。相比而言，年订货成本则随订货批量的增大而降低。因为我们假设价格固定不变，所以材料成本与订货批量无关。可以看到年总成本是一条随着订货批量的增大先下降后上升的曲线。

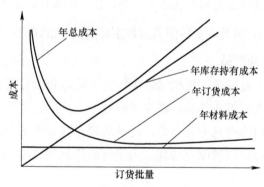

图 6-3 不同成本随订货批量变化的趋势

在采购方百思买公司的管理者看来，最优订货批量即能够使百思买公司的总成本最低的那个批量。将年总成本函数对 Q 求一阶导数，并令一阶导数为 0，可得最优订货批量。最优订货批量又称经济订货批量（Economic Order Quantity，EOQ），用 Q' 表示，其计算公式如下：

$$Q' = \sqrt{\frac{2DS}{hC}}$$

应用上述公式时需注意的是，库存持有成本费率 h 和需求 D 要有相同的时间单位，这一点非常重要。订货批量为 Q'，则系统中周转库存为 $Q'/2$。单位产品在系统中的流动时间则为 $Q'/(2D)$。当最优订货批量增大时，周转库存和流动时间也随之增加。最优订货次数用 n' 表示：

$$n' = \frac{D}{Q} = \sqrt{\frac{DhC}{2S}}$$

2. 经济生产批量

在 EOQ 模型中，我们曾明确假设整批订货在一定时刻同时达到。虽然对零售商收货的情况来说这可能是一个合理的假设，但完全不符合企业生产过程的实际。在生产环境下，产品是以一定的速率 P 逐渐生产出来的。那么，当生产正在进行时，库存以 $P-D$ 的速率上升。当生产停止时，库存按速率 D 下降。

在这种情况下，EOQ 模型可以变形为经济生产批量（EPQ）模型，公式如下：

$$Q_P = \sqrt{\frac{2DS}{\left(1 - \dfrac{D}{P}\right)hC}}$$

$$年生产准备成本 = \frac{D}{Q_P}S$$

$$年库存持有成本 = \left(1 - \frac{D}{P}\right)\frac{D_P}{2}hC$$

其中 D、h、C、S 的定义与前文一致。

从以上公式可以观察到，经济生产批量模型就是经济订货批量模型乘以一个校正系数 $\left(1 - \dfrac{D}{P}\right)$。因为生产速率远高于需求消耗速率，故该校正系数接近于 1。在多数供应链环境下整批货物都是同时到达的，因此本章后面的内容主要研究全部订货一次交付的情况。

3. 一批集中订购多种产品

正如之前所强调的，要减少订货批量，关键在于降低每批订货的固定成本，其中运输成本是固定成本的一个重要组成部分。在许多企业中，产品被划分为不同的产品族或产品群，每个产品族都由专门的产品主管负责。这种管理方式导致每个产品族的订购和交付都是独立进行的，进而使得总周转库存增加。为了有效降低周转库存，可以整合不同产品族进行集中订货和交付。

沃尔玛等零售商，以及 7-11 便利店这样的企业，都采用了越库配送策略。这种策略能够在无需中转库存的情况下，对来自多个供应点的货物进行集中装运，并直接配送到多个交付点。具体做法是，每个供应商将整车的货物送至分销中心，其中包含了预定送往多个零售店的货物。在分销中心，进货车辆进行卸货，产品经过越库处理后，直接被装运到出货车辆上。每辆出货车辆最终都集中装载了将运往同一家零售店的货物，这些货物整合了多家供应商的产品。

在探讨固定成本时，收货成本和装货成本也是不可忽视的因素。一批订货包含的产品种类越多，一辆货车上运送的产品种类也就越多，这导致收货仓库需要为每辆货车上更多的产品更新库存记录。此外，由于不同的物品需要分别存放在不同的地方，将物品放入存储区的费用也会相应增加。因此，在尝试减小订货批量时，降低这些成本变得尤为重要。提前发货通知是供应商通过电子系统向客户提供的配送货车所装载物品的准确记录文件。这些电子通知简化了库存记录的更新和存储空间的选定过程，有助于降低固定的收货成本。同样地，射频识别技术也可以帮助降低由于收货产品种类增加而导致的相关固定成本。固定收货成本的降低有助于减小最优订货批量，进而降低周转库存。

接下来，我们将讨论在每次订货都存在相关订货成本，且每批订货中的货物种类多样化的情况下，如何确定最优的订货批量。

4. 多种产品或多个顾客时的订货批量

通常，一个订单的订货、运输、收货成本会随着产品数量或装载点数目的增加而增加。例如，沃尔玛接收一辆只装载一种产品的货车的成本要比接收一辆装载多种产品的货车的成本低很多，这是因为单一产品的库存更新和存放工作要简单得多。订货的固定成本一部分与运输有关（这部分成本仅与装载量有关，而与货车装载的产品种类多少无关），另一部分与货物装货和接收有关（这部分成本随着装载产品种类的增加而增加）。现在，我们来讨论这种情况下最优订货批量应该如何确定。

我们的目标是找到使总成本最小化的订货批量和订货策略。假定已知 D_i 为产品 i 的年需求量；S 为每次订货时的订购成本，与订单中的产品种类无关；S_i 为订单中包含产品 i 时的附加订货成本。

在百思买商店订购多种机型的情况下，商店经理可以考虑通过以下三种方法确定订货批量：

1）每个产品主管分别订购自己所管型号的产品。

2）产品主管联合发出订单，每一批订单都订购各种型号的产品。

3）产品主管联合发出订单，但并非每一批订单都要包含全部类型的产品；或者说，每一批订单只订购所选的部分产品。

第一种方法不使用任何集中手段，从而成本最高。第二种方法在每次订购中集中了所有产品，其缺点是低需求量的产品和高需求量的产品一样都被集中到每次订购中。采用这种完全集中的策略，如果低需求量产品的特定订货成本很高，则将导致较高的总成本。在这种情况下，采取低需求量产品的订货频率低于高需求量产品的策略，可以减少低需求量产品相关的特定订货成本。因此，第三种方法的成本可能最低，然而，其中的协调工作将更加复杂。

三种产品联合订购和运输时，若每次订货都包含所有三种机型，则联合订购的固定订货成本为

$$S^* = S + S_L + S_M + S_H$$

式中，下标 L、M、H 分别表示低、中、高需求量的产品。

下一步是确定最优订货频率。设 n 为年订货次数，于是

$$年订货成本 = S^* n$$

$$年库存持有成本 = \frac{D_L h C_L}{2n} + \frac{D_M h C_M}{2n} + \frac{D_H h C_H}{2n}$$

因此，年总成本为

$$年总成本 = \frac{D_L h C_L}{2n} + \frac{D_M h C_M}{2n} + \frac{D_H h C_H}{2n} + S^* n$$

将年总成本函数对 n 求一阶导数，并令一阶导数为 0，可以得到使年总成本最小化的最优订货频率。最优订货频率用 n^* 表示，则

$$n^* = \sqrt{\frac{D_L h C_L + D_M h C_M + D_H h C_H}{2S^*}}$$

可以被推广至一个订单中包含 k 种产品的情形：

$$n^* = \sqrt{\frac{\sum_{i=1}^{k} D_i h C_i}{2S^*}}$$

在这种情形下，通过比较最优订货频率 n^* 下的总负荷与货车运载能力，还能对货车的运载能力进行统筹考虑。如果最优载货量超过了货车的运载能力，就需要增大 n^* 直到载货量与货车运载能力相等。通过将不同的 k 值代入公式，可以确定在一次交付中联合运输的产品种类或供应商的最优数量。

6.3 供应链中的安全库存

6.3.1 安全库存在供应链中的作用

安全库存是在给定期间内，为了补偿实际需求超出预期需求而额外持有的库存。持有安全库存的主要原因是需求的不确定性。在供应链管理中，预测需求是一项复杂的任务，而且实际需求往往会偏离预测值。如果实际需求量超过需求预测值，就会导致产品短缺，这可能对零售商造成销售损失和顾客满意度下降等影响。

以滔搏运动（TOPSPORTS）为例，这是一家知名的体育用品零售商，销售各种国际知名品牌的运动鞋。由于运动鞋的时尚性和季节性，其需求量存在一定的波动性。为了应对这种波动性并降低缺货风险，滔搏运动的店面经理在订货策略中考虑了安全库存。

考虑到从品牌方进货的运输成本以及销售波动性，滔搏运动的店面经理决定每次订货的批量为 1200 双运动鞋。这个订货批量是在权衡了订货成本和库存成本之后得出的最优解。同时，滔搏运动平均每周运动鞋的需求为 300 双，而品牌方需要两周的时间来交付订单。如果市场需求稳定，即每周恰好售出 300 双运动鞋，那么滔搏运动的店面经理在店内运动鞋还剩 600 双时，就会发出采购订单。这样，新一批订货恰好在上一批运动鞋售完时到达，实现了库存的周转。

然而，实际需求总是存在波动和预测误差。在某些情况下，由于时尚潮流、促销活动或突发事件的影响，运动鞋的需求量可能会突然增加。如果某几周的实际需求量高于600 双，那么滔搏运动就可能会面临缺货的情况。缺货不仅会导致销售损失，还会影响

顾客满意度和品牌形象。

为了避免这种情况，滔搏运动的店面经理决定在店内还剩 700 双运动鞋时，就向品牌方订货。这样，即使需求量出现波动，也只有当两周内的需求量超过 700 双时，才会出现缺货。这种策略提高了产品的可获得性，降低了缺货风险。

假设运动鞋每周的平均需求量仍然为 300 双，那么当补充订货到达时，运动鞋剩余的平均库存为 100 双。这 100 双就是滔搏运动为应对需求不确定性而持有的安全库存。安全库存的设置使得滔搏运动在面对需求波动时能够有更好的应对能力，减少了因缺货而导致的销售损失和顾客不满。

因此，在考虑安全库存的情况下，滔搏运动的平均库存是其周转库存（1200 双 /2=600 双）与安全库存（100 双）之和，即 700 双。这个库存水平既保证了足够的库存量以满足顾客需求，又控制了库存成本，实现了库存管理的优化。

这个例子展示了安全库存是如何帮助零售商应对需求不确定性的。通过持有额外的库存，滔搏运动可以降低缺货的风险，从而保护其销售收入和顾客满意度。同时，这也体现了在供应链管理中考虑安全库存的重要性。

从图 6-4 看出，滔搏运动的平均库存是其周转库存与安全库存之和。

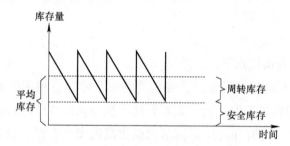

图 6-4　置有安全库存时的库存状态图

供应链管理者在设置安全库存时必须权衡利弊。一方面，增加安全库存能够提高产品可获得性，使公司从顾客购买中获利。另一方面，提高安全库存会增加库存持有成本。上述问题在产品生命周期很短并且产品需求极不稳定的行业尤为突出。库存过多可以帮助企业应对需求波动，但如果新产品上市，库存的旧产品的市场就会萎缩，公司的利益就会受到损害。在这种情况下，现有的库存就毫无价值了。

在如今的商业环境下，顾客在各个商店中寻找可供商品变得越来越容易。当顾客在网上购书时，如果他购买的书在亚马逊网上书店脱销，那么他可以很容易地查看 Barnes & Noble 网上书店是否有这本书，这使得企业在提高产品可获得性方面面临巨大的压力。与此同时，消费者个性化日趋增强，产品种类日益增多，结果导致市场日趋多样化，个性化产品的市场需求变得更加不稳定和难以预测。产品种类增多以及对企业产品可获得性要求的提高，促使企业持有更多的安全库存。在大多数高科技产品的供应链中，由于产品多样性和高度市场不确定性，安全库存占总库存的比重非常大。

然而，随着产品多样性的增加，产品生命周期也在不断缩短。因此，可能今天还很畅销的产品明天便过时了，这使库存过多的企业成本大增。因此，供应链成功的关键是，在不损害产品可获得性水平的前提下，找到降低安全库存的有效途径。

2008—2009 年经济衰退期间，诺德斯特龙公司、梅西百货公司（Macy's）、萨克斯第五大道精品百货店（Saks Fifth Avenue）的经历，进一步说明了降低安全库存的重要性。由于库存周转速度是其他两个竞争对手的两倍，诺德斯特龙公司的运作明显优于另外两家百货连锁公司。在 2008—2009 年，诺德斯特龙公司持有大约 2 个月的平均需求量的库存，梅西百货公司和萨克斯第五大道精品百货店持有大约 4 个月的库存。诺德斯特龙公司成功的关键就在于其供应链以极少的安全库存向顾客提供高水平的产品可获得性的能力。这一点对 ZARA、沃尔玛和 7-11 便利店的成功也起到了极其重要的作用。

对于任何一条供应链来说，在设置安全库存时，都需要考虑如下三个重要问题：

1）合理的产品可获得性水平应该为多少？

2）要达到希望的可获得性水平，需要设置多少安全库存？

3）采取什么措施，既可降低安全库存，又可提高产品可获得性？

6.3.2 确定合理的安全库存

合理的安全库存由以下两个因素决定：

1）需求和供给的不确定性。

2）期望的产品可获得性水平。

由于需求和供给不确定性增加，企业需要的安全库存也相应提高。让我们来看一下 B&M 公司智能手机的销售情况。当一款新智能手机导入市场时，它的需求具有高度不确定性。因此，B&M 公司持有相对实际需求来说更高的安全库存。随着市场对该款新产品的反应日益清晰，不确定性降低，需求更容易预测。此时，B&M 公司就可以持有相对较低的安全库存。

随着企业期望的产品可获得性水平的提高，需要的安全库存也要相应增加。如果 B&M 公司希望新型智能手机具有更高的可获得性水平，那么就必须对该产品持有更多的安全库存。

下面，我们将讨论测度需求不确定性的一些指标。

1. 需求不确定性的测度

需求包含系统成分和随机成分。预测的目的就是预计系统成分，并且对随机成分进行估计。人们通常用预测误差的标准差来衡量随机成分。我们假设已知 D 为每个时期的平均需求量，σ_D 为每个时期需求的标准差（预测误差）。

这里，我们假设 B&M 公司智能手机每周的需求量服从均值为 D、标准差为 σ_D 的正态分布。虽然需求的标准差并不一定就等同于预测误差，但是在我们的讨论中把两者看成是可以互换的。事实上，安全库存的计算应该是基于预测误差来进行的。

提前期是从发出订单到订货到达之间的时间间隔，用 L 表示。在 B&M 公司的例子中，

L 表示 B&M 公司订购智能手机到手机交付之间的时间间隔。在此例中，B&M 公司在提前期内需要面临需求的不确定性。B&M 公司的库存能否满足所有市场需求，取决于在提前期内市场对产品的需求量以及 B&M 公司在发出补货订单时的库存量。因此，B&M 公司必须预测提前期内的需求不确定性，这里的不确定性不是仅仅指一个周期的需求不确定性。现在，已知每个时期的需求分布，让我们来求解 L 个时期的需求分布。

估计 L 个时期的需求分布：假设第 i 期（$i=1,\cdots,L$）的产品需求服从均值为 D_i、标准差为 σ_i 的正态分布。用 ρ_{ij} 表示第 i 期和第 j 期的需求相关系数。这样，L 个时期的市场总需求服从均值为 D_L、标准差为 σ_L 的正态分布，其中：

$$D_L = \sum_{i=1}^{L} D_i$$

$$\sigma_L = \sqrt{\sum_{i=1}^{L} \sigma_i^2 + 2\sum_{i>j} \rho_{ij}\sigma_i\sigma_j}$$

若 $\rho=1$，则两个时期的需求完全正相关；若 $\rho=-1$，则两个时期的需求完全负相关；若 $\rho_0=0$，则两个时期的需求相互独立。假设 L 个时期的需求都相互独立，且都服从均值为 D、标准差为 σ_D 的正态分布。由上述公式我们得到，L 个时期的总需求服从均值为 D_L、标准差为 σ_L 的正态分布，其中：

$$D_L = DL$$

$$\sigma_L = \sqrt{L}\sigma_D$$

不确定性另一个重要的度量指标是变异系数（Coefficient of Variation，CV），它是标准差与均值的比。假设需求的均值为 μ，标准差为 σ，那么

$$CV = \sigma/\mu$$

变异系数用于衡量不确定性相对于需求的程度大小。用变异系数可以说明：市场需求的均值为 100、标准差为 100 的产品，比均值为 1000、标准差为 100 的产品的市场需求不确定性更高。如果只从标准差的角度来考虑，就不能捕捉到两种产品的不同了。

接下来我们将讨论产品可获得性的一些测度指标。

2. 产品可获得性的测度

产品可获得性反映了一家企业由库存立即满足顾客订单的能力。当企业没有存货时，如果顾客订单到达，就会导致缺货。有多种方法可以对产品可获得性进行测度。以下列出了几个反映产品可获得性的重要测度指标。

（1）产品满足率（Product Fill Rate）　它是指以库存立即满足产品需求的比率，也就是从已有库存满足产品需求的可能性。产品满足率应当以某一指定需求量为考察对象，而不是以时间为考察对象。因此，用每百万单位的需求的满足率，而不是每月的需求满足率来测度更为合适。假设 B&M 公司的库存能为 90% 的顾客提供智能手机，由于库存不足，剩余 10% 的顾客将流失给竞争对手。这时，B&M 公司的产品满足率就为 90%。

（2）订单满足率（Order Fill Rate） 它是指以库存立即满足订单的比率。订单满足率应当以某一指定的订单数量为考察对象，而非时间。在多产品的情况下，只有当库存能够供应订单的所有产品时，才能称库存满足了该订单的要求。在 B&M 公司的案例中，一个顾客可能同时订购一部手机和一台笔记本计算机。只有当库存能够同时提供手机和笔记本计算机时，该订单才被满足。订单满足率通常低于产品满足率，这是因为一份订单被满足的前提是库存必须能提供所有该订单需要的产品。

（3）周期服务水平（Cycle Service Level，CSL） 它是指顾客所有需求都得到满足的补货周期占所有补货周期的比重。补货周期是指连续两次补充库存的时间间隔。CSL 相当于一次补货周期内不出现缺货的概率。CSL 应当以指定的补货周期次数为参考对象。如果 B&M 公司补货订购 600 部智能手机，连续两批次补货到达的间隔就是一个补货周期。如果 B&M 公司的管理人员在管理库存的过程中，使得公司在 10 个补货周期中有 6 个周期不出现缺货，那么公司的 CSL 就为 60%。我们发现，60% 的 CSL 通常对应着更高的满足率。B&M 公司 60% 的补货周期不会出现缺货，这期间，库存可以满足所有顾客的产品需求。而另外 40% 的补货周期会出现缺货情况，在此期间，大多数的顾客需求还是可以通过库存满足的，只有一小部分在 B&M 公司补货周期快结束、库存用尽后到达的顾客需求订单损失掉了。因此，满足率远远高于 60%。

在单一产品情况下，产品满足率和订单满足率之间的差别并不明显。然而，当企业经营多种产品时，两者之间的差别就会很明显。例如，如果大多数订单包括 10 种或 10 种以上的不同产品，那么只要有一种产品缺货就会导致订单无法满足。在这种情况下，即使公司的产品满足率很高，订单满足率也可能很低。如果顾客重视整个订单的同时满足，那么跟踪订单满足率就非常重要。

补货策略包括何时提出补充订货及每次订货多少的决策。这些决策决定了产品满足率、CSL，以及周转库存和安全库存。补货策略可以采取多种形式，我们在这里只关注以下两种类型：

（1）连续盘点（Continuous Review） 这种方法是随时检查库存量，当库存下降至再订货点（Reorder Point，ROP）时，就发出批量为 Q 的订货。例如，假设 B&M 公司的店面经理连续观测智能手机的库存量，当库存低于 400 部时，他就订购 600 部智能手机。在这种情况下，每次的订货数量不变。然而在需求变动的情况下，相邻两次补充订货的时间间隔会有变化。

（2）周期盘点（Periodic Review） 这种方法是按照预先规定的时间间隔定期对库存进行盘点，并随即提出订货，将库存水平补充到指定目标库存量。让我们来看 B&M 公司采购胶卷的例子。店面经理不是连续地检查胶卷库存，而是每周四对胶卷库存进行检查，并订购足够的胶卷以使得现有库存和补充订货量的总和达到 1000。这样，订货的时间间隔是固定的。然而在需求不断变动的情况下，每次订货的批量会出现波动。

虽然这两种补货策略不够全面，但足可以用来阐述与安全库存相关的主要管理问题。

现在，我们讨论在给定补货策略的情况下计算 CSL 和满足率的步骤。连续盘点策略就是，当持有库存下降至 ROP 时，按订货批量 Q 进行订货。假设每周的需求服从正态分布，且均值为 D，标准差为 σ_D，补货提前期为 L 周，计算给定补货策略下的安全库存。

在 B&M 公司的例子中，安全库存就是补货订单到达时库存中剩余的智能手机的平均数量。假设提前期为 L 周，且平均周需求量为 D，可得

$$\text{提前期内的期望需求} = DL$$

假设当手机的现有库存下降到 ROP 时，店面经理发出补货订单，于是

$$\text{安全库存} = ROP - DL$$

这是因为，在订单发出到订货到达这段时间内，平均有 DL 部手机售出。因此，当补充订货到达时，平均库存为 ROP-DL，正好下降到安全库存水平。

6.3.3 供给不确定性对安全库存的影响

我们前面的讨论，都是聚焦于以预测误差形式表示的需求不确定性。其实，在许多实际情况中，供给不确定性也会产生很大的影响。2007 年 1 月集装箱货船 MSC Napoli 在英国南海岸搁浅的事故充分说明了供给不确定性的影响。这艘集装箱货船装载有 1000 多吨金属镍，镍是不锈钢的关键组成成分。1000 吨镍几乎占到全球仓库中储存的金属镍总量（5052 吨）的 20%。这次镍金属供货的延迟导致市场上缺货严重，使得 2007 年 1 月前 3.5 周镍的价格上涨了 20%。很多因素都会导致供给不确定性，如生产延迟、运输延迟和质量问题等。在计划安全库存时，供应链必须考虑供给的不确定性。

在本小节的讨论中，我们将供给不确定性也考虑进来。我们假设补货提前期是不确定的，并识别提前期对安全库存的影响。假设每个时期顾客对戴尔 PC 的需求、零部件供应商的补货提前期都服从正态分布。已知 D 为每个时期的平均需求量；σ_L 为每个时期需求的标准差；L 为平均补货提前期；s_L 为提前期的标准差。

假设戴尔采取连续盘点策略管理零部件库存，我们考虑这种情况下该公司需要的安全库存。如果提前期内的需求超过 ROP（ROP 是戴尔发出补货订单时持有的库存），戴尔的零部件就会缺货，因此，我们需要确定提前期内顾客需求的分布情况。假设提前期内的需求和周期性需求都是不确定的，那么，提前期内的需求服从均值为 D_L、标准差为 σ_L 的正态分布，其中

$$D_L = DL$$

$$\sigma_L = \sqrt{L\sigma_D^2 + D^2 s_L^2}$$

已知提前期内需求的分布和期望的 CSL，就能得出戴尔所需的安全库存。如果产品可获得性用满足率表示，按照例 6-1 给出的步骤就能算出戴尔所需要的安全库存。

例 6-1：提前期的不确定性对安全库存的影响。

戴尔 PC 的需求量服从正态分布，且均值为 2500 台，标准差为 500 台。PC 装配过程

中的一个关键零部件是硬盘。戴尔的硬盘供应商的平均补货提前期为 7 天。戴尔对其硬盘库存设定的 CSL 为 90%（满足率接近 100%）。如果提前期的标准差为 7 天，计算戴尔必须持有的硬盘安全库存。戴尔正与供应商合作以将提前期的标准差降为 0 天。如果上述目标实现，计算戴尔的安全库存会降低多少。

分析：

已知：每个时期的平均需求量 D=2500 台；每个时期需求的标准差 σ_D=500 台；平均补货提前期 L=7 天；提前期的标准差 s_L=7 天。

我们首先计算提前期内的需求分布，可得提前期内的平均需求量：

$$D_L=DL=2500\times7=17500$$

提前期内需求的标准差：

$$\sigma_L = \sqrt{L{\sigma_D}^2 + D^2 {s_L}^2}$$
$$= \sqrt{7\times500^2 + 2500^2\times7^2} = 17550$$

所需的安全库存如下：

$$SS = F_S^{-1}(CSL)\,\sigma_L$$
$$=NORMSINV（CSL）\sigma_L$$
$$=NORMSINV（0.90）\times17550$$
$$=22491$$

式中，$F_S^{-1}(p) = F^{-1}(p, 0, 1)$ 为标准正态分布的反函数；NORMSINV 函数的作用是返回标准正态累积分布函数的反函数值，可用 Excel 中的函数求解计算，$F_S^{-1}(p)=NORMSINV（p）$。

如果提前期的标准差为 7 天，戴尔必须持有硬盘的安全库存为 22491 个，这相当于约 9 天的硬盘需求量。

表 6-1 中给出了戴尔通过与供应商合作将提前期标准差（s_L）从 6 天降低至 0 天时所需的安全库存。可以看出，减小提前期不确定性可使戴尔的硬盘安全库存显著下降。随着提前期的标准差由 7 天降为 0 天，安全库存也由相当于 9 天的需求量降为不超过 1 天的需求量。

表 6-1　所需安全库存取决于提前期的不确定性

s_L	σ_L	SS/ 个	SS/ 天
6	15058	19298	7.72
5	12570	16109	6.44
4	10087	12927	5.17
3	7616	9760	3.90
2	5172	6628	2.65
1	2828	3625	1.45
0	1323	1695	0.68

以上例子强调了提前期的变化对安全库存（进而对材料流动时间）的影响，以及减小提前期变化或提高准时配送带来的巨大潜在利益。通常，现实中对安全库存的计算不包括对供给不确定性的度量，这导致得到的库存水平比实际需要的低，从而降低了产品可获得性。

现实中，供货提前期的变化往往是由供应商和收货方双方的行为导致的。有时，供应商使用的生产计划工具非常落后，导致其制定的生产计划难以执行。现在，大部分的供应链计划软件包中都有很好的生产计划工具，使供应商可以向顾客承诺准确的提前期，从而有助于降低提前期的不确定性。另外，发出订单一方的行为通常也会增加提前期的不确定性。这其中的一种情况是，分销商在一周的同一天向所有的供应商发出采购订单，结果，所有供应商的送货都在这一周的同一天到达。送货的蜂拥而至使得分销商无法在货物到达当天完成所有货物的入库登记，从而使人感觉提前期很长且不断变化。那么，只要将订单平均放在一周的不同时间发出，提前期长度和提前期的变化就会显著减小，从而有助于分销商削减安全库存。

接下来，我们将讨论集中策略如何降低供应链的安全库存。

6.3.4　集中策略对安全库存的影响

现实中，不同供应链的库存集中水平存在显著差异。例如，知名的服装零售商 ZARA 通过其遍布全球的实体店面销售时尚服饰，并在这些店面设立库存，以便快速响应时尚潮流和顾客需求。相比之下，电商巨头阿里巴巴则依靠其庞大的物流网络和少数几个大型仓库来完成所有商品的存储和配送，实现了库存的高度集中和高效管理。在食品零售行业，便利店品牌全家（Family Mart）以其密集布局的小型店面而著称，这些店面遍布城市的大街小巷，为顾客提供便捷的购物体验。然而，与全家形成鲜明对比的是，大型超市如沃尔玛通常拥有更大的店面面积和更丰富的商品种类，但店面数量相对较少，布局也不那么密集。在汽车制造行业，特斯拉采用了直销模式，通过少数几个大型工厂和配送中心来完成汽车的生产和配送，实现了库存的高度集中和定制化生产。而传统汽车制造商如丰田则依靠庞大的经销商网络和多个生产基地来分销其产品，库存相对更加分散。

这里我们的目的是，了解前面提到的各个事例中集中策略会对预测的准确性和安全库存产生怎样的影响。假设有 k 个地区，每个地区的需求都服从正态分布：

D_i：地区 i 平均每周的需求量，$i=1,\cdots,k$;

σ_i：地区 i 每周需求量的标准差，$i=1,\cdots,k$;

ρ_{ij}：地区 i 与地区 j 每周需求量的相关性，$1 \leqslant i \neq j \leqslant k$。

有两种方法可以满足 k 个地区的需求：一种是在每个地区设立本地库存，另一种是把所有库存集中到一个中央设施中。我们的目标是对比两种情况下的安全库存。设补货提前期为 L，期望的周期服务水平为 CSL，如果全部的库存都集中在一个中央设施中，我们首先需要估算集中后总需求的分布情况。集中后的总需求服从正态分布，其均值 D^C、标准差 σ_D^C 和方差 var（D^C）的计算如下：

$$D^C = \sum_{i=1}^{k} D_i$$

$$\text{var}\,(D^C) = \sum_{i=1}^{k} \sigma_i^2 + 2\sum_{i>j} \rho_{ij}\sigma_i\sigma_j$$

$$\sigma_D^C = \sqrt{\text{var}\,(D^C)}$$

如果全部 k 个地区的需求相互独立（$\rho_{ij}=0$）且分布相同，分布的均值为 D，标准差为 σ_D，则公式可简化为

$$D^C = kD$$

$$\sigma_D^C = \sqrt{k}\,\sigma_D$$

可求得中央设施所需的安全库存为

$$\text{集中策略下需要的安全库存} = F_S^{-1}(\text{CSL})\sqrt{L}\,\sigma_D^C$$

集中策略所带来的单位销售量的库存持有成本的节约，可以通过将库存持有成本的节约额除以总需求量 kD 得出。如果用 H 表示单位持有成本，集中策略所带来的单位销售量的单位成本节约为

$$\text{库存持有成本节约} = \frac{F_S^{-1}(\text{CSL})\sqrt{L}\,H}{D^C}\left(\sum_{i=1}^{k}\sigma_i - \sigma_D^C\right)$$

差值 $\sum_{i=1}^{k}\sigma_i - \sigma_D^C$ 受相关系数 ρ_{ij} 的影响。当相关系数接近 −1 时（负相关），差值就大；当它接近 +1 时（正相关），差值就小。只要相关系数小于 1，集中产生的库存节约就为正。因此，我们可以得出以下有关集中策略价值的结论：

1）集中策略带来的安全库存节约随期望周期服务水平的提高而增加。

2）集中策略带来的安全库存节约随补货提前期的增加而增加。

3）集中策略带来的安全库存节约随单位持有成本的增加而增加。

4）集中策略带来的安全库存节约随相关系数的增加而减小。

在例 6-2 中我们详细展示了集中策略带来的安全库存的节约，以及相关系数对库存节约的影响。

例6-2：相关性对集中策略价值的影响。

一家宝马汽车经销商有 4 家零售店，服务于整个芝加哥地区（分散策略）。每家零售店每周的需求量服从正态分布，且分布均值为 $D=25$ 辆，标准差为 $\sigma_D=5$ 辆。制造商的补货提前期为 $L=2$ 周。每家店铺负责一个独立的区域，两个不同区域之间的市场需求相关系数为 ρ。经销商正在考虑将 4 家零售店整合成一家零售店的可能性（集中策略）。假设集中后，中央店铺的需求为 4 个区域的需求量之和。经销商 CSL 的目标值为 0.90。当相关系数 ρ 的值在 0 ～ 1 之间变动时，比较两种策略下的安全库存。

分析：

当每个区域的需求相互独立（即 $\rho=0$）时，我们给出如下详细分析。

对每家零售店，已知每周需求量的标准差 $\sigma_D=5$ 辆，补货提前期 $L=2$ 周相互独立，因此 $\rho=0$。可得集中后每周总需求量的标准差：

中央店铺每周需

$$\sigma_D^C=\sqrt{k}\ \sigma_D=\sqrt{4}\ \times 5\ 辆=10\ 辆$$

求量的标准差：当 CSL 为 0.90 时，集中策略所需的安全库存为

$$SS=F_S^{-1}(CSL)\sqrt{L}\ \sigma_D^C$$
$$=NORMSINV（0.90）\times\sqrt{2}\ \times 10\ 辆$$
$$=18.12\ 辆$$

可以求得在不同 ρ 值下分散策略和集中策略分别需要的安全库存，见表 6-2。通过观察我们可以发现，除非所有区域的需求都完全正相关，否则分散策略的安全库存比集中策略的安全库存高。不同区域需求的正相关性越大，集中策略的收益就越小。

表 6-2　分散策略和集中策略下的安全库存

ρ	分散策略下的安全库存	集中策略下的安全库存
0	36.24	18.12
0.2	36.24	22.92
0.4	36.24	26.88
0.6	36.24	30.32
0.8	36.24	33.41
1.0	36.24	36.24

在分散策略下，CSL 为 0.90 时 4 家店铺需要的总安全库存为

$$SS=k\ F_S^{-1}(CSL)\sqrt{L}\ \sigma_D^C$$
$$=4\times F_S^{-1}（0.9）\times\sqrt{2}\ \times 5\ 辆$$
$$=4\times NORMSINV（0.9）\times\sqrt{2}\ \times 5\ 辆$$
$$=36.24\ 辆$$

例 6-2 以及前面的讨论表明，只要所集中的需求非完全正相关，集中策略就能够降低需求不确定性，以及所需安全库存。大多数产品在不同区域间的需求都是非完全正相关的。一些产品，如燃油在某地区的需求可能与邻近其他区域的需求正相关。相反，另一些产品，如牛奶和糖，它们在不同地区的需求相关性可能较低。如果不同地区的需求在规模接近的同时又相互独立，那么集中后的安全库存就是原有安全库存除以所集中地区数目的平方根。换句话说，如果相互独立的库存区域数量下降了 n，则所需平均安全库存将下降 $\sqrt{n}$。该原则被称为平方根原则。图 6-5 用一条曲线直观地解释了该原则。

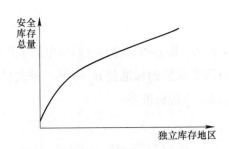

图 6-5 平方根法则

许多网上零售商通过集中策略降低了库存。世界最大的在线钻石珠宝销售商 Blue Nile 从一个仓库为全美供货。因此，与蒂芙尼和 Zales 那些在每个零售店都保有库存的珠宝连锁店相比，它拥有较低的钻石库存。

然而在某些情况下，将库存集中到一个地方并不一定是最优选择。将所有库存集中到一个地方主要可能带来以下两方面的负面影响：

1）延长了对顾客订单的响应时间。

2）增加了到顾客的运输成本。

这两个负面影响都是由于集中策略加大了库存与消费者之间的平均距离而造成的。在这种情况下，要么顾客要跑更远路程以获取产品，要么产品需要运送更长的一段距离以到达消费者。例如，像 GAP 这样的零售连锁店，可以选择建立许多小型零售店，也可以选择建立几家大型商店。GAP 趋向于在一个地区拥有许多均匀分布的小型零售店，因为该策略能够缩短顾客到各零售店的距离。如果 GAP 只有一个大型中央店铺，顾客到店铺的平均距离就会增加，并因此使响应时间延长。另一个例子是 McMaster-Carr 公司，这是一家 MRO 产品的分销商。McMaster-Carr 公司选择 UPS 运送产品给顾客。由于运费取决于运输的距离，只拥有一个中心仓库会增加平均运输成本和企业对顾客的响应时间，因此，McMaster-Carr 公司设立了 5 个仓库，以确保向美国大部分地区提供次日送达服务。亚马逊发展初期仅在西雅图设立了一个仓库，但随着业务的发展，它又在美国的其他地区增设了许多仓库，以缩短对顾客的响应时间，降低运输成本。

6.4 基于供应链运行的库存协调管理

6.4.1 供应链协调问题的提出

随着全球经济一体化的深入发展，供应链作为连接生产者与消费者的桥梁，其协调性与效率直接影响到企业的竞争力和市场响应速度。然而，在复杂的供应链网络中，各种不协调现象频繁出现，严重制约了供应链的整体效能。特别是在库存管理环节，不合理或低效的库存控制策略往往进一步加剧了供应链的不稳定性。本节旨在深入探讨供应链协调中的四大核心问题，同时关注其在库存控制方面的影响与挑战。通过对这些问题的深入分析，我们期望能够为供应链管理的优化提供理论参考与实践指导，帮助企业实现更高效、更稳定的供应链运行，进而提升市场竞争力和顾客满意度。

1. 供应链中的"牛鞭效应"

（1）"牛鞭效应"现象描述　当供应链的各节点企业只根据来自其相邻的下级企业的需求信息进行生产或供应决策时，需求信息的不真实性会沿着供应链逆流而上，使得订货量产生逐级放大现象，到达源头供应商时，其获得的需求信息和实际消费市场中的顾客需求信息发生了很大的偏差，需求变异将实际需求放大了。这种越往上游需求波动越大的现象称为"长鞭效应"或"牛鞭效应"。

（2）"牛鞭效应"产生的原因

1）需求预测修正。当供应链上游企业仅依靠下游的订单数据进行市场需求预测时，因订单数据失真，导致预测偏离真实市场情况，即产生需求放大。下游企业在向上游传递订单时，可能会因为自身的库存管理策略、销售波动、促销活动等因素，使得订单数据并不能真实反映市场需求。当上游企业接收到这样的订单数据并进行预测时，就会误判市场需求，可能导致过度生产或库存积压，进而造成资源浪费和成本增加。

2）产品定价销售策略导致订单规模的变动性。在供应链中，企业常常会采用各种促销策略来吸引消费者，如限时折扣、数量折扣等。这些策略虽然能有效提升短期销量，但也可能导致订单规模的剧烈波动。

具体来说，当企业推出促销活动时，消费者可能会因为价格优惠而大量购买，导致订单量激增。而在促销活动结束后，订单量则可能迅速回落。这种由促销策略引发的订单规模变动，会使得供应链上的企业难以准确预测需求，从而导致库存积压或短缺，进而影响供应链的整体效率。

3）分摊订货成本。当下游企业为了降低订货成本而选择批量订货时，他们可能会基于对未来需求的预测或估计来确定订货量。由于预测的不准确性，下游企业可能会过度订货以确保库存充足，避免缺货。这种过度订货的行为会导致订单规模的波动性和不确定性增加。

当上游企业接收到这种波动性较大的订单时，他们同样会面临订货成本的问题。为了降低自身的订货成本，上游企业也可能会选择批量生产，进一步放大订单规模的波动。这种逐级放大的效应会导致供应链上游的订单规模与市场需求之间的偏差越来越大，即产生牛鞭效应。

4）补给供货期延长。补给供货期的延长导致从订单发出到产品交付的时间增加，期间市场需求可能发生变化。下游企业因担忧补给不及时，会基于预测提前增加订单量，以确保库存，这增加了订单规模的波动性和不确定性。上游企业面临这种波动性较大的订单时，由于供货期延长，生产和交付准备时间增加，订单处理不确定性也随之增加。为应对此不确定性，上游企业可能选择增加生产或库存，以确保按时交付，这种逐级放大效应导致上游订单规模与市场需求偏差越来越大。

5）配给与短缺之间博弈。当供应链面临短缺风险时，上游企业需权衡多重因素决定是否对下游配给产品。配给可能导致下游企业订单无法满足，影响其销售和市场份额。为应对这种情况，下游企业会努力争取更多供应量。但这种博弈易导致供应链不稳定和效率低下，影响响应速度和客户满意度，同时可能增加成本和库存风险。

（3）"牛鞭效应"的缓解方法

1）提高供应链企业对需求信息的共享性。

2）科学确定定价策略。

3）提高营运管理水平，缩短提前期。

4）提高供应能力的透明度。

5）建立战略合作伙伴关系。

2．"曲棍球棒"现象

（1）"曲棍球棒"现象及产生的原因 "曲棍球棒"现象指在某一个固定的周期（月、季或年）前期销量很低，到期末销量会有一个突发性的增长，而且在连续的周期中，这种现象会周而复始，其需求曲线的形状类似于曲棍球棒，因此在供应链管理中被称为"曲棍球棒"（Hockey-stick）现象。

1）不科学的商品促销。当企业为了短期提升销量而频繁进行促销活动时，消费者可能会在这些促销活动期间集中购买，导致销量急剧上升。而在促销活动结束后，销量则可能迅速下降。这种由促销策略引发的销量波动，使得销售数据呈现出类似曲棍球棒的形状，即一段时间内销量极高，随后迅速回落，并周而复始。

2）销售人员的周期性考核和激励策略。为了达成考核目标或获得激励，销售人员可能会在考核周期结束前集中进行销售冲刺，导致销量在短时间内急剧上升。而在考核周期结束后，由于激励减少或压力减轻，销量可能会迅速下降。

3）总量折扣政策。这种策略虽然能够在一定程度上提升销量，但也可能导致销量的不稳定和波动。当客户为了达到总量折扣的门槛而集中购买时，销量会在短时间内急剧上升。而在达到门槛后，由于价格优惠的减少或消失，客户可能会减少购买量，导致销量迅速下降。

（2）"曲棍球棒"现象对公司营运的影响

1）订单不均。订单不均现象表现为期初几乎收不到订单，而期末订货量大幅度增加。期初订单稀少导致生产能力闲置，资源利用不足；而期末订单激增则可能超出生产能力，导致供应短缺和交货延迟。订单不均还可能引发生产计划的不稳定，使得企业难以准确预测和满足市场需求，进而影响客户满意度和忠诚度。

2）库存增大。由于企业按每月的最大库存量而非平均库存量来建/租仓库，高库存不仅增加了仓储成本，还可能导致资金占用过多，影响企业的资金流。此外，过多的库存还可能增加过期、损坏或丢失的风险，进一步增加企业的成本负担。

3）资源闲置与紧张并存，费用增加，服务降低。资源在期初时闲置，而在期末时短缺，这种不均衡的资源利用模式导致企业需要从外部寻求支持，从而增加了加班和物流费用。同时，由于资源紧张，差错率增加，送货延误，服务水平降低，进一步影响了客户满意度和企业的声誉。这种不均衡的资源利用不仅增加了企业的运营成本，还可能对企业的长期竞争力造成负面影响。

4）终端客户流失。生产能力在期初时闲置，而在期末时供应短缺，当客户在无法得到及时的产品供应时，他们可能会转向其他供应商，导致终端客户的流失。客户流失不仅意味着销售收入的减少，还可能影响企业的市场份额和品牌形象，对企业的长期发展造成不利影响。

（3）缓解"曲棍球棒"现象的方法

1）天天低价。通过维持稳定的低价策略，可以减少消费者在特定时期（如促销期末）的囤货行为，从而平滑销量曲线。天天低价策略有助于培养消费者的持续购买习惯，降低销量波动性。

2）采用总量折扣和定期对部分产品降价相结合的方法。这种方法结合了两种促销手段，既能激励经销商增加采购量以获得总量折扣，又能通过定期降价吸引经销商分散采购。这样可以在不造成销量突增的情况下，促进销售增长，有助于缓解"曲棍球棒"现象。

3）对不同的经销商采取不同的统计和考核周期。根据经销商的销售能力和市场特点，制定个性化的统计和考核周期，可以避免所有经销商在同一时间集中采购。这种差异化策略有助于分散销售压力，减小销量波动性。

4）与经销商共享需求信息和改进预测方法。通过共享需求信息，经销商可以更好地了解市场需求趋势，从而更准确地制定采购和销售计划。同时，改进预测方法可以提高供需匹配的精准度，减小因预测不准导致的销量波动。

5）根据每期经销商的实际销量提供折扣方案。根据经销商的实际销量提供个性化的折扣方案，可以激励他们更平稳地销售产品，不会过量集中采购。这种动态折扣策略有助于引导经销商更合理地安排采购节奏。

6）科学制定浮动薪酬条例，并为发放奖金制定约束条件。通过科学制定浮动薪酬条例，并将奖金与销售人员的销售表现挂钩，可以激励他们更积极地推广产品。同时，为奖金发放制定约束条件可以防止销售人员为了获得奖金而在某一时期过度压货或冲销量，有助于维护销量的稳定性。

3. 双重边际效应与物料齐套比率差现象

（1）双重边际效应　双重边际（Double Marginalization）效应是供应链上、下游企业为了谋求各自收益最大化，在独立决策的过程中确定的产品价格高于其生产边际成本的现象。

双重边际效应的产生主要是由于供应链中的各个成员在追求自身利益最大化的过程中，受信息不对称、缺乏有效协调与合作机制，以及市场力量等的影响。这些因素共同作用，使得每个成员在决策时倾向于做出对自己最有利的选择，而不是考虑整个供应链的最优解。这种个体利益最大化的行为导致了供应链中各个环节之间的冲突和摩擦，进而产生了双重边际效应，即每个成员在决策时都可能对产品或服务进行加价，以实现自身的利润最大化，最终影响了供应链的整体效益。

企业通过签订供应链收益共享契约来协调双方的利益，是一种有效的缓解双重边际效应的方法。这种契约能够使得供应链中的各个成员在追求自身利益的同时，也考虑到整个供应链的最优效益。通过共享收益，企业可以更加紧密地合作，共同面对市场的不确定性和风险。这样，每个成员在决策时就会更加倾向于做出对整个供应链有利的选择，而不是仅仅考虑自身的利益。因此，签订供应链收益共享契约有助于减少供应链中的冲突和摩擦，降低双重边际效应的产生，从而提升整个供应链的竞争力和盈利能力。

（2）物料齐套比率差现象　制造商的上游有多家零部件供应商，只有当各零部件供应商按制造商生产要求，准时提供所需部件的种类和数量时，制造商才能开展生产。只要有一家供应商延迟供货，或者所提供零部件的数量、类型与制造商生产所需不匹配，就会导致制造商生产的中断。当出现这种不匹配时，就产生了物料齐套比率差问题。

1）产生原因。

① 单个供应商自主配送：这种方式缺乏整体协调，每个供应商根据自己的计划和资源安排配送，可能与制造商的生产计划不匹配，影响物料的及时到达和齐套性。同时，单个供应商在面对风险时的应对能力相对有限，一旦出现问题，可能无法及时调整配送计划，进而影响物料齐套比率。

② 不同物料配送时间不同步：这种情况增加了供应链的复杂性，制造商需要花费更多精力来跟踪和管理各个物料的到货情况，加大了物料齐套管理的难度。而且，关键物料的延迟到达可能导致生产线待工，影响生产效率和产能，而非关键物料的提前到达则可能增加库存成本和管理难度。

③ 配送数量不同步：这会导致库存积压与短缺并存的问题。部分物料可能因过量配送而积压库存，而另一部分物料则可能因配送不足而短缺。这种不平衡状态不仅增加了库存成本，还可能影响生产计划的执行，降低整体的成本效益。

④ 配送地点不同步：如果不同物料的配送地点分散，物流运输路线可能不够优化，导致运输成本增加且配送时间延长，直接影响物料的齐套比率。同时，这也增加了制造商在多个地点接收和管理物料的复杂性和难度，以及物料在运输和存储过程中出现损失或损坏的风险。

2）缓解方法。将不同供应商物料事先存放在离生产节点较近的集配中心；集配中心根据用料需求，按一定比例关系，对物料进行集配；最后将集配好的物料送到生产的节点，如图6-6所示。

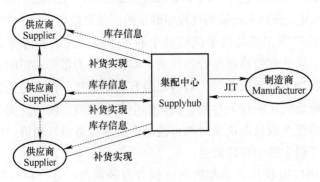

图6-6　基于集配中心的供应链协同运作模式

优点：

1）物料提前配套，避免多种物料间的不匹配，物料齐套比率差问题得到缓解。

2）有助于提高库存与生产间的物料信息透明度，提高库存精准度，减少冗余库存。

3）支撑 JIT 制造，实现按需生产。

6.4.2　供应链激励问题

供应链激励问题的提出，源于现代企业在全球化市场竞争中面临的日益复杂的挑战与机遇。随着供应链管理理论的深入发展与实践应用的不断拓展，人们逐渐认识到，仅仅依靠传统的控制与协调手段已难以充分激发供应链各节点的活力与潜力，更难以实现供应链整体的最优化运作。因此，供应链激励问题应运而生，成为当前供应链管理中亟待解决的关键议题。

在全球化背景下，供应链跨越不同国家和地区，涉及众多参与主体，包括供应商、生产商、分销商、零售商，以及最终消费者等。这些主体在追求自身利益最大化的同时，也需协同合作以满足市场需求、应对不确定性风险。然而，由于信息不对称、利益分配不均、信任缺失等问题，供应链各节点间往往存在合作障碍，影响了供应链的整体效能与竞争力。

以下是关于供应链激励问题的一个例子。

单周期产品供应链系统的激励问题实例：时尚服饰品牌新品发布。

1. 背景描述

在快速变化的时尚界，某知名服饰品牌计划于下一季度推出一系列具有高度市场敏感性和时效性的新品。这些产品的生命周期短暂，预期销售周期仅为一个季度。为了确保新品能够快速响应市场需求，同时有效控制库存成本，该品牌构建了一个高效的单周期产品供应链系统，并特别关注供应链激励问题的设计与实施。

2. 供应链构成

除品牌方外，该供应链系统由以下关键节点构成：

（1）供应商　与多家面料和辅料供应商建立紧密的合作关系，确保原材料的稳定供应和灵活性。

（2）生产商　拥有快速响应的生产线，能够根据市场需求的变化及时调整生产计划。

（3）分销商　遍布全国的销售网络，包括实体店和电商平台，负责将产品推向市场。

3. 激励机制设计

为了激励供应链各节点积极合作、共享信息并协同应对市场挑战，品牌方设计了以下激励机制：

（1）共享收益契约　与供应商和生产商签订共享收益契约，约定在销售季节结束后，根据最终销售额的一定比例分享利润。这一机制激励供应商和生产商降低销售成本、提高产品质量、加快生产速度，因为他们的收益与最终销售成果直接相关。

（2）数量折扣与柔性合同　为鼓励分销商积极订货，品牌提供数量折扣，并根据市场预测提供柔性合同选项。这允许分销商在一定范围内调整订单量，以减小库存积压风险。

（3）信息共享与协同预测 建立信息共享平台，实时共享销售数据、库存信息和市场预测。这有助于供应链各节点协同制定生产和销售计划，提高供应链的响应速度和准确性。

（4）绩效奖励与惩罚 设定明确的绩效指标，如准时交货率、产品质量合格率等。对表现优异的供应链成员给予奖励，如额外利润分成、长期合作机会等；对未达标的成员则采取相应惩罚措施，如罚款、减少订单量等。

4. 实施效果

通过上述激励机制的设计与实施，该时尚服饰品牌的新品发布供应链系统取得了显著成效：

1）供应链响应速度加快，新品能够快速上市满足市场需求。

2）库存成本得到有效控制，减少了因过剩库存导致的损失。

3）供应链成员间的合作更加紧密，信息共享水平提升，整体效能增强。

4）客户满意度提高，品牌市场份额稳步增长。

6.4.3 供应契约的提出

在供应链管理的精妙机制中，供应契约作为一项核心策略，犹如纽带般紧密连接着供应链上的各个节点企业，共同编织出一幅高效协同的商业图景。供应契约，简而言之，是一种精巧设计的合作协议，其核心在于通过合理的条款设置，有效遏制合作双方的机会主义倾向，促进深度互信与紧密合作。这一机制不仅确保了订单交付的准确无误与产品质量的持续稳定，更在提升用户满意度、降低供应链整体成本，以及增强供应链及其各成员企业绩效方面展现出非凡的效能。

尤其是在库存控制的领域，供应契约发挥着不可替代的作用。它促使供应链上下游企业基于共同的目标与利益考量，协同规划库存管理策略，实现信息的透明共享与需求的精准预测。通过预先约定的补货规则、库存分担机制及风险共担条款，供应契约有效缓解了因信息不对称导致的牛鞭效应，减少了不必要的库存积压与缺货成本，使得整个供应链的库存水平得以优化，响应速度与市场适应性显著提升。总而言之，供应契约作为供应链激励机制的瑰宝，不仅深化了企业间的合作关系，更为实现供应链的精益化管理与可持续发展奠定了坚实的基础。

1. 供应契约的分类

（1）按照合作程度划分

1）单方决策型供应契约：在单方决策型供应契约中，买卖双方中的一方在合作关系中占据主导地位，这通常意味着该方在决策过程中拥有更大的话语权和控制权。在做出决策时，主导方可能不完全考虑或仅有限地考虑另一方的利益和需求，导致双方之间的合作仍然带有一定的对立性质。这种契约类型往往出现在市场地位不平等、信息不对称或一方具有明显优势的情况下。尽管存在对立，但双方仍可能通过契约形式建立一定的合作关系，以实现各自的目标。

2）联合决策型供应契约：联合决策型供应契约则强调双方之间的平等合作和共同利益。在这种契约中，任何一方在做出决策时都必须充分考虑另一方的利益和需求，以确保双方都能从合作中获益。这种契约类型有助于双方抛开传统的对立关系，转而建立一种更加紧密和协同的合作伙伴关系。通过联合决策，双方可以共同提高供应链的整体运作绩效，实现资源共享、风险共担和利益共赢。

（2）按照需求特点划分

1）需求确定型契约：在市场需求比较稳定的情况下制定的契约。在这种环境下，由于市场需求的可预测性较高，双方可以更加准确地制定契约条款和条件。为了优化供应链运作，双方可能会采取数量折扣、合理定价、货物分配和减少提前期等手段来降低成本、提高效率。这种契约类型有助于双方建立稳定的合作关系，确保供应链的顺畅运行。

2）需求不确定型契约：指在市场需求波动幅度较大时制定的契约。由于市场需求的不稳定性和不可预测性，这种契约的条款和条件可能会经常发生变化。双方需要保持高度的灵活性和响应速度，以便根据市场变化及时调整契约参数。在这种环境下，契约的协商和制定过程可能会受到市场变化的强烈影响，导致双方需要频繁地进行沟通和协商。然而，通过有效的契约管理和调整，双方可以降低需求变化带来的风险，确保供应链的稳定性和可持续性。

（3）按照契约参数划分

1）批发价格契约（Wholesale-Price Contract）：这是最常见也是最简单的一种供应链契约。在这种契约下，供应商（卖方）和零售商（买方）相互签订价格契约，零售商根据市场需求和批发价格，以自身收益最优的原则确定产品订购量，供应商则根据零售商的订购量组织生产。零售商独自承担产品未卖出去的所有损失。

2）收入共享契约（Revenue Sharing Contract）：在此契约中，供应商将产品以较低的价格卖给零售商，而零售商在销售结束后将收入的一部分与供应商分享。这种契约机制鼓励零售商增大购买批量以减少缺货，从而增加收益，并使买方与卖方之间的利润增大。

3）数量折扣契约（Quantity Discount Contract）：供应商根据零售商订购的产品数量来决定产品的订购价格。单位产品的价格会随着订购数量的增加而递减，订购数量越大，折扣就越多。这是实践中应用最广泛的一种协调契约，有助于激励零售商增加订购量。

4）回购契约（Buy Back Contract）：这种契约允许零售商在销售季节结束后，将未售出的产品以一定的价格退还给供应商。这降低了零售商的库存风险和资金占用，促进了零售商增加订购量。

5）数量柔性契约（Quantity Flexibility Contract）：也称为数量弹性契约，它允许零售商在观察市场需求之后，对初始订购量进行调整。这种契约增加了零售商的灵活性，有助于更好地匹配市场需求和供应。

6）带有期权的数量柔性契约（Quantity Flexibility Contract with Option）：这种契约结合了数量柔性契约和期权的特点，零售商可以在购买一定数量产品的同时，确定一个期权价格，以便在未来根据市场需求调整订购量，但仍可按期权价格购买。

7）质量担保契约（Quality Guarantee Contract）：供应商对产品的质量提供明确的担保，如果产品质量不符合约定标准，供应商将承担相应的责任。这种契约有助于确保产品质量，提升用户满意度。

2. 供应契约参数的类型

（1）决策权的确定 在供应契约模式下，合作双方要进行风险的共担以及利润的共享，明确的决策权划分有助于确保双方在合作过程中的顺畅沟通。当双方对某一事项存在分歧时，明确的决策权可以帮助双方快速找到解决问题的途径，避免因决策不清而导致的合作障碍。因此供应契约的决策权发挥着很重要的作用。

（2）价格 价格作为买卖双方交易的核心要素，其制定和调整策略对于促进交易、维护双方关系具有重要意义。卖方在不同时期、不同阶段会根据市场供需状况、生产成本、竞争态势等多种因素制定不同的价目表。一般而言，为了激励买方增加订货量并维持长期合作关系，卖方会采取数量折扣策略，即随着订货量的增大和合作时间的延长，给予买方更为优惠的价格。这种策略有助于增强买方的购买意愿，促进双方交易的持续进行。

（3）订货承诺 订货承诺是买卖双方建立合作关系的基础之一。买方在提出订货需求时，通常会根据卖方的生产能力和自身的市场需求量，明确给出数量承诺。这包括最小数量承诺，即买方承诺在一定时期内至少购买的商品数量；以及分期承诺，即买方按照约定的时间和数量分批进行订货。通过订货承诺，双方可以明确交易期望，降低交易风险，确保供应链的稳定运行。

（4）订货柔性 订货柔性是卖方为应对市场不确定性而提供给买方的一种灵活调整机制。当买方提出数量承诺后，卖方会根据实际情况提供包括价格、数量，以及期权等量化指标的柔性服务。这意味着，在完成初始承诺的基础上，卖方可以根据市场变化或买方的实际需求，灵活调整交货数量、交货时间或价格等条件。这种柔性机制有助于买方更好地应对市场变动，降低库存风险，同时也有助于卖方提高客户满意度，增强市场竞争力。当市场变动影响买方销售时，买方可以利用柔性机制来调整订货计划，从而避免更大的损失。

（5）利益分配原则 利益分配原则是供应契约中至关重要的内容之一。供应契约往往以企业利润作为建模的基础，旨在通过合理的利润分配机制，确保合作双方都能从供应链的整体渠道收益中获得合理的回报。在划分利润时，双方需要充分考虑各自的投入、风险承担、贡献度等因素，以确保利益分配的公平性和合理性。通过合理的利益分配原则，可以激发双方的合作积极性，促进供应链的持续优化和发展。

（6）退货方式 退货似乎对卖方很不利，要承担滞销产品的风险和成本。但实施退货政策能有效激励买方增加订货量，从而扩大销售额增加双方收入。

如果提高销售量带来的收入远大于滞销产品所带来的固定成本，或者买方有意扩大市场占有率，退货政策给卖方带来的好处远远大于其将要承担的风险。

（7）提前期

1）在传统库存模型中，将提前期作为固定值或随机变量来处理。

2）在供应契约模型中，将提前期作为变量，能够为供应链带来利益。

（8）质量控制　质量问题是买卖双方谈判的矛盾所在。对于卖方而言，提高原材料和零部件的质量，则意味着成本的增加；对于买方而言，只有在价格不变的前提下，保障原材料或零部件的质量，才能提高成品的合格率，增加收益。为此，在契约设计中，质量控制的条款应明确质量职责，还应激励供应商提高其质量控制水平。

（9）激励方式

1）价格激励：高价格能增强企业的积极性，不合理的低价会挫伤企业的积极性。供应链利润的合理分配有利于供应链企业间合作的稳定和运行的顺畅。

2）订单激励：供应链获得更多订单是一种极大的激励，供应链内企业也需要更多的订单激励。一个制造商拥有多个供应商——多个供应商竞争来自制造商的订单，获得较多订单对供应商是一种激励。

3）商誉激励：商誉是企业的无形资产，极其重要。商誉来自供应链内其他企业的评价和在公众中的声誉，反映了企业的社会地位（包括经济、政治和文化地位）。

4）信息激励：信息激励实质上属于间接激励模式，如果能快捷地获得合作企业的需求信息，企业就能主动采取措施，提供优质服务，必然使供应链合作各方满意度大大提高，对合作方之间建立信任具有非常重要的作用。

5）淘汰激励：为使供应链整体竞争力保持在较高水平，必须建立对成员企业的淘汰机制，同时供应链自身也面临着被淘汰的风险。

（10）信息共享机制　供应链企业之间任何有意隐瞒信息的行为都是有害的，充分的信息交流是供应链良好运作的保证。因此，契约应对信息交流提出保障措施，例如规定双方互派通信员和规定每月举行信息交流会议等，防止信息交流出现问题，加强双方之间的信息交流。

3．供应契约参数的作用

（1）供应契约的研究离不开契约参数　设置不同的契约参数，可以构建出多种不同的供应契约模型。在契约中研究超储库存的退货问题——形成了回购契约；在契约中研究供应链利润的分配问题——形成了利润共享契约。因此，以不同的契约参数为出发点，就能够以不同类型的供应契约为对象展开研究。

（2）契约参数的具体设定会影响到供应契约的作用效果　数量折扣契约中折扣百分比的设计，最低购买数量契约中最低购买数量限度的确定，利润贡献契约中利润分享参数大小的设定等，都会影响供应契约的效果。

（3）供应契约的参数设定必须对供应链节点企业起到激励和约束作用，以影响节点企业的行为　供应契约的目标是优化供应链绩效、提高供应链竞争力，并确保契约双方共同获利，因此，必须设计合理的契约参数，激励或约束各方行为和动机，进而促进企业之间建立更紧密的合作，使节点企业通过致力于增大整个供应链的利润来增加自身的收益。

4．供应契约的作用

（1）降低"牛鞭效应"的影响　供应契约通过明确供应链上下游双方的责任、义务，以及信息交流规则，促进了各方之间的紧密协作与沟通。这种协作不仅确保了需求信息在供应链中的准确传递，还减少了因信息不对称而导致的误解和误判。在契约的约束下，供应链成员更倾向于及时分享市场需求变化、库存状况等重要信息，从而避免了因信息滞后或失真而引发的过度生产、库存积压或缺货等问题。这样一来，供应链的需求波动得到了有效缓解，整体响应速度和市场适应性也得到了显著提升。此外，契约还鼓励供应链成员采用先进的信息技术手段，如物联网、大数据等，以进一步提高信息交流的效率和准确性，从而进一步降低"牛鞭效应"的影响。

（2）实现供应链系统的协调，消除双重边际效应　供应契约通过设计合理的利润分配机制、风险共担条款，以及协同决策流程，为供应链成员提供了明确的合作框架和行动指南。这些机制不仅激励了供应链成员以供应链整体利益为重，还促进了资源的优化配置和成本的共同降低。在契约的引导下，供应链成员更加注重长期合作和共同发展，而非短期的个人利益最大化。这种协调机制不仅提升了供应链的竞争力和市场响应速度，还增强了成员间的信任和合作意愿。通过共同面对市场挑战、分享成功经验和最佳实践，供应链成员能够形成更加紧密和稳固的合作关系，为长期稳定的合作奠定坚实基础。

（3）增强了供应链成员的合作关系　供应契约的签订对于增强供应链成员的合作关系具有深远意义。契约的签订意味着双方对合作条件的明确认可和承诺，这为合作提供了法律保障和道德约束。在契约的框架下，供应链成员更倾向于开放沟通、共享资源、共同解决问题。他们通过定期召开会议、建立联合工作小组等方式，加强彼此之间的交流和协作。这种紧密的合作关系不仅有助于提升供应链的整体绩效和竞争力，还能够促进技术创新、市场拓展等共同目标的实现。通过共同研发新产品、开拓新市场等方式，供应链成员能够共同创造更大的价值和竞争优势。此外，契约还鼓励供应链成员建立长期稳定的合作关系，通过持续的合作和信任积累，形成更加紧密和稳固的合作伙伴关系。

案例　A 公司库存控制优化实施过程

1．案例背景

随着市场竞争的加剧，企业对于库存控制的要求越来越高，尤其是在供应链环境下，如何优化库存控制成为企业提高效率、减少成本的关键。本案例以 A 公司为例，探讨了在供应链环境下，通过库存控制优化来提升企业整体竞争力的策略和实施过程。

A 公司是一家在食品添加剂行业具有深厚底蕴的专业生产和销售企业，其产品广泛应用于各类食品制造领域，如烘焙、饮料、调味品等。A 公司一直秉持着"质量第一、客户至上"的经营理念，致力于为客户提供高品质、安全可靠的食品添加剂产品。然而，近年来，随着市场环境的变化和消费者需求的升级，A公司面临着越来越多的挑战。

随着消费者对食品安全和健康问题的关注度不断提升，食品添加剂市场呈现出需求多变、质量和安全性要求越来越高的特点。为了满足客户的需求，A公司必须不断研发新产品、提高产品质量，并严格遵守食品安全标准。这导致A公司在原材料采购、生产过程控制、质量检测等方面的成本不断增加，利润空间受到严重挤压。

其次，客户对交货速度和服务水平的要求也在不断提高。在快速变化的市场环境中，客户希望能够快速获得所需的产品，并对供应商的服务水平提出更高的要求。为了满足客户的需求，A公司必须提高供应链的响应速度和客户服务水平，确保产品能够按时交付并提供优质的售后服务。

另外，食品添加剂行业的市场竞争异常激烈。国内同行竞争激烈，国际巨头也纷纷进入市场，加剧了市场竞争的激烈程度。市场的快速变化和客户需求的多样化，要求A公司必须构建高效灵活的供应链体系，特别是库存控制策略，以确保在满足客户需求的同时，实现库存成本的有效控制和资金周转的加速。

A公司传统的库存管理方法已无法适应当前的市场需求和竞争态势。库存周转率低、持有成本高等问题日益凸显，严重影响了公司的经营效率和盈利能力。在这样的背景下，A公司深刻认识到，必须进行库存控制的全面优化，以提升整体供应链效率和企业竞争力。

2. 问题分析

1）分析A公司的供应链管理现状，特别是在库存控制方面的挑战，如库存周转率低、持有成本高等问题。

2）针对A公司的变性淀粉产品线进行分析，通过定量数据模型分析，明确了缩短供应链提前期的重要性。

3）现有预测管理方法精准度不足，订货方案缺乏灵活性，难以匹配实际需求波动，导致库存水平持续偏高。

3. 实施策略

1）引入供应链管理的新理论和技术，如物联网、大数据分析等，优化库存管理系统。

2）采用先进的库存管理技术，如电子采购（e-sourcing）、供应商管理库存（VMI）等，实现供应链的协同优化。

3）通过供应链合作伙伴的紧密合作，实现信息共享和需求预测的准确性，降低库存持有成本。

4）实施JIT（即时生产）策略，减少在制品和成品库存，缩短供应链的响应时间。

4. 实施效果

通过实施库存控制优化策略，A公司成功降低了库存持有成本，提高了库存周转率，同时保证了客户服务水平的提高。公司的市场反应时间缩短，能够快速响应市场变化，增强了企业的市场竞争力。

库存控制优化不仅仅是企业内部的管理问题，更是整个供应链的协作问题。通过有效的库存管理和供应链协同，企业可以在复杂多变的市场环境中保持竞争力，实现可持续发展。

思考题：

在供应链管理中，库存控制是保证供应链正常运行的重要环节。合理的库存控制不仅能满足生产和销售需求，还能有效降低库存成本，提高资金利用率。然而，在实际操作中，企业往往面临需求预测的不准确、采购计划的不合理，以及供应链协调的挑战等问题。请结合上述材料，分析并提出一套适合我国企业的库存控制优化策略。

课后习题

1．供应链管理下的库存问题主要有哪些？

2．说明周转库存的作用及其影响因素，并计算以下例题：

假设某企业年需求量 D 为 3600 单位，每次订货成本 S 为 400 元，单位商品的年持有成本 hC 为 20 元。请利用公式 $TC=CD+（D/Q）S+（Q/2）hC$ 计算当订货批量 Q 为 600 单位时的年总成本 TC，并据此分析周转库存成本。

3．戴尔 PC 的需求量服从正态分布，且均值为 2500 台，标准差为 500 台。PC 装配过程中的一个关键零部件是硬盘。戴尔的硬盘供应商的平均补货提前期为 7 天，提前期的标准差为 7 天。戴尔对其硬盘库存设定的服务水平（CSL）为 90%（即满足率接近 90%）。计算戴尔在当前补货提前期和标准差下必须持有的硬盘安全库存。戴尔正与供应商合作，以将提前期的标准差降为 0 天。如果上述目标实现，计算戴尔的安全库存会降低多少。

4．供应链协调存在哪些问题？应如何解决？

5．假设你是一家电子产品制造商的供应链经理，你的公司面临着高库存成本和低服务水平的挑战。请分析当前供应链中的库存问题，并设计一个基于供应链协同的库存优化策略。

第 7 章　供应链网络设计的应用

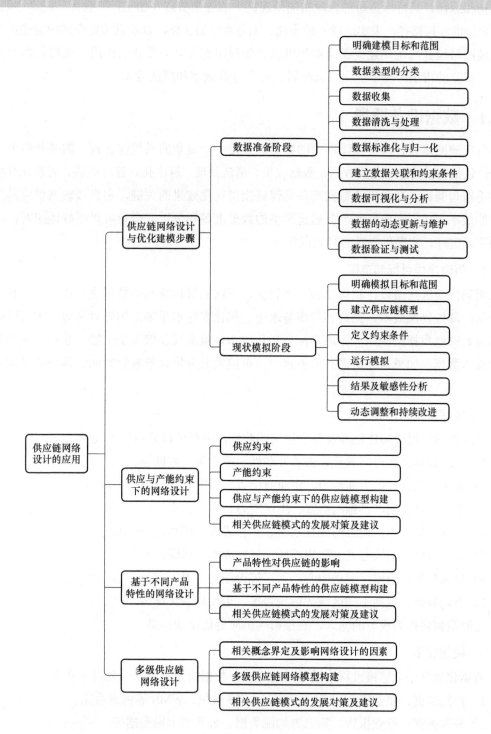

7.1 供应链网络设计与优化建模步骤

供应链网络设计与优化是指通过数学模型、数据分析及算法来规划和优化供应链网络的结构和运作。其目标是通过合理布局供应链中的各个节点（如工厂、仓库、配送中心等）及其之间的连接路径，来实现成本最小化、服务水平最优化，以及供应链整体效能的提升。供应链网络设计与优化建模在企业的供应链管理中起着至关重要的作用，能够帮助企业在复杂、多变的市场环境中优化资源配置、提升运营效率和降低成本。

7.1.1 数据准备阶段

供应链网络设计与优化建模中的数据准备是一个复杂的系统性过程，需要从多个方面入手，包括明确目标、分类数据、数据收集、清洗处理、标准化、建立关联、可视化分析、动态更新与验证。高质量的数据准备是保证模型优化效果的关键，它直接影响供应链网络设计的效率、成本和服务水平。通过严格的数据准备和分析，企业可以更好地应对供应链中的不确定性，实现供应链的高效优化。

1. 明确建模目标和范围

明确供应链网络设计和优化的具体目标，不同的目标需要的数据也有所不同，其中可能包括：降低物流成本、提高客户服务水平、优化库存水平等。明确目标后，才可以确定具体需要哪些数据。例如，如果目标是优化成本，就需要获取关于运输、仓储、生产等环节的成本数据；如果目标是提高服务水平，可能需要分析订单履行时间和客户需求波动的数据。

2. 数据类型的分类

供应链网络设计与优化涉及多个层次的数据，主要可以分为以下几类。

1）需求数据：客户需求量、需求波动性、需求预测数据等。

2）供应商数据：供应商能力、供应商位置、供应商交货时间和成本等。

3）生产数据：生产设施的位置、生产能力、生产成本等。

4）库存数据：不同地点的库存水平、库存成本、库存补充时间等。

5）运输数据：运输方式、运输路线、运输成本、运输时间等。

6）设施数据：仓库、配送中心、工厂等设施的位置、容量、运营成本等。

7）市场数据：包括不同区域的市场需求、市场竞争状况等。

这些数据将作为模型的输入，直接影响供应链优化的结果。

3. 数据收集

数据收集是整个建模过程中最基础的环节。数据的来源可以分为以下几类。

1）内部数据：企业现有的 ERP 系统、SCM 系统、WMS 等内部数据。

2）外部数据：行业报告、第三方物流数据、公开的市场数据等。

3）历史数据：以往的交易记录、生产记录、销售记录等，可以用于预测和分析未来的趋势。

4）实时数据：物联网设备、传感器、GPS 等实时跟踪的运输和库存数据，能提高决策的准确性。

在数据收集的过程中，关键是要确保数据的完整性、准确性和及时性，需重点关注数据的重复性、错误率，以及更新频率。

4. 数据清洗与处理

在收集到数据后，必须进行数据清洗和处理，以确保数据的质量和一致性。数据清洗的过程包括以下几个步骤。

1）处理缺失值：在供应链网络中，可能会出现某些数据点缺失的情况，例如某些地区的需求数据不完整。常用的处理方法包括删除缺失数据点或通过插值、均值等方法进行填补。

2）去重与过滤：检查数据中是否有重复的记录，如重复的运输路线或重复的订单信息，这些重复数据可能会影响模型的准确性。

3）处理异常值：例如极高或极低的库存水平，可能是由于输入错误或其他原因造成的异常值，需要通过分析确定是否保留或去除。

4）单位一致性处理：供应链数据可能会涉及不同的度量单位，例如货物重量、体积、运输距离等。为了确保模型的精确性，必须将所有数据转换为一致的单位。

5. 数据标准化与归一化

为了便于后续建模和优化，有时候需要对数据进行标准化或归一化处理。标准化指的是将数据转换为标准正态分布，而归一化则是将数据压缩到特定的范围（通常是 0 到 1 之间）。这些处理有助于避免在优化过程中，由于某些变量的数量级过大而影响模型的结果。例如：将不同货物的运输时间、成本进行归一化，确保在模型中它们具有相似的重要性；对供应商的交货时间和运输费用进行标准化，以便在综合优化中考虑多个因素。

6. 建立数据关联和约束条件

供应链网络设计涉及多个子系统和变量，如何将这些数据关联起来并为模型设置合理的约束条件至关重要。

常见的约束条件包括以下几种。

1）需求满足约束：确保每个客户节点的需求都能够得到满足。

2）供应商能力约束：每个供应商的供货能力有限，不能超过其最大生产能力。

3）运输约束：运输能力和路线的选择需要考虑车辆的容量限制、运输时间窗口等。

4）库存约束：仓库的容量和库存补货时间是影响供应链决策的重要因素，库存过高会增加成本，库存过低会导致缺货。

在数据准备阶段，必须明确这些关联和约束条件，确保数据之间的逻辑关系正确，并为后续的优化模型建立数学表达式。

7. 数据可视化与分析

在数据准备的最后一个步骤中，可以利用数据可视化技术对收集和清洗后的数据进行初步分析，以发现潜在的趋势、瓶颈和机会。例如：利用需求变化趋势图分析客户需求在不同时期的波动情况，确定季节性波动或其他需求模式；利用库存水平变化图展示库存水平随时间的变化，帮助企业识别库存过高或过低的情况；利用运输路线热力图展示不同运输路线的使用频率，帮助优化运输路径和方式。

通过这些可视化分析，可以提前发现问题并进行初步调整，为建模提供重要的参考依据。

8. 数据的动态更新与维护

供应链网络是一个动态系统，市场需求、供应商条件、运输路线等都可能随时间发生变化。因此，数据的准备并非一次性工作，需要进行动态更新和维护。在实际操作中，企业应建立数据更新机制，确保模型中使用的数据始终是最新的。要做到实时监控库存水平，根据实际情况调整库存管理策略；跟踪运输路线的变化，及时更新运输费用和时间；定期更新供应商的生产能力和交货时间，确保供应链的可靠性。

动态更新的数据可以帮助企业更好地应对市场变化，提高供应链的灵活性和响应速度。

9. 数据验证与测试

在数据准备完成后，需要对数据进行验证与测试，确保其准确性。可以通过历史数据回测等方式来验证数据的合理性。例如，利用历史的订单数据进行模拟，看模型输出的优化结果是否与实际情况相符。如果模型输出与历史数据存在较大偏差，则可能是数据质量或模型设定有问题，需进一步调整。

7.1.2 现状模拟阶段

供应链现状模拟是一个复杂而全面的过程，旨在通过建立供应链模型、收集数据、设置约束条件并进行仿真，来评估供应链的实际表现。通过模拟，企业可以识别供应链中的瓶颈，优化库存和运输策略，评估供应链的运营效率和成本结构。同时，现状模拟也为供应链优化提供了可靠的依据，并通过敏感性分析帮助企业应对各种不确定性。持续动态地进行模拟和调整，可以确保供应链的灵活性和竞争力。

以下是进行供应链现状模拟的关键步骤。

1. 明确模拟目标和范围

首先，需要明确供应链现状模拟的具体目标，这有助于确定模拟所需的细节和数据。常见的模拟目标包括：评估供应链响应时间和效率、分析库存水平和补货策略、识别物流和运输过程中的瓶颈、测试供应链在不同需求波动下的表现、评估供应链的整体成本结构等。明确目标后，可以确定供应链网络中要包含的节点和环节，如供应商、制造商、仓库、配送中心、零售商，以及最终客户。同时，需要定义模拟的时间范围，确定是进行日、月还是年级别的模拟。

2．建立供应链模型

供应链模型的建立是现状模拟的核心步骤。模型应包括供应链网络中的所有关键节点和流程，常见的供应链模型有：

1）离散事件模型：用于模拟供应链中的离散事件，如订单生成、库存补充、运输到达等，每个事件都有明确的时间戳，适合模拟复杂的动态供应链。

2）流程模型：展示供应链中的各个节点和流动的货物、信息和资金，适合对供应链流程进行宏观分析。

3）基于代理的模型：将供应链中的每个实体（如供应商、工厂、仓库、运输工具）视为一个独立的代理，适合模拟各实体间的交互和决策行为。模型的类型选择取决于企业的具体需求。对于复杂的大型供应链，离散事件模型或基于代理的模型可能更合适，而对于较为简单的供应链流程，流程模型可能足够。

3．定义约束条件

供应链中的各个环节都有一定的约束条件，必须在模拟中进行定义。这些约束条件可以帮助模拟真实的运营环境，常见的约束包括：

1）生产能力限制：工厂的最大生产能力不能被超过。

2）库存限制：仓库和配送中心的存储容量有上限，库存不能无限制增长。

3）运输限制：运输车辆的最大载重和运输时间窗限制，确保运输方案符合现实条件。

4）供应商供货限制：供应商的供货能力和交货时间限制，不能无限制订购原材料。

在模拟过程中，模型会依据这些约束条件运行，从而生成符合实际运营情况的结果。

4．运行模拟

在数据和模型都准备完毕后，可以开始进行运行模拟。模拟通常是通过计算机仿真软件或优化工具来实现，模拟的运行过程包括：

1）初始化参数：设置初始库存水平、初始生产量、运输车辆数量等。

2）时间推进：模拟供应链在指定时间范围内的运营过程，跟踪订单生成、运输到达、库存变化等动态过程。

3）输出结果：生成关键的运营指标，如订单履行时间、库存水平变化、运输成本、缺货情况等。

通过多次模拟，可以分析不同时间段内供应链的表现，帮助发现瓶颈和潜在问题。

5．结果及敏感性分析

模拟结束后，分析结果是评估供应链现状的重要环节。常见的分析维度包括运营效率、库存表现、成本分析等。基于这些分析结果，可以进一步评估供应链现状，并为后续的优化提供参考。此外，还可以通过敏感性分析来测试供应链在不同情境下的表现。例如，可以通过调整不同参数来评估供应链在需求波动、供应商中断、运输延迟等情况下的表现。这些分析可以帮助企业预测供应链在不同不确定因素下的弹性。

6. 动态调整和持续改进

现状模拟不仅是供应链优化的起点，也是持续改进的基础。随着市场环境、客户需求、技术变化等因素的不断变化，供应链需要进行动态调整。因此，现状模拟也应该是一个动态过程，企业可以定期进行现状模拟，并根据最新的市场情况、供应商状况和技术发展来持续改进供应链运营。

7.2 供应与产能约束下的网络设计

7.2.1 供应约束

在供应链网络中，由于市场壁垒、竞争关系、产权保护、法律限制和贸易规则的存在，上下游之间的供需关系并非完全自由。确定上游设施向哪些下游客户提供货源，以及下游客户可以从哪些上游设施获取货源，都受到一定的约束。为了在供应链网络设计中有效管理这些约束，可以将其归纳为单源供应模式和多源供应模式。

单源供应模式指每个下游客户的需求只能由一个上游设施满足。这种模式适用于需要确保供应稳定性和一致性的情况。相比之下，多源供应模式允许每个下游客户的需求可以由多个上游设施共同满足，提高了供应链的灵活性和抗风险能力。

这些供应模式的选择和优化在供应链规划中起着关键作用，有助于优化资源利用和提高响应客户需求的能力。

单源供应模式的例子如图 7-1 所示，在此例中，客户 1、2、3 的某需求分别由不同的单一设施满足。

多源供应模式的例子如图 7-2 所示，在此例中，客户 1 的某需求可以同时由设施 1 和设施 2 共同满足。这种模式在提高供应链灵活性和响应能力方面具有优势。

图 7-1　单源供应模式　　　　　图 7-2　多源供应模式

在实际应用中，通常通过优化方法来最终确定具体的供需关系网络。这种优化过程有助于确保供应链的效率和客户满意度。

在企业的供应链规划层面，单源、多源或者其结合的供应模式是长期决策，用于优化资源分配和提高效率。然而，在供应链实际运作中，管理层需要持续监督和控制，特别是在面对未预料到的特殊情况时。为了确保整个供应链网络的稳定运行，管理层可能会采用特殊的供应模式来增强供应链的韧性。

　　举例来说，当某个设施的库存不足以满足下游客户的需求时，企业可以从同级别的其他设施调拨物资，或者紧急从其他设施为下游客户配送物资。这种情况下，供应关系在客户层面由单源供应转向多源供应，在设施层面可能涉及货物调拨。

　　这种调整过程会使得原本的供应链网络从简单的二级结构向更加复杂的多级结构转变。具体的变化过程可以通过图 7-3 展示出来。

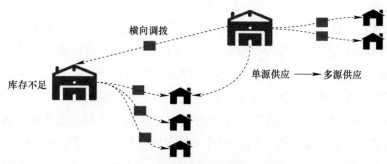

图 7-3　供应链网络的演变和调整

7.2.2　产能约束

　　在实际情况中，设施的产能限制对供应链网络设计有着直接的影响。产能指的是企业在计划期内参与生产的全部固定资产，在特定的组织技术条件下能够生产的产品数量，或者能够处理的物料数量。在供应链网络设计中，涉及产能约束的设施主要分为两类：生产型设施和流通型设施，它们的服务对象和产能定义各不相同。

　　1）生产型设施的产能：生产型设施的产能表现为其生产能力。这类设施通过生产线设备和员工轮班制度来实现生产，生产能力即在既定技术条件下，设施能够生产的产品数量。生产型设施的产能约束通常体现为最大生产能力，即在理想条件下的最大生产量。

　　2）流通型设施的产能：流通型设施包括仓库等，在运营中主要涉及收货、存储和发货等物流环节。这类设施的产能表现为吞吐能力和仓储能力。吞吐能力衡量了设施在特定时间段内能够处理的货物总量，即最大吞吐量。它受到仓库设备、工人数量、工作时间等因素的影响。仓储能力则指设施能够容纳的货物数量，即设计库容量。仓储能力的确定考虑了仓库的物理空间、货物类型及堆放规则等因素。这些能力参数在供应链网络设计中非常重要，它们直接影响到设施的运行效率和服务水平。

　　影响设施最大吞吐量的因素包括：

　　1）轮班制度：设施的操作可以通过设置轮班制度来延长工作时间，从而增加每天的操作时长和处理能力。

　　2）操作工人数量：在人工系统中，设施可以通过增加操作工人的数量来提高吞吐能力，每个工人单位时间处理货物的能力会直接影响总体的操作效率。

　　3）设备类型：不同类型的设备具有不同的处理能力和效率。在高度自动化的系统中，设备的运转参数如速度、效率等会直接影响设施的吞吐能力。

4）出入库功能专用空间：设施中专门用于出入库功能的空间，如装卸区域或者临时存储区域，会影响货物的流动效率和吞吐能力。

在高度自动化的系统中，吞吐能力可以通过监测设备的运转数据来准确计算。而在人工操作系统中，则需要考虑工人的实际操作能力和工作时间来评估吞吐能力的限制。综上所述，设施的吞吐能力是供应链设计中重要的考虑因素，直接影响设施在运行过程中的效率和处理能力。

设计库存量是指仓库实际可以容纳的货物数量，是考虑了仓库内部结构、物理空间利用率，以及货物堆放规则后的最大存储能力。影响设计库存量的主要因素包括：

1）仓库物理空间大小：仓库的总体物理空间直接决定了可以存放货物的总量。较大的仓库通常可以容纳更多的货物，而小型仓库则受限于其有限的空间。

2）货物类型和特性：不同类型和特性的货物对存放方式和堆叠规则有不同要求。一些货物可能需要特定的存储条件（如温度控制或湿度控制），这些条件会影响仓库内部的布局和货物存放密度。

3）码放规则和堆叠方式：仓库管理通常会采用特定的码放规则和货物堆叠方式，以优化空间利用率并确保货物的安全和便捷取用。合理的码放规则可以最大化仓库的存储能力，减少不必要的空间浪费。

设计库存量的计算通常考虑以上因素，旨在确保仓库能够有效地管理和存放货物，同时兼顾货物的安全和操作效率。随着仓库管理技术的进步和自动化系统的应用，设计库存量的精确计算和实时管理变得更加精细和有效。

设计库容量通常小于仓库的物理空间，其原因包括：

1）非仓储空间的占用：仓库物理空间中有一部分是用于办公区域、设备操作区、通道、消防通道等非仓储用途，这些占用了部分可用的仓储空间。

2）堆码空隙的考虑：在堆放货物时，为了确保安全和方便取用，需要留出一定的空隙。这些空隙使得空间利用率无法达到100%。

3）避免运营干扰的间隙：当仓库满负荷运营时，为了保证操作效率和安全性，货物动线之间需要留出足够的间隙，避免互相干扰。这些操作间隙进一步减少了实际可用的存储空间。

4）当已知仓库的物理空间时，可以根据经验数据粗略估算仓库的有效容量，通常取仓库物理空间的1/3作为有效容量。在调研仓库有效容量时，可能会得到一些反映仓库超负荷使用的反馈，比如某仓库的利用率为130%或150%。仓库利用率超过100%的情况通常是指仓库在实际运营中，通过一些非常规手段临时提升了仓储能力。例如，当某种货物数量激增、货架不足时，仓库人员可能会通过占用过道、增加码放密度或增加货架层数等方式来提升仓储能力。这种情况下，仓库利用率可能会超过100%。

5）仓储能力具有一定的弹性，因此在满负荷水平以上有所浮动是可能的。如果仓库在满负荷运营的状态下，也可以通过仓库一段时间内的吞吐量来估算其有效容量。假设仓库的进出货物流量稳定，可以使用以下公式来计算：仓库吞吐量/仓库周转次数＝平均库存量，然后将平均库存量乘以 2，得出仓库的有效容量。例如，一个仓库的年吞吐量是 2000 个单位，每年周转 10 次，则平均库存量为 200 个单位，仓库的有效容量为 400 个单位。

这些产能约束直接影响供应链网络的设计和优化。了解和有效管理设施的产能，能够帮助企业在资源配置和运营策略上做出合理的决策，从而提高供应链的效率和灵活性，满足市场需求并降低运营成本。

7.2.3 供应与产能约束下的供应链模型构建

本小节将产能和供应关系作为约束条件，探讨仓库选址问题。产能约束主要包括生产型设施的生产能力和流通型设施的吞吐及仓储能力。以下是对生产能力的详细解释。

某化妆品制造公司的一条生产线设备每小时的生产能力为 10m²。设备每小时生产能力是一个相对固定的参数，除非增加设备工作时长或新增生产线，否则无法随时弹性地提升产量。此时，该生产线的生产能力可以通过以下公式计算：

生产线年生产能力 = 设备每小时生产能力 × 日工作时长 × 年工作天数

求最大年生产能力时，日工作时长最大为 24h，年工作天数最大为 365 天，年工作时长为 8760h。因此，单条生产线的年生产能力理论上限为 87600m²。考虑到维修和意外事故等情况，实际最大年生产能力会低于 87600m²。

设施的吞吐能力指的是在一定时间内设施可以接收和发出货物的总量。吞吐能力约束的本质在于设施的最大吞吐量。影响最大吞吐量的因素包括：

1）仓库的轮班制度。

2）操作工人的数量。

3）所拥有设备的类型。

4）出入库功能占用的专用空间。

在高度自动化的系统中，可以通过设备的运转参数来确定吞吐能力；而在人工系统中，则通过以下因素确定吞吐能力。

1）工人的数量。

2）单个工人单位时间内处理货物的能力。

3）工人的工作时间。

在具体的数学模型中，供应约束涉及两大决策变量：Y_{ij} 表示设施 i 是否为客户 j 服务；X_i 表示是否使用设施 i。根据供应源的不同，常见的约束有以下 3 种类型。

1. 单源供应约束

$$\sum_{i \in I} Y_{ij} = 1, \forall j \in J \tag{7-1}$$

该公式表示每个客户的需求由一个设施满足并且所有客户的需求都被满足。

2. 多源供应约束

$$\sum_{i \in I} Y_{ij} \geq 1, \forall j \in J \tag{7-2}$$

该公式表示每个客户的需求由至少一个设施满足并且所有客户的需求都被满足。

3. 单源和多源供应并存

$$\begin{cases} \sum_{i \in I} Y_{ij} = 1, \forall j \in [1, P] \\ \sum_{i \in I} Y_{ij} \geq 1, \forall j \in [P+1, J] \end{cases} \tag{7-3}$$

该公式表示序号为 $1 \sim P$ 的客户需求有一个设施满足，序号为（P+1）$\sim J$ 的客户需求至少由一个设施满足。

7.2.4 相关供应链模式的发展对策及建议

1. 产能不足的情况

在供应链网络设计中，经常会遇到由于设施产能不足导致整体成本偏高的问题。例如，靠近客户的设施产能不足时，需要从较远的设施调运物资，这会导致运输费用大幅增加。在这种情况下，如果对靠近客户的设施进行产能扩张，其扩张成本可能低于增加的运输费用，那么进行设施产能扩张就成为一个更优的选择。

产能扩张不仅可以降低运输成本，还能提高供应链的响应速度和效率。当然，在某些情况下，产能过剩也会导致资源浪费和成本增加，因此适时进行产能缩减也是一种优化思路。通过合理调整设施的产能，可以有效降低供应链整体成本，提高供应链的灵活性和竞争力。

无论是生产型设施还是流通型设施，都可以通过以下三种方法实现产能扩张。

（1）延长设施有效运营时间

1）增加员工工作班次：通常情况下，仓库实行"两班制"，工作时间为每天 16h。高峰期时，可以改为"三班制"，实现全天 24h 运转。延长工作时间可以使设施产能相应增长，但同时也会增加人工成本。

2）增加劳动力：通过增加员工数量来提供更多的生产能力。例如，如果仓库雇佣 4 名员工，每人每天工作 8h，则仓库日有效工作时长为 32h。每增加一名员工，仓库日有效工作时长将增加 8h。

（2）拓展设施生产或仓储空间

1）租赁设施：在租赁模式下，只需要租赁更多的仓储空间，此时会产生更多的租赁费用和管理费用等可变成本。

2）自营设施：新建仓库或者优化现有仓库的布局，以提升仓库空间利用率。

（3）提高设备产能

1）增添设备：通过增加新的生产线或设备来提高产能。

2）改良现有设备：优化和改进现有的生产线或设备，以提高产能。

在进行产能扩张时，企业需要根据运营数据找到产能约束的瓶颈，并有针对性地进行扩张，以确保所扩张的产能能得到最有效的价值反馈。例如，如果仓库已经采用"三班制"每天工作 24h，所有设备都匹配了合适的员工数量，且仓库内所有空间都得到了充分利用，但产能依然无法满足市场需求，此时可能的瓶颈是仓库数量不足或设备效率低下。在这种情况下，增加员工数量并不能有效提高产能，而应选择扩充仓储空间或投资新设备。

2. 供应不足的情况

以下是供应不足情况下的供应链优化策略，可帮助企业保持供应链的稳定性和连续性，从而减小对生产和销售的影响。

（1）库存管理优化

1）安全库存：保持一定的安全库存，以应对突发的供应不足。控制安全库存需从需求预测、库存策略、补货物流、监控调整、风险管理及技术应用等多方面综合考虑。通过准确预测需求、优化库存结构、合理设置补货周期、实时监控库存水平、加强风险管理和引入先进技术，企业可确保供应链稳定，提高运营效率，同时降低库存成本和风险。

2）库存可视化：使用库存管理系统实时监控库存水平，及时发现和应对库存不足的问题。实现库存可视化是一个综合性的过程，涉及选择合适的库存管理系统、利用物联网和条码等技术进行数据采集与整合、通过大数据处理和分析进行实时数据处理、以图表和地图等形式进行数据可视化展示，以及设置预警规则和提供决策支持。这些措施共同帮助企业实现对库存的实时监控和动态管理，提高库存管理的效率和准确性，从而优化供应链运营。

（2）供应链多样化

1）供应商多元化：不要依赖单一供应商，可多开发几家可靠的供应商以分散风险。实现供应商多元化是企业供应链管理的关键策略，旨在通过明确目标与需求、多渠道寻找与评估供应商、建立多元化供应商体系、优化供应商管理及培养内部支持和文化等措施，降低供应风险，提高供应链灵活性与竞争力，从而确保企业的稳定运营与持续发展。

2）地理多样化：从不同地理区域获取供应，以减小某个地区发生问题时对供应链的影响。实现供应商的地理多样化是企业通过评估风险、设定目标，寻找并评估不同地理区域的供应商，建立分散且稳定的供应商体系，优化供应链管理流程，并考虑文化差异与合规性，以降低供应链风险、提高灵活性和韧性的重要策略。

（3）加强沟通与合作

1）与供应商合作：与供应商建立长期合作关系，增强双方的信任和协调能力。加强与供应商的合作，关键在于建立信任与沟通机制，明确合作目标与期望，实施绩效评估与激励，推动共同发展与创新，建立长期合作关系，同时注重风险管理与应急计划，以及技术整合与信息共享，从而构建稳固高效的供应链体系，支持企业的持续发展与市场竞争。

2）信息共享：通过信息技术平台共享需求预测和生产计划，确保供应商能及时调整生产。实现信息共享需建立高效平台、制定规范、培养意识、建立激励机制及推进技术创新，以促进信息流动与协作，提升企业运营效率。

（4）需求管理

1）需求预测：利用大数据和人工智能技术进行精确的需求预测，减少供应不匹配的情况。做好需求预测需明确目标、收集数据、选对方法、考虑外部因素、建模验证、灵活调整，并加强跨部门协作，以确保预测准确及时，支持企业决策。

2）订单调整：在供应不足时，调整订单优先级，确保关键需求先行满足。做好订单调整需明确目标、深入分析数据、制定合理方案、有效实施并监控，同时注重灵活性、准确性与协同性，以确保快速响应市场变化，优化运营，满足客户需求。

（5）生产计划调整

1）灵活生产：采用灵活的生产计划，根据供应情况及时调整生产安排。实现灵活生产需综合优化生产流程、引入先进技术、加强员工培训与团队协作、优化供应链管理，并制定灵活的生产计划，同时注重持续改进与创新，以快速响应市场变化，提高生产效率和产品质量，从而增强企业的竞争力。

2）生产外包：在必要时，将部分生产外包给其他公司，以缓解供应不足的问题。实现生产外包需明确需求与目标，精选外包服务商，制定详尽合同，建立有效管理机制，并持续优化合作过程。同时，注意法律风险、供应链稳定性和员工管理，以确保外包项目顺利实施，提升企业竞争力和运营效率。

（6）技术手段

1）供应链可视化工具：供应链可视化工具是一种利用先进信息技术手段，将供应链中的各个环节、节点的数据和信息以直观、图形化的方式呈现出来的工具。这一工具在现代供应链管理中扮演着至关重要的角色，为企业提供了全新的管理思路和方法。使用供应链可视化工具，可以实时监控和分析供应链各环节的运行状态。

2）自动化和智能化：实现供应链的自动化和智能化，关键在于明确目标、精选并部署自动化与智能化技术、优化流程与协同工作、加强人才培养与组织文化转变，以及持续改进与创新，从而构建高效、灵活、可持续的供应链体系，提升企业竞争力和市场响应速度。

（7）风险管理

1）应急预案：制定供应链应急预案需明确目的与范围，进行风险评估，组建应急团队，针对不同风险制定具体响应计划，建立紧急联系人名单和沟通机制，定期演练评估并持续监控更新预案，以确保企业能迅速响应突发事件，减少损失，保障供应链稳定。

2）保险和金融工具：企业可以利用保险工具如货物运输保险、商业中断保险等转移供应链中的风险，并通过金融衍生工具、供应链金融，以及多元化投资等金融手段来降低和分散风险，从而确保供应链的稳定性和企业的财务安全。综合应用这些策略，可以帮助企业在供应不足的情况下维持供应链的稳定性和连续性，减小对生产和销售的影响。

7.3 基于不同产品特性的网络设计

7.3.1 产品特性对供应链的影响

了解产品特性对于评估其对供应链网络的影响至关重要。产品特性主要包括以下三个方面。

1. 产品规格

在物流及供应链作业中，产品规格对整个流程的高效运行和管理起着至关重要的作用。产品规格包括产品的尺寸、重量、包装要求、存储条件、运输要求和其他特定特性，这些参数在各个环节中均需被准确传递和执行。

产品规格对供应链有着深远的影响。首先，明确和一致的产品规格有助于保证产品质量的稳定性，这对于建立消费者信任和品牌声誉至关重要。其次，详细的产品规格能够帮助供应链各环节的参与者更准确地了解生产需求，从而提高生产效率，减少错误和浪费。统一的规格还能简化供应链管理，降低库存成本，因为相同规格的产品更易于管理和调配。另外，不同地区或市场对产品规格的要求可能不同，这需要供应链具有灵活性，以适应不同的标准和法规。这种需求可能会增加复杂性和成本，尤其是在需要进行本地化生产或调整产品设计的时候。此外，产品规格的变化会影响供应链的各个环节，从原材料采购到生产再到物流，每一个环节都需要进行相应的调整。这不仅需要时间和成本，还可能会带来潜在的供应中断风险。因此，企业在制定产品规格时必须综合考虑市场需求、生产能力和供应链的灵活性，以确保整个供应链的高效运作和市场的快速响应。总的来说，产品规格在保证产品一致性的同时，也对供应链的效率和成本管理提出了更高的要求，企业需要在标准化与灵活性之间找到平衡点，以实现最优的供应链管理。

2. 温度要求

产品的温度要求可以分为常温、恒温和低温。在物流及供应链作业中，产品对温度的要求是确保产品质量和安全的关键因素之一。不同类型的产品对温度有不同的敏感性和要求，这直接影响到存储、运输和处理的方式。

产品温度对供应链有着至关重要的影响，尤其是在涉及温控要求的情况下。首先，对于冷链产品如食品、药品和某些化学品，保持适宜的温度是确保产品质量和安全的关键。这类产品的运输和储存需要专门的冷链设备，如冷藏车、冷库和温控包装，这增加了供应链的复杂性和成本。

此外，温度波动可能导致产品变质或失效，直接影响库存管理和损耗率。因此，实时监控和记录温度变化是必要的，以确保产品在整个供应链过程中的温度稳定。

其次，不同产品对温度的敏感度不同，这意味着供应链必须具备灵活性，以应对不同的温控需求。例如，某些电子产品在高温环境下可能会受损，因此需要在运输过程中避免暴露在高温环境中。相反，另外一些产品则需要防止过低温度的影响。这些要求对物流和仓储管理提出了更高的技术要求和操作标准。

温度控制不仅影响运输和储存环节，还涉及生产和加工环节。例如，某些生产工艺对温度有严格的要求，温度不稳定可能导致产品质量不达标，甚至导致生产线停工。此外，供应链的季节性变化也需要考虑，例如夏季和冬季对温控设备的要求不同，这要求供应链具备相应的调节能力。

总的来说，温度控制在供应链管理中起着至关重要的作用。为了确保产品质量和安全，企业需要在供应链的各个环节实施严格的温控措施，并使用先进的技术手段进行温度监控和管理。这不仅有助于降低损耗和成本，还能提升客户满意度和市场竞争力。面对不断变化的市场需求和技术发展，供应链的温控管理将成为企业提高运营效率和可持续发展的关键因素。

3. 时效要求

产品根据易腐程度等特性，存在 1 日达、2 日达等时效要求。在物流及供应链作业中，时效要求是确保整个流程高效运行和客户满意度的关键因素之一。时效要求指的是在指定时间内完成从原材料采购、生产、存储到最终交付的各个环节。严格的时效要求驱动供应链各环节提升效率、协调性和响应速度。

时效要求对供应链有着显著且深远的影响。首先，严格的时效要求迫使供应链各环节提高效率，确保产品能在规定时间内送达客户手中。这对物流和运输提出了高标准，要求快速、可靠的配送服务，以及精确的时间管理。此外，为了满足时效要求，供应链需要具备高度的协调性和响应能力，从原材料采购、生产制造到最后的配送，任何环节的延误都可能导致整个链条的失效。

为了应对紧迫的时效要求，企业往往需要增加库存量以备不时之需，这虽然能提高响应速度，但也会增加库存成本和风险。同时，快速周转的需求使得供应链更容易受到突发事件的影响，例如自然灾害、交通阻塞等，这些不可控因素可能导致交货延迟，从而影响客户满意度和品牌声誉。

技术的应用在提升供应链时效方面起到了关键作用。比如，实时跟踪技术和数据分析工具可以帮助企业更好地预测需求、优化库存管理、提高运输效率，从而缩短交货时间。此外，自动化和智能化设备的使用，如自动化仓储系统和无人配送技术，也在提升供应链的时效性和可靠性方面发挥着重要作用。

然而，为了保持高效的时效管理，供应链需要具备一定的灵活性和应变能力。面对市场需求的波动和变化，供应链必须能够快速调整生产和配送计划。这种灵活性不仅要求企业具备良好的内部协调能力，还需要与供应链上下游合作伙伴保持紧密的沟通和协作。

总的来说，时效要求对供应链的影响是多方面的，既推动了效率和技术的提升，也带来了成本和风险的增加。企业在应对时效要求时需要综合考虑各方面因素，通过技术创新和管理优化来提高供应链的整体效率和应变能力，确保在激烈的市场竞争中保持优势。

7.3.2　基于不同产品特性的供应链模型构建

供应链模型的构建需要根据不同产品的特性来设计，以最小化总成本为目标。这类模型通常涉及多个决策变量和参数集合，用于描述供应链中各个环节的运作关系。以下是此类供应链模型构建中的关键步骤与核心要素。

1. 参数与集合的定义

供应链模型的构建基于以下主要参数与集合：

P 为产品集合，代表供应链中所有产品；

p 为产品集合，代表供应链中特定产品；

W 为备选配送中心集合，即可能被选择用于分配的设施；

w 为特定备选配送中心，即被选择用于分配的特定设施；

$D_{j,p}$ 为客户 j 对特定产品 p 的需求；

$\text{Tra}C_{i,j,p}$ 为将特定产品 p 从设施 i 运送到客户 j 的单位运输成本；

$\text{Dist}_{i,j}$ 为设施 i 与客户 j 之间的距离；

$\text{Fac}C_{i,w}$ 为设施 i 的运营成本；

$\text{ServiceDist}_{i,j}$ 为设施 i 与客户 j 之间的服务距离；

$\text{Maximum ServiceDist}_{i,j}$ 为设施 i 与客户 j 之间的最大服务距离；

$\text{Maximum ServiceDemand}_{i,j}$ 为设施 i 与客户 j 之间的最大服务需求距离；

$\text{ServiceLevel}_{i,j}$ 为设施 i 的服务水平，即满足客户 j 服务需求的能力。

2．决策变量

在供应链模型中，主要的决策变量包括：

$X_{i,w}$：是否在备选设施 w 处建立设施 i；

$Y_{i,j,p}$：是否将产品 p 从设施 i 运送至客户 j。

3．目标函数

供应链模型的目标函数旨在最小化总成本，具体由以下两部分组成。

1）运输成本最小化：将产品 p 从设施 i 运输至客户 j 的总成本。

$$\min \sum_{i \in I} \sum_{j \in J} \sum_{p \in P} \text{Tra}C_{i,j,p} D_{j,p} Y_{i,j,p} \tag{7-4}$$

2）设施运营成本最小化：选择并运营设施 i 的总成本。

$$\min \sum_{i \in I} \sum_{w \in W} \text{Fac}C_{i,w} X_{i,w} \tag{7-5}$$

综上，目标函数为：运输成本 + 设施运营成本的和的最小值，即

$$\min \sum_{i \in I} \sum_{j \in J} \sum_{p \in P} \text{Tra}C_{i,j,p} D_{j,p} Y_{i,j,p} + \min \sum_{i \in I} \sum_{w \in W} \text{Fac}C_{i,w} X_{i,w} \tag{7-6}$$

4．约束条件

模型中引入了多种约束条件，以确保供应链运行的可行性和效率。

1）需求满足约束：每个客户对某种产品的需求只能由一个设施服务。

$$\sum_{i \in I} Y_{i,j,p} = 1, \forall j \in J, \forall p \in P \tag{7-7}$$

2）设施数量约束：最终选择的设施数量有限，不能超出预定数量。

$$\sum_{i \in I} \sum_{w \in W} X_{i,w} = Z \tag{7-8}$$

3）服务选择约束：只能从备选配送中心集合中选择设施。

$$\sum_{w \in W} X_{i,w} \leq 1, \forall i \in I \tag{7-9}$$

4）服务水平约束：设施 i 与客户 j 之间的距离和服务水平必须符合要求。

$$\sum_{i \in I}\sum_{j \in J} \mathrm{Dist}_{i,j} \geq \mathrm{Maximum\ ServiceDist}_{i,j} \geq \mathrm{Maximum\ ServiceDemand}_{i,j} \tag{7-10}$$

5）设施选择与分配一致性：客户不能被分配给未被选择的设施。

$$Y_{i,j,p} \leq \sum_{w \in W} X_{i,w}, \forall i \in I, \forall j \in J, \forall p \in P \tag{7-11}$$

6）二元变量约束：决策变量 $X_{i,w}$ 和 $Y_{i,j,p}$ 必须是 0 或 1，代表是否选择设施或分配产品。

$$X_{i,w} \in \{0,1\}, \forall i \in I, \forall w \in W \tag{7-12}$$

$$Y_{i,j,p} \in \{0,1\}, \forall i \in I, \forall j \in J, \forall p \in P \tag{7-13}$$

该供应链模型的核心在于，通过对运输成本和设施运营成本的优化，找到满足客户需求并最小化成本的供应链结构。模型通过一系列约束条件确保供应链的实际可行性，如服务水平、设施选择、需求分配等。

7.3.3 相关供应链模式的发展对策及建议

1. 标准化产品

标准化产品的供应链发展模式需要强调效率、成本控制、质量一致性和快速响应能力。这些要素确保标准化产品在市场中具有竞争力，同时满足客户的需求。以下是标准化产品供应链发展的几个关键方面。

（1）标准化和模块化设计 标准化产品的设计应采用模块化和标准化的方法，这不仅有助于降低生产成本，还能简化供应链管理。通过标准化的部件和模块，可以实现大规模生产，并且在需要时容易进行更换和维护。

（2）先进的库存管理 标准化产品通常具有较高的需求稳定性，这使得库存管理成为供应链优化的重点。使用先进的库存管理系统，如自动化仓储、条码技术和实时库存监控，可以大幅提高库存管理效率，减少库存成本，并避免库存积压或短缺。

（3）高效的生产规划 采用精益生产（Lean Production）和敏捷制造（Agile Manufacturing）等方法，可以优化生产流程，减少浪费，提高生产效率。生产计划应根据市场需求进行动态调整，以确保产品能及时供应，满足市场变化。

（4）优化的物流和运输 物流和运输在标准化产品供应链中起着重要作用。优化运输路线、采用多式联运（如公路、铁路、航空等结合的运输方式），可以降低运输成本和时间。同时，利用物流技术，如 GPS 追踪和运输管理系统（TMS），可以提高运输的可视性和可靠性。

（5）信息技术的应用 现代供应链离不开信息技术的支持。使用 ERP 系统、SCM 系统和 CRM 系统，可以实现信息的集成和共享，提高供应链的透明度和协调性。这些系统有助于实时监控和预测市场需求，优化供应链决策。

（6）供应链合作与整合　与供应链上下游的合作伙伴建立紧密的合作关系，通过信息共享和协同工作，可以提高整个供应链的效率和响应能力。建立战略合作伙伴关系，进行供应链整合，可以实现资源共享，降低运营成本，并增强供应链的灵活性。

（7）可持续发展　在标准化产品供应链的发展过程中，可持续性也是一个重要考虑因素。采用环保材料和绿色生产工艺，减少能源消耗和碳排放，不仅有助于保护环境，还能提升企业的社会形象。

标准化产品的供应链发展模式应注重标准化设计、高效生产、先进库存管理、优化物流、信息技术应用、供应链合作与整合，以及可持续发展。这些方面的优化和提升将确保标准化产品在市场中的竞争力，并满足客户的需求。通过不断的技术创新和管理优化，企业可以实现供应链的高效运作和持续发展。

2．个性化产品

个性化产品的供应链发展模式需要更加灵活，以满足消费者日益多样化的需求。以下是个性化产品供应链发展的关键方向和策略。

（1）弹性生产与定制化设计　个性化产品的供应链需要具备强大的生产弹性和定制化设计能力。通过柔性生产线和定制化制造工艺，能够快速调整生产流程和工艺，以适应不同产品设计和客户需求的变化。采用先进的制造技术，能够实现个性化定制生产，从而满足消费者个性化需求。

（2）高效的供应链响应能力　个性化产品的供应链需要具备快速响应能力，能够迅速调整供应链的各个环节以适应市场需求的变化。优化供应链规划和预测能力，利用数据分析和预测模型，实现对需求的实时监控和预测，从而快速调整生产计划和库存管理，以减少供应链的延迟和浪费。

（3）灵活的库存管理与物流优化　个性化产品供应链需要采用灵活的库存管理策略，避免过度库存和缺货现象。通过定制化的库存管理系统和智能仓储技术，实现高效的库存管理和物流优化，减少库存成本和运输时间，提高产品供应的灵活性和可靠性。

（4）强化信息技术支持　信息技术在个性化产品供应链中起着至关重要的作用。通过建立和整合 ERP 系统、SCM 系统和 CRM 系统，实现供应链各环节的信息共享和协同工作，以提高供应链的透明度和协调性。利用大数据分析和人工智能技术，优化产品设计和市场预测，为个性化产品的供应链决策提供科学依据。

（5）客户参与和反馈机制　个性化产品供应链需要积极引入客户参与和反馈机制，以实现需求驱动的生产和供应。通过建立线上平台和定制化订单系统，使客户能够直接参与产品设计和个性化定制过程，从而提高客户满意度和忠诚度。

（6）可持续发展和社会责任　在个性化产品供应链的发展过程中，需要关注可持续发展和社会责任。采用环保材料和绿色生产工艺，减少资源消耗和环境影响，以提升企业的社会形象和可持续竞争力。

综上所述，个性化产品的供应链发展模式应注重弹性生产、定制化设计、高效响应能力、灵活库存管理、信息技术支持、客户参与和可持续发展等方面的优化和创新。通过这些措施，企业能够有效应对市场变化，满足消费者多样化和个性化的需求，提升竞争力和市场份额。

7.4 多级供应链网络设计

7.4.1 相关概念界定及影响网络设计的因素

多级供应链是指从上游供应商到客户，供应链中包含三个层级及以上的网络体系，例如贸易公司的多级分销网络、生产公司的多级产销网络等。图7-4为多级供应链示意图。

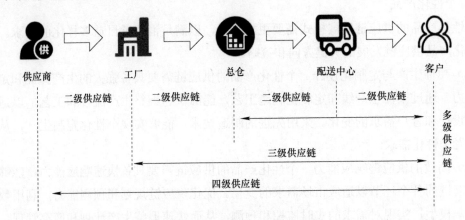

图7-4 多级供应链示意图

研究供应链网络时，对上游供应商的定义不同，供应链的级数也会有所不同。在图7-4中，当以总仓作为供应商时，结构为"总仓→配送中心→客户"，即三级供应链；当以工厂作为供应商时，结构为"工厂→总仓→配送中心→客户"，即四级供应链。

通过这样的定义，可以确定所研究的供应链网络层级。每个层级都涉及多个设施或运营主体，最终形成"多级供应链"网络。

从二级供应链网络到多级供应链网络，核心变化在于除供应链的起点层级和终点层级外，其他中间层级都具有双重角色。这些中间层级既是上游的客户，又是下游的供应商。因此，相对于二级供应链网络，这些中间层级之间会形成多种产品流组合关系，且其角色的子目标要求可能相互冲突，成本结构也更加多变。了解影响这些变化的主要因素，对于建立合理的优化模型、确定关键参数和有针对性地制定策略是非常重要的。

主要影响因素表现在以下几个方面。

1. 双重角色的复杂性

（1）客户与供应商角色冲突　中间层级既是上游的客户，又是下游的供应商，其双重角色可能导致子目标冲突。例如，一个配送中心需要同时满足上游总仓的库存转移需求和下游客户的订单需求，可能会在库存管理和订单优先级上产生冲突。

（2）多种产品流组合关系　中间层级之间可能形成多种产品流组合，例如不同产品的运输路径、仓储策略等。

2. 成本结构的多变性

（1）多级供应链的成本构成　多级供应链的成本包括生产成本、运输成本、仓储成本和库存成本等。各层级之间的成本结构可能不同，且受到多种因素的影响，如运输距离、仓储条件、订单频率等。

（2）成本优化的复杂性　在多级供应链中，优化成本需要考虑各层级的成本构成及其相互影响。例如，降低某一层级的库存成本可能会增加其他层级的运输成本，需要在整体成本最优的前提下进行平衡。

3. 服务水平的要求

（1）服务响应时间　多级供应链需要在多个层级间进行协调，以保证最终客户的服务响应时间。例如，对于时效性要求较高的产品，需要优化各层级的运输和库存策略，确保快速响应客户需求。

（2）服务质量　不同层级的服务质量要求不同，需要在各层级间进行协调和优化。例如，工厂需要保证生产质量，配送中心需要保证运输和交付的准确性和及时性。

根据上述影响因素，制定多级供应链的优化策略时，可以考虑以下几点。

（1）协调各层级的目标和策略　建立统一的供应链管理平台，实现各层级的协调和信息共享，避免子目标冲突。

（2）优化成本结构　通过供应链建模和仿真，评估不同策略对整体成本的影响，选择最优的成本结构。

（3）提升服务水平　通过改进运输和库存管理策略，确保各层级之间的协调，提升整体供应链的服务水平。

多级供应链网络的核心变化在于中间层级的双重角色以及由此产生的多种产品流组合关系和多变的成本结构。理解和管理这些变化对于建立合理的优化模型、确定关键参数，以及有针对性地制定策略至关重要。这将帮助企业在复杂的供应链环境中实现更高的效率和更好的服务水平。

7.4.2　多级供应链网络模型构建

供应链网络涉及多个层级，包括工厂、总仓、配送中心和客户。每个层级之间的运输、设施建设和运作成本都会影响整个供应链的总成本。因此，多级供应链网络模型通过最小化这些成本来优化整体供应链运作。

该供应链模式涉及的参数如下：

W 为备选配送中心集合；

w 为特定备选配送中心；

I 为配送中心集合；

i 为特定配送中心；

H 为总仓集合；

h 为特定总仓；

L 为工厂集合；

l 为特定工厂；

D_j 为客户 j 对产品的需求；

$\mathrm{Tra}C_{l,h}$ 为将产品从工厂 l 运送到总仓 h 的单位运输成本；

$\mathrm{Tra}C_{h,i}$ 为将产品从总仓 h 运送到配送中心 i 的单位运输成本；

$\mathrm{Tra}C_{i,j}$ 为将产品从配送中心 i 运送到客户 j 的单位运输成本；

$\mathrm{Tra}C_{h,j}$ 为将产品从总仓 h 运送到客户 j 的单位运输成本；

$\mathrm{Fac}C_{i,w}$ 为配送中心 i 的固定建设成本；

$\mathrm{Vol}_{i,j}$ 为配送中心中绑定给客户单位产品的容量；

$\mathrm{WhCap}_{i,w}$ 为配送中心的容量；

FacCap_l 为工厂 l 的产能；

$\mathrm{Dist}_{l,h}$ 为工厂 l 与总仓 h 之间的距离；

$\mathrm{Maximum\ ServiceDist}_{l,h}$ 为工厂 l 与总仓 h 之间的最大服务距离；

$\mathrm{Maximum\ ServiceDemand}_{l,h}$ 为工厂 l 到总仓 h 的最大服务需求水平。

决策变量如下：

$X_{i,w}$ 为是否建立配送中心 i；

$Y_{i,j}$ 为配送中心 i 是否运送产品给客户 j；

$Z_{h,i}$ 为从总仓 h 运送到配送中心 i 的产品数；

$U_{l,h}$ 为从工厂 l 运送到总仓 h 的产品数；

$V_{h,j}$ 为总仓 h 是否运送产品给客户 j。

目标函数为总成本最小化，总成本由以下 5 个部分构成。

（1）工厂—总仓运输成本

$$\sum_{l\in L}\sum_{h\in H}\mathrm{Tra}C_{l,h}U_{l,h} \tag{7-14}$$

（2）总仓—配送中心运输成本

$$\sum_{h\in H}\sum_{i\in I}\mathrm{Tra}C_{h,i}\,Z_{h,i} \tag{7-15}$$

（3）配送中心—客户运输成本

$$\sum_{i\in I}\sum_{j\in J}\mathrm{Tra}C_{i,j}D_jY_{i,j} \tag{7-16}$$

（4）总仓—客户跨级运输成本

$$\sum_{h\in H}\sum_{j\in J}\text{Tra}C_{h,j}D_jV_{h,j} \tag{7-17}$$

（5）配送中心运营成本

$$\sum_{i\in I}\sum_{w\in W}\text{Fac}C_{i,w}X_{i,w} \tag{7-18}$$

目标函数如下：

$$\min\left(\sum_{l\in L}\sum_{h\in H}\text{Tra}C_{l,h}U_{l,h}+\sum_{h\in H}\sum_{i\in I}\text{Tra}C_{h,i}Z_{h,i}+\sum_{i\in I}\sum_{j\in J}\text{Tra}C_{i,j}D_jY_{i,j}+\right.$$
$$\left.\sum_{h\in H}\sum_{j\in J}\text{Tra}C_{h,j}D_jV_{h,j}+\sum_{i\in I}\sum_{w\in W}\text{Fac}C_{i,w}X_{i,w}\right) \tag{7-19}$$

约束条件 1：

$$\sum_{i\in I}Y_{i,j}=1,\forall j\in J \tag{7-20}$$

约束条件 1 表示每个客户对某种产品的需求只能选择一个配送中心作为服务提供者，指的是允许客户从不同的配送中心接收不同的产品，但不允许客户从多个配送中心接收相同的产品。

约束条件 2：

$$\sum_{h\in H}V_{h,j}=1,\forall j\in J \tag{7-21}$$

约束条件 2 表示总仓与客户的对应关系，指的是一个客户只能由一个总仓提供服务。

约束条件 3：

$$\sum_{i\in I}\sum_{w\in W}X_{i,w}=P \tag{7-22}$$

约束条件 3 限制了最终的配送中心数量。

约束条件 4：

$$\sum_{w\in W}X_{i,w}\leqslant 1,\forall i\in I \tag{7-23}$$

约束条件 4 表示必须从备选配送中心集合中进行选择。

约束条件 5：

$$\sum_{j\in J}\text{Vol}_{i,j}Y_{i,j}\leqslant\sum_{w\in W}\text{WhCap}_{i,w}X_{i,w},\forall i\in I \tag{7-24}$$

约束条件 5 为配送中心的容量约束。

约束条件 6：

$$\sum_{l\in L}U_{l,h}=\sum_{j\in J}d_jY_{i,j}+\sum_{j\in J}d_jV_{h,j},\forall i\in I,\forall h\in H \tag{7-25}$$

约束条件 6 为供需守恒约束，表示所有工厂发出的产品数等于终端客户的总需求数。

约束条件 7：

$$\sum_{h\in H}U_{l,h}\leqslant \mathrm{FacCap}_l,\forall l\in L \tag{7-26}$$

约束条件 7 表示工厂的产能约束。

约束条件 8：

$$Y_{i,j}\leqslant \sum_{w\in W}X_{i,w},\forall i\in I,\forall j\in J \tag{7-27}$$

约束条件 8 表示不允许将客户分配给未选择的配送中心。

约束条件 9 ~ 12：

$$\sum_{l\in L}\sum_{h\in H}(\mathrm{Dist}_{l,h} > \mathrm{Maximum\ ServiceDist}_{l,h})U_{l,h}\geqslant \mathrm{Maximum\ ServiceDemand}_{l,h} \tag{7-28}$$

$$\sum_{h\in H}\sum_{i\in I}(\mathrm{Dist}_{h,i} > \mathrm{Maximum\ ServiceDist}_{h,i})Z_{h,i}\geqslant \mathrm{Maximum\ ServiceDemand}_{h,i} \tag{7-29}$$

$$\sum_{i\in I}\sum_{j\in J}(\mathrm{Dist}_{i,j} > \mathrm{Maximum\ ServiceDist}_{i,j})d_jY_{i,j}\geqslant \mathrm{Maximum\ ServiceDemand}_{i,j} \tag{7-30}$$

$$\sum_{h\in H}\sum_{j\in J}(\mathrm{Dist}_{h,j} > \mathrm{Maximum\ ServiceDist}_{h,j})d_jV_{h,j}\geqslant \mathrm{Maximum\ ServiceDemand}_{h,j} \tag{7-31}$$

约束条件 9 ~ 12 表示多级供应链中各设施存在的服务水平约束，包括工厂到总仓的服务水平、总仓到配送中心或客户的服务水平，以及配送中心到客户的服务水平。

约束条件 13、14：

$$Y_{i,j}\in\{0,1\},\forall i\in I,\forall j\in J \tag{7-32}$$

$$X_{i,w}\in\{0,1\},\forall i\in I,\forall w\in W \tag{7-33}$$

约束条件 13、14 表示 0 ~ 1 变量约束。

约束条件 15、16：

$$Z_{h,i}\geqslant 0,\forall h\in H,\forall i\in I \tag{7-34}$$

$$U_{l,h}\geqslant 0,\forall l\in L,\forall h\in H \tag{7-35}$$

约束条件 15、16 为非负约束。

约束条件 17：

$$V_{h,j}\in\{0,1\},\forall h\in H,\forall j\in J \tag{7-36}$$

约束条件 17 为 0 ~ 1 变量约束。

7.4.3 相关供应链模式的发展对策及建议

1. 信息共享与协调策略

建立一个透明的信息共享平台，让各级供应链参与者能够实时获取相关数据。要明确目标与需求，统一数据标准与流程，选择合适的技术架构，确保信息安全与隐私保护。通过搭建信息共享平台，制定信息采集、传输及权限管理机制，并促进信息共享文化的建设与培训，同时定期评估与优化平台性能，可以实现供应链各级参与者实时获取相关数据，提高供应链透明度与协同效率，降低运营成本，提升整体效益。

实施供应链协同计划，以改善预测和补货决策。可以投资于先进的信息技术系统，如 ERP 系统、SCM 软件和 IoT 设备。定期召开跨部门和跨企业的协调会议，确保信息流畅。

2. 供应链弹性与风险管理策略

多元化供应商，避免过度依赖单一供应商。制定应急预案，确保供应链在突发事件下的连续性。评估供应链中的潜在风险，并制定相应的风险应对策略。建立供应链监控和预警系统，及时发现和处理问题。

3. 持续改进和优化策略

利用数据分析和优化工具，持续改进供应链各环节的效率。实施精益生产和六西格玛等方法，减少浪费和变异。定期进行供应链绩效评估，识别改进机会。培养员工的数据分析和问题解决能力，推动持续改进。

4. 供应链可持续发展策略

推行绿色供应链管理，减小对环境的影响。采用循环经济模式，提高资源利用率。选择环境友好的原材料和供应商，减少碳足迹。实施回收和再利用计划，减少废弃物。

5. 客户需求响应策略

提高供应链的柔性和响应速度，满足不同客户的需求。建立 CRM 系统，增强客户互动和满意度。采用先进的物流和配送系统，确保及时交付。定期收集客户反馈，调整供应链策略以满足客户期望。

6. 技术创新策略

引入先进技术，如大数据、人工智能、区块链等，提升供应链管理水平。加强技术研发和创新，保持竞争优势。与技术公司和研究机构合作，探索新技术在供应链中的应用。提供员工培训，提升技术应用能力。

7. 全球化和本地化平衡策略

在全球范围内优化供应链网络，同时注重本地化需求。制定符合各地区法规和市场需求的供应链策略。分析不同市场的需求和供应链特点，制定差异化策略。建立本地化的生产和配送中心，提高响应速度。

这些策略和建议能够帮助企业在复杂的多级供应链环境中提高效率、降低成本、增强弹性，从而在激烈的市场竞争中获得优势。

案例　X科技公司的供应链网络设计案例

1. 案例背景

X科技公司是一家专注于生产高科技虚拟智能设备的企业。其产品具有高度定制化、技术含量高、对运输和存储环境要求严格等特点。该公司计划在全球范围内销售产品，以满足不同地区客户的需求。

X科技公司采用多级供应商体系。这种结构有助于分散风险，确保关键零部件的稳定供应。例如，当一级供应商因某些原因出现供应延迟时，二级供应商可以在一定程度上缓解对生产的影响。

然而，多级供应商结构增加了管理的复杂性。公司需要投入更多资源用于协调各级供应商之间的关系，确保质量标准一致，并保证信息在供应链中准确传递。

由于产品高度定制化，公司采用灵活的生产方式。其生产线具备快速调整的能力，可以根据不同客户订单的要求，迅速切换生产模式。

在产能规划方面，公司不仅考虑了当前市场需求，还预留了一定的弹性产能，以应对市场需求的突然增长。例如，公司通过采用可灵活配置的生产设备和员工多技能培训，使生产线在旺季时能够通过增加工作班次和优化生产流程来提高产能。

产品对运输和存储环境要求严格，需要在恒温、恒湿且无静电的环境下进行。因此，公司在物流规划中，选择了专业的冷链物流公司，并配备了特制的运输容器和存储设备。

同时，为了确保产品在运输过程中的质量，公司建立了实时监控系统，对运输车辆的温度、湿度和位置进行实时跟踪。这增加了物流成本，但保证了产品质量。

2. 存在的问题

（1）供应商协调困难　多级供应商结构使得信息传递和协调变得困难。各级供应商之间可能存在信息不对称的问题，导致生产计划和库存管理出现混乱。例如，一级供应商可能因为自身生产计划的调整，没有及时通知二级供应商，从而影响二级供应商原材料的供应，进而延误生产。

不同供应商的生产能力和质量标准存在差异，需要公司花费大量精力进行整合和管理，以确保最终产品的质量。

（2）成本控制挑战　定制化生产和严格的产品环境要求导致生产成本和物流成本较高。为了满足客户的个性化需求，公司需要投入更多的研发资源和生产设备，增加了生产成本。

专业的冷链物流和实时监控系统也使得物流成本大幅上升。如何在保证产品质量和服务水平的前提下降低成本，成为公司面临的重要挑战。

（3）市场需求波动应对不足　尽管公司预留了一定的弹性产能，但面对市场需求的大幅波动，仍然显得应对不足。例如，在新产品发布初期，市场需求可能会远超预期，而公司的生产能力无法及时满足所有客户的订单，导致客户满意度下降；当市场需求突然下降时，公司则可能会面临库存积压的问题，增加了库存成本和运营风险。

3．解决方案

（1）建立信息共享平台 X科技公司决定建立一个统一的信息共享平台，让各级供应商能够实时获取相关信息，包括生产计划、库存水平、质量标准等。通过这个平台，公司可以加强与供应商的沟通和协调，及时解决出现的问题。

同时，公司还将制定信息共享的规范和流程，确保信息的准确性和及时性。

（2）成本优化策略 在生产成本方面，公司将加强与供应商的合作，通过共同研发和采购，降低原材料成本。同时，公司将优化生产流程，提高生产效率，减少浪费，降低生产成本。

在物流成本方面，公司将评估不同冷链物流公司的服务质量和价格，选择性价比更高的合作伙伴。同时，公司将探索新的物流技术和模式，如联合运输、区域配送中心等，以降低物流成本。

（3）需求预测与库存管理优化 公司将加强市场调研和需求预测能力，通过收集更多的市场信息和数据分析，提高需求预测的准确性。同时，公司将根据市场需求的变化，灵活调整生产计划和库存管理策略。

例如，在市场需求高峰期，公司将增加库存水平，以满足客户订单；在市场需求低谷期，公司将减少库存水平，避免库存积压。

通过以上对X科技公司供应链网络设计的案例分析，可以看出在设计供应链网络时，需要综合考虑产品特点、市场需求、供应商关系等多方面因素，并针对存在的问题制定相应的解决方案，以确保供应链的高效运行和企业的可持续发展。

思考题：

结合X科技公司的现状，制定其库存计划需要考虑哪些因素？

课后习题

1．解释供应链设计的概念，并说明其在企业运营中的重要性。

2．什么是供应链网络设计与优化建模？简述其步骤。

3．某生产型设施拥有一条生产线，该生产线每小时能生产100件产品，每天工作2班，每班8h。设备每月维护一天，每天损失8h产能。

（1）请计算该生产线的年产能。

（2）如果需求增加到每年需要生产300000件产品，是否需要增加生产线或延长工作时间来满足需求？请提供计算依据和具体建议。

4．某企业拥有一个由单个工厂、两个配送中心和多个客户组成的供应链。

已知：工厂到配送中心A的运输成本为每单位产品10元；工厂到配送中心B的运输成本为每单位产品12元；配送中心A到客户的运输成本平均为每单位产品5元；配

送中心 B 到客户的运输成本平均为每单位产品 6 元；配送中心 A 的运营成本为每月固定费用 5000 元，可变成本为每单位产品处理费用 2 元；配送中心 B 的运营成本为每月固定费用 6000 元，可变成本为每单位产品处理费用 1.5 元；预计每月客户需求总量为 1000 单位产品。

请计算：

（1）当所有产品都从工厂直接运送到一个配送中心（假设该配送中心能够处理全部需求）时，总成本最低是多少？应选择哪个配送中心？

（2）如果决定同时使用两个配送中心来满足客户需求，请设计一个分配方案使得总成本最低，并计算该总成本。

5．选取一个具体的行业案例（如电子产品、食品零售等），分析其供应链网络设计的特点及存在的问题。

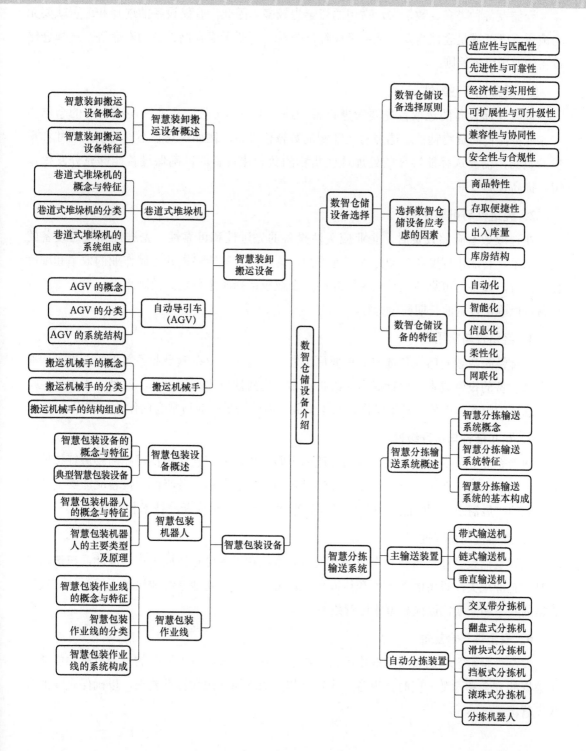

8.1 数智仓储设备选择

8.1.1 数智仓储设备选择原则

仓储设备种类多、数量大，占用的资金也较多。因此，仓储设备的选择和配置就要尤为慎重，既要满足仓储需要，又要考虑经济效益，还要考虑仓储设备的寿命等。选择仓储设备应遵循以下原则：

1. 适应性与匹配性

数智仓储设备的选取首先要考虑设备的适应性与匹配性。企业应明确自身的仓储需求、业务流程和货物特性，选择与之匹配的数智化设备。例如，对于不同形状、尺寸和重量的货物，需要选择能够高效处理这些货物的数智化设备，以确保设备能够充分发挥作用，提高仓储效率。

2. 先进性与可靠性

在选取数智仓储设备时，企业应关注设备的先进性和可靠性。先进性体现在设备的技术水平、智能化程度和自动化程度等方面，这些因素都能够提升仓储作业的效率和准确性。同时，设备的可靠性也是至关重要的，企业应选择质量稳定、故障率低、易于维护的设备，以确保设备的长期稳定运行。

3. 经济性与实用性

经济性是数智仓储设备选取的重要原则之一。企业需要在满足业务需求的前提下，充分考虑设备的投资成本、运行成本和维护成本，选择性价比高的设备。此外，实用性也是不可忽视的因素，设备应易于操作、易于集成，能够满足企业日常仓储作业的需求。

4. 可扩展性与可升级性

随着企业业务的不断发展和市场环境的不断变化，数智仓储设备可能需要进行扩展或升级。因此，在选取设备时，企业应关注设备的可扩展性和可升级性。设备应能够支持未来可能的扩展需求，同时能够方便地进行升级和更新，以适应新的技术和业务需求。

5. 兼容性与协同性

数智仓储设备通常需要与企业的其他信息系统和设备进行协同工作。因此，在选取设备时，企业应关注设备的兼容性和协同性。设备应能够与其他系统和设备无缝对接，实现数据的共享和交换，以提高整体运营效率。

6. 安全性与合规性

安全性是数智仓储设备选取中不可忽视的原则。设备应具备完善的安全机制，能够保护数据的安全和隐私。同时，设备还应符合相关的法律法规和标准要求，以确保企业的合规经营。

8.1.2　选择数智仓储设备应考虑的因素

1．商品特性

商品的外观、尺寸、重量，以及存储单位等特性，均对仓储设备的配置产生深远影响。因此，在选择仓储设备时，必须充分考虑商品的各种特性，以确保设备能够满足商品的存储需求。

2．存取便捷性

通常情况下，储存密度与存取便捷性之间存在一种微妙的平衡。储存密度越大，往往意味着存取性相对较差。因此，仓库在选择设备时，应优先考虑那些存取性较好的设备。例如，自动化立体仓库虽然存取性优越，但其投资成本也相对较高，需要在成本与效益之间进行权衡。

3．出入库量

出入库量的大小也是选择仓储设备时必须考虑的重要因素。有些设备更适合处理出入库量较小、频率较低的作业，而有些设备则更擅长应对出入库量大、频率高的场景。因此，仓库应根据自身的出入库量特点，选择适合的仓储设备，以确保作业的高效进行。

4．库房结构

在选择仓储设备时，还需充分考虑仓库的可用高度、梁柱位置、地坪承载力，以及防火设施等库房结构特点。这些条件不仅影响设备的安装和使用，还可能对仓库的安全和效率产生重要影响。因此，在选择设备时，必须确保设备能够与库房结构相匹配，实现最佳的使用效果。

8.1.3　数智仓储设备的特征

1．自动化

数智仓储设备具备高度自动化的特点，通过集成先进的自动化技术和设备，如自动导引车（AGV）、自动堆垛机、自动分拣系统等，实现了仓库内货物的自动搬运、存储、分拣和出库等操作。这种自动化操作不仅减少了人工干预，提高了作业效率，还降低了人力成本和错误率。

2．智能化

数智仓储设备集成了物联网（IoT）、云计算、大数据和人工智能等先进技术，实现了对仓库内各项运作指标的智能化监测和管理。通过传感器、射频识别（RFID）技术、视觉技术等，设备能够实时感知仓库内的环境参数、货物状态等信息，并基于数据分析进行智能决策和优化。这种智能化特性使得仓库管理更加精准、高效和灵活。

3．信息化

数智仓储设备通过数据采集和算法分析，实现了仓库管理的信息化。设备能够实时收集并处理仓库内的各种数据，如库存信息、设备状态、人员工作效率等，为管理者提供全面、准确的信息支持。这种信息化特性使得仓库管理更加透明、可追溯和可预测。

4．柔性化

数智仓储设备在设计上具有较高的灵活性和可扩展性，能够适应不同规模和类型的仓库需求。通过模块化设计和智能调度系统，设备可以灵活配置和调整以适应不同的业务流程和作业场景。此外，设备还具备自我学习和优化的能力，能够根据历史数据和实时情况自动调整作业策略以提高效率和准确性。

5．网联化

数智仓储设备通过无线通信技术实现了与上位机、其他设备和系统的互联互通。设备能够实时与云端服务器、ERP 系统、WMS 等进行数据交互和远程监控，实现了仓库管理的全面网络化和集成化。这种网联化特性使得仓库管理更加便捷、高效和协同。

8.2　智慧分拣输送系统

8.2.1　智慧分拣输送系统概述

1．智慧分拣输送系统概念

智慧分拣输送系统作为物流技术革新的核心，融合了物联网、图像识别、传感技术、数据处理等前沿科技，依托计算机指令或自主决策能力，实现了物流流程中分拣与输送的自动化、智能化转型。该系统核心涵盖输送与分拣两大模块，通过技术集成，无缝衔接货品的入库、出库、装卸、归类、分拣、识别及计量等作业环节，显著提升了物流作业的效率与精确度，如图 8-1 所示。

在现代物流体系内，输送与分拣设备紧密协作，构成了高效运行的货物流转体系，并在智能技术的赋能下，共同构筑了智慧分拣输送系统的坚实基础。该系统由中央控制系统统一调度，辅以广泛的传感器网络、精密控制器及高效执行机构，自动化执行货品流转的全链条操作，成为连接生产、物流与配送关键纽带，是自动化仓储、配送枢纽及大型物流场地高效运营的基石。

智慧分拣输送系统凭借其高速、多向、高效、低错及高度智能化的作业特性，几乎实现了无人化操作，已在全球范围内的大型配送中心广泛部署。如图 8-1 所示，面对每日数以万计、来自不同供应商的商品，该系统能够依据商品属性迅速分类存储，并在接收到订单指令后，即时从指定位置精准拣选商品，依据配送信息高效分配至不同区域或站点进行打包，加速货物出库与发运流程。

系统运行的效率、精确度及稳定性，直接关乎配送中心物流作业的整体效能、成本控制、服务质量及客户满意度，是评估物流系统综合性能的关键指标。因此，智慧分拣输送系统的不断优化与升级，对于推动物流行业向更高效、更智能的方向迈进，具有不可估量的价值。

图 8-1 配送中心智慧分拣输送系统

2. 智慧分拣输送系统特征

（1）高效连续的大批量处理能力 该系统通过模拟大生产流水线的自动作业模式，实现了不受外界环境（如气候）、时间，以及人力体力限制的连续运行。其分拣输送能力卓越，能够连续工作超过 100h，每小时高效分拣多达 7000 件包装商品。相比之下，人工分拣效率则大大受限，每小时仅能处理约 150 件，且难以维持长时间高强度作业。

（2）极低的分拣误差率 分拣误差率的高低直接关系到信息输入的准确性。智慧分拣输送系统采用先进的条码、射频标签等自动化扫描输入技术，除非标签本身制作有误，否则几乎可以实现零误差的分拣，显著优于人工键盘输入或语音识别方式带来的 3% 以上的误差率。

（3）高度自动化与无人化作业 该系统的核心设计目标之一即减少人力依赖，提升作业效率与员工工作体验。通过高度集成的自动化技术，智慧分拣输送系统能够最大限度地减少人工干预，仅在特定环节（如货物接收、系统运行监控、分拣后集载装车，以及系统的日常运营维护）需要少量人员参与，基本实现了无人化作业，从而大幅降低了人力成本，提升了整体作业效率。

3. 智慧分拣输送系统的基本构成

智慧分拣输送系统一般由自动控制和计算机管理系统、自动识别装置、自动分拣装置、主输送装置、前处理设备及分拣道口组成，如图 8-2 所示。

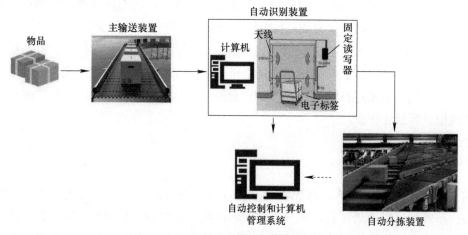

图 8-2 智慧分拣输送系统的基本构成

（1）自动控制和计算机管理系统　作为自动分拣系统的中枢大脑，自动控制和计算机管理系统统揽全局，精准调控分拣输送系统的每一个细微动作。该系统高度智能化，能够精准识别、迅速接收并高效处理各类分拣输送信号，依据预设规则（诸如货物品种、目的地等）指挥输送机构精准运作，同时驱动分类机构进行自动化分类，确保货物流向准确无误。分拣信号的采集广泛而灵活，涵盖条码扫描、键盘输入、质量检测、语音识别、高度及形状识别等多种方式，经过精细的信息处理后，即时转化为输送单、拣货单、入库单或电子拣货信号，驱动整个自动分拣流程顺畅进行。

（2）自动识别装置　自动识别装置是自动分拣系统的基石，它赋予了物料自我识别的能力。在现代化的物流配送中心，条码自动识别系统与无线射频系统成了广泛采用的识别利器。这些系统的光电扫描器被巧妙布设于分拣机的关键位置，一旦物料进入其视野范围，便立即启动，精准读取物料上的条码信息。通过先进的对码软件，这些信息被迅速转化为物料的具体信息，并同步捕获物料在分拣机上的精确位置，随后，这些信息被无缝传输至后台的计算机管理系统中，为后续的分拣作业提供坚实的数据支持。

（3）自动分拣装置　自动分拣装置是连接识别与分类的关键桥梁，它负责将已识别的物料精准引入分拣机的主输送线，随后，借助精密的分类机构，将物料准确无误地分流至指定位置。分类机构作为分拣系统的核心，其种类丰富多样，包括但不限于挡板式、滑块式、浮出式、倾斜式、托盘式、悬挂式、滚柱式分拣机，以及先进的分拣机器人等，每一种都针对特定场景进行了优化设计，以确保分拣作业的精准与高效。

（4）主输送装置　主输送装置，亦称主输送线，是物料在分拣过程中不可或缺的运输通道。它负责将物料平稳、高效地输送至相应的分拣道口，为后续作业奠定坚实基础。主输送装置由多种输送机械精心组合而成，包括但不限于带式输送机、链式输送机、辊子输送机，以及垂直输送机等，这些设备协同工作，共同构建了一个高效、稳定的物料输送网络。

（5）前处理设备　前处理设备在分拣系统中扮演着重要角色，它们负责将待分拣的物料顺利引入主输送装置。前处理设备主要包括进给台及其他辅助性的运输机和作业台等。进给台不仅承载着将物料目的地输入分拣系统的重任，还通过精准控制物料进入主输送装置的时间和速度，确保了分类机构能够准确无误地进行分拣作业。

（6）分拣道口　分拣道口，又称分流输送线，是物料脱离主输送线、进入相应集货区的关键通道。这一区域通常由钢带、传送带、滚筒等组件精心构建而成，形成了一条条顺畅的滑道。当物料抵达分拣道口时，它们会沿着滑道平稳滑入缓冲工作台，随后进行入库上架或配货等后续作业。

8.2.2　主输送装置

输送机有多种分类形式：按照输送介质，可分为带式输送机、链式输送机、辊子输送机等；按照输送机所处位置，可分为地面输送机、空中输送机和地下输送机；按照结构特点，可分为具有挠性牵引构件的输送机和无挠性牵引构件的输送机；按照安装方式，可分为固定式输送机和移动式输送机；按照输送的货物种类，可分为输送件货输送机和输送散货输送机；按照输送货物的动力形式，可分为机械式、惯性式、气力式、液力式等。以下介绍几种典型输送机。

1. 带式输送机

（1）概念及特点

1）概念。带式输送机是一种利用连续或间歇运动的输送带作为牵引和承载构件，通过摩擦驱动或强制驱动方式，实现物料从一端到另一端连续输送的机械设备。在输送过程中，物料被放置在输送带上，随着输送带的运动而被输送到目的地。

2）特点。

①输送能力大。带式输送机可以输送多种物料，包括粉状、粒状、块状及成件物品，且输送能力大，能够满足大规模生产的需求。

②输送距离长。可以根据需要设计不同长度的输送带，实现长距离物料的连续输送，减少转运环节，提高输送效率。

③运行平稳。输送带在托辊和滚筒的支撑下平稳运行，物料在输送过程中相对静止，减少了物料的破损和散落，同时降低了噪声和振动。

④适应性强。带式输送机可以根据不同的工艺要求和工作环境进行定制，如设置爬坡段、转弯段、分支段等，以适应复杂的地形和工艺流程。

⑤结构简单。带式输送机的主要部件包括输送带、机架、托辊、滚筒、驱动装置和张紧装置等，结构相对简单，易于制造、安装和维护。

⑥易于实现自动化控制。现代带式输送机通常配备先进的控制系统，可以实现远程监控、自动调节速度、故障报警等功能，提高输送机的自动化程度和运行效率。

⑦经济性好。虽然带式输送机的初期投资可能较大，但其运行成本低、维护方便、使用寿命长，且能够显著提高生产效率，降低人力和物力成本，因此具有较好的经济性。

（2）主要类型 带式输送机主要类型多样，根据不同的分类标准，可以划分为多种类型。以下是一些主要的类型及其特点：

1）按移动能力分类。

①固定带式输送机。安装在固定的地点，不需要移动，如通用固定式带式输送机，通常用于斜井、井下主要巷道和选煤厂。此类输送机输送距离远，输送量大，适合长期固定的物料输送场景。

②移动带式输送机。具有移动机构，如轮、履带，可以方便地变换位置，满足一套设备多个地点使用的需求。此类输送机灵活性高，适用于需要频繁变换作业地点的场合。

③可伸缩带式输送机。具有储带装置，能够随着工作面的推进灵活伸长或缩短，适用于综采工作面顺槽内的运输，能够灵活控制输送距离的长短。

2）按结构特点分类。

①普通输送带带式输送机。输送带平行，带芯可以是帆布、尼龙帆布或钢绳芯，适用于多种物料的输送，是带式输送机中最基础、最常见的类型。

②钢绳牵引带式输送机。用钢丝绳作为牵引机构，用带有耳边的输送带作为承载机构。此类输送机承载能力大，适用于重型物料的输送。

③压带式输送机。具有两条闭环带，其中一条为承载带，另一条为压带。通过压带的压力作用，可提高输送带的稳定性和承载能力。

④管状带式输送机。输送带围包成管状或用特殊结构输送带密闭输送物料，适用于需要防止物料散落或污染环境的场合。

⑤波状挡边带式输送机。输送带边上有挡边以增大物料的截面，倾斜角度大时，一般在横向设置挡板，适用于大倾角输送或需要防止物料滑落的场合。

⑥花纹带式输送机。使用花纹带以增大物料和输送带的摩擦，提高输送倾角，适用于需要提高输送倾角的场合。

3）按承载能力分类。

①轻型带式输送机。多用于食品、纸箱等轻型物料的输送。其结构简单，成本较低。

②通用型带式输送机。适用于煤炭、矿石、化工、冶金、建材、重工等重型物料的运输。此类输送机占据了带式输送机市场的大部分份额，是其他类型带式输送机的基础。

③钢绳芯带式输送机。又称强力带式输送机，适用于长距离、大运量的物料运输，在煤炭运输中应用广泛，承载能力强。

4）其他特殊类型。

①气垫带式输送机。使用气膜支撑输送带，实现连续支撑，适用于需要降低输送带与托辊之间摩擦阻力的场合。

②绳架吊挂式带式输送机。主要用于采区顺槽、集中平巷和采区上、下山的运输，结构紧凑，适应性强。

③多点驱动带式输送机。用于长距离、大运量的物料运输。结构形式有线摩擦式和中间转载式两种，可根据具体需求选择。

（3）结构组成　带式输送机主要由两个端点滚筒及紧套其上的闭合输送带组成。带动输送带转动的滚筒称为驱动滚筒（传动滚筒）；另一个仅用于改变输送带运动方向的滚筒称为改向滚筒。驱动滚筒由电动机通过减速器驱动，输送带依靠驱动滚筒与输送带之间的摩擦力拖动。驱动滚筒一般都装在卸料端，以增大牵引力，有利于拖动。物料由喂料端喂入，落在转动的输送带上，依靠输送带摩擦带动运送到卸料端卸出。

典型的带式输送机结构如图8-3所示，主要由输送带、支承托辊、驱动装置、改向装置、制动装置、张紧装置、装载装置、卸载装置和清扫装置组成。

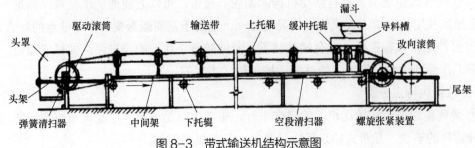

图8-3　带式输送机结构示意图

1）输送带。传递牵引力和承载被运货物，要求具有较高的强度、较好的耐磨性和较小的伸长率等。

2）支承托辊。作用是支承输送带和被运物料的重量，减小输送带的垂度，使其能够稳定运行。支承托辊包括上托辊和下托辊。托辊的维修或更换费用是带式输送机营运费用的重要组成部分。为了减小托辊对输送带的运动阻力，必须注意托辊两端滚动轴承的密封和润滑。

3）驱动装置。作用是将动力（牵引力）传给滚筒及输送带，使其能承载并运行。

通用固定式和功率较小的带式输送机一般采用单滚筒驱动，即电动机通过减速器和联轴器带动一个驱动滚筒运转。电动机一般采用封闭式笼型电动机，当功率较大时，可配以液力耦合器或粉末联轴器，使起动平稳。

长距离、生产率高的带式输送机可采用多滚筒驱动，大功率电动机可采用绕线式电动机，便于调控。

4）改向装置。用于改变输送方向。改向装置有改向滚筒和改向托辊组两种。改向滚筒适用于带式输送机的平行托辊区段；改向托辊组是若干沿所需半径弧线布置的支承托辊，用在输送带弯曲的曲率半径较大处，或用在槽形托辊区段，使输送带在改向处仍能保持槽形的横断面。

5）制动装置。在倾斜布置的输送机中，为防止其停车时在输送货物的重力作用下发生倒转的情况，需装设制动装置。制动装置有滚柱逆止器、带式逆止器、电磁瓦块式或液压电磁制动器。

6）张紧装置。使输送带保持必要的初张力，保证输送带与支承托辊之间有足够的摩擦力。张紧装置的主要结构形式有螺旋式、小车重锤式、垂直重锤式3种。

7）装载装置。装载装置的作用是对输送带均匀装载，防止物料在装载时落在输送机外面，并尽量减少物料对输送带的冲击和磨损。物料在下滑到输送带上时，应保持尽可能小的法向分速度（相对于带面）和尽量接近于带速的切向分速度。

8）卸载装置。带式输送机可在输送机端部卸料，也可在中间卸料。前者物料直接从滚筒处抛卸，后者可采用自动分拣装置、卸载挡板或卸载小车。

9）清扫装置。用以清扫黏附于输送带上的物料。常用的清扫装置有弹簧清扫器和犁形刮板。

2. 链式输送机

（1）概念及特点

1）概念。链式输送机是利用链条牵引、承载，或由链条上安装的板条、金属网带、辊道等承载物料的输送机。链式输送机的种类很多，物流系统常用的有链板输送机、埋刮板输送机等。其结构原理与带式输送机很相似。它们的区别主要在于带式输送机用输送带牵引和承载货物，靠摩擦来驱动和传递牵引力；而链板输送机则用链条牵引，用固定在链条上的板片来承载货物，靠耦合驱动来传递牵引力。

2）特点。

① 输送物品的多样性。链式输送机几乎可以输送所有类型的物品。散料，如面粉、水泥、灰粉、煤炭和矿石等小件物品，如电子元器件、机械零件、罐装和瓶装物品等；大件货物，如整件家电、各种整机、各种箱装件货等。以物品重量来说，小到几克的电子元器件，大到 10t 以上的件货均可用链条来输送。

② 苛刻输送环境的适应性。链式输送机几乎可在各种苛刻环境下正常工作，可适应低温、高温、多粉尘、有毒介质、有腐蚀介质，以及粗暴装载等各种工况，所以在低温的冷库、高温的烘干线、粗暴装载的林场、多粉尘的水泥厂，以及设备涂装线中均可使用链式输送机。

③ 输送物品流向的任意性。链式输送机不仅可以实现水平、垂直和倾斜输送，还可以根据工场环境条件，不需多机组合，即可进行起伏迂回的输送；不仅可以实现直线输送，还可以进行环形输送，使输送物品的流向有最大的任意性。

④ 工作时具有运载准确和稳定性。链式输送机是通过驱动链轮与链条啮合使链条实现运行的，所以，不像带传动那样会存在弹性滑动，链式输送机能保证正确、稳定和精确的同步输送。因此，在自动化生产过程中常利用这一特点来控制生产流水线的节拍。

⑤ 寿命长、效率高。输送机的寿命与效率取决于输送元件。链式输送机的输送元件是输送链条，输送链条的组成元件虽然也会采用各种性能的材料来制造，但主要还是采用金属材料。即使是采用多种材料制成的链条，在设计与制造时也要求达到整体与部件性能的和谐与合理，因此与其他输送元件相比，输送链具有强度高、寿命长的特点。再加上链条与链轮是啮合传动，链条铰链内部的摩擦阻力较小，所以链式输送机具有寿命长、效率高的特点。

（2）主要类型

1）按链条上安装的承载面分类。

① 链板式输送机。链条上安装有板条，增加了承载面积和稳定性。适用于输送重型或散状物料，如饮料贴标、灌装、清洗等设备的单列输送，也可以满足杀菌机、储瓶台、冷瓶机的大量供料要求。链板材质可选碳钢、不锈钢、热塑链，链板规格多样，如直输链板宽度可由 63.5mm 至 304.8mm 不等，转弯链板宽度也有多种选择。

② 网带输送机。链条上安装有网状结构，具有良好的透气性和排水性，可实现水平直线输送、提升爬坡输送等形式，输送带可增设提升挡板、侧挡板。广泛用于食品、罐头、药品、饮料等行业的自动输送、分配和后道包装的连线输送。

③ 插件线输送机。采用专用铝合金导轨，导轨间距可调，保证操作每一次拾取元件距离最小，提高生产效率。此类输送机对于电子基板的流水作业非常适合。

④ 悬挂链输送机。一种三维空间闭环连续输送系统，适用于车间内部和车间之间成件物品的自动化输送。根据输送物件的方法，可分为通用和轻型的牵引式悬挂输送，以及通用积放式和轻型积放式的推式悬挂输送。

2）按结构特点和应用场景分类。

①链条式输送机。直接使用链条作为承载面，适用于输送小型或轻质物料。

②链斗式输送机。链条上安装有斗状容器，用于输送散状物料，如煤炭、矿石等。

③托盘式输送机。链条上安装有托盘，用于输送大件或重型物料，如整件家电、机械部件等。

④台车式输送机。结合了链式输送和台车运输的特点，适用于长距离、大批量物料的输送。

（3）结构组成 链式输送机的工作原理是：用绕过若干链轮的无端链条作牵引构件，由驱动链轮通过齿轮与链节的啮合将圆周牵引力传递给链条，在链条上或一定的工作构件上输送货物，如图8-4所示。

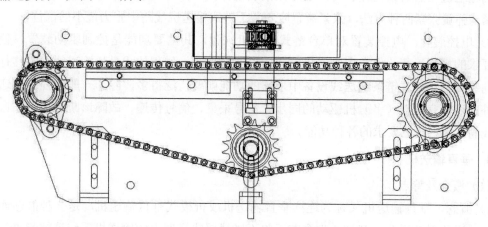

图8-4 链式输送机结构示意图

链式输送机种类繁多，有些结构还比较复杂，但基本上由以下结构部件组成：

1）原动机。原动机是输送机的动力来源，一般都采用交流电动机。视需要可以采用普通的交流异步电动机，或采用交流调速电动机。可调速的电动机有变极式的小范围内有级调速的电动机，也有能无级调速的变频、滑差交流电动机。采用可调速电动机，电动机本身成本较高，但驱动装置的结构比较简单。

2）驱动装置。又称为驱动站，通过驱动装置将电动机与输送机头轴连接起来。驱动装置的组成取决于要实现的功能，通常驱动装置可实现以下功能：

①降低速度。由于驱动电动机的转速相对于输送链条运行速度的要求高得多，所以链式输送机必须有减速机构。减速机构通常有带传动、链传动、齿轮传动、蜗杆传动和履带驱动机构等。

②机械调速。输送链条的运行速度如需在一定范围内变动，虽然可通过电动机调速来实现，但由于单纯用电动机调速会有电动机转速低、输出转矩小的弊病，所以在驱动装置中常设置机械调速装置，如机械无级变速器与变速箱等。

③安全保护。链式输送机工作过程中要求有安全保护与紧急制动的功能，安全保护设备与制动设备大都设置在驱动站的高速运行部分。

3）线体。链式输送机的线体是直接实现输送功能的关键部件。它主要由输送链条、附件、链轮、头轴、尾轴、轨道、支架等部分组成。

设计线体时一定要注意输送链条与传动链条的区别，尽管两者在结构上有时可能很相似，但在功能上仍然是有区分的。输送链需要具备承载物品以及在轨道上运行的功能，所以，正确分析输送链的受力情况及其力流（即物料重力传送到输送的支承轨道上所流经的路程）分布是很重要的，设计线体时应遵循力流路线最短与力流路线所经过的各零件尽可能等强度的原则。

4）张紧装置。张紧装置用来拉紧尾轴，其作用如下：

保持输送链条在一定的张紧状态下运行，消除因链条松弛使链式输送机运行时出现跳动、振动和异常噪声等现象。

当输送链条因磨损而伸长时，通过张紧装置补偿，保持链条的预紧度。张紧装置有重锤张紧与弹簧张紧两种方法，张紧装置应安装于链式输送机线路中张力最小的部位。

5）电控装置。电控装置对单台链式输送机来说，其主要功能是控制驱动装置，使链条按要求的规律运行。但在由输送机组成的生产自动线，如积放式悬挂输送线、带移行器等转向装置的承托式链条输送线设备中，它的功能就要广泛得多，除了一般的控制输送机速度外，还需完成双（多）机驱动的同步、信号采集、信号传递、故障诊断等使链条自动生产线满足生产工艺要求的各种功能。

3. 垂直输送机

（1）概念及特点

1）概念。垂直输送机又称为连续垂直输送机或折板式垂直输送机，是一种能够连续地垂直输送物料的设备。其核心理念在于将不同楼层或高度上的输送机系统连接起来，形成一个更大的、连续的输送机系统，从而保持物料在不同高度间的不间断输送。

2）特点。

①高效连续。垂直输送机能够高效、连续地完成物料的垂直输送任务，确保生产线的顺畅运行。

②运量大。相比于其他类型的输送设备，垂直输送机具有较大的运量，能够满足大规模生产的需求。

③占用面积小。由于采用垂直输送方式，垂直输送机在水平方向上的占用面积相对较小，有利于节省空间。

④适应性强。垂直输送机适用于多种物料和不同的工作环境，如冶金、煤炭、建材、粮食、机械、医药、食品等行业。

⑤易于自动化和集中化控制。现代垂直输送机通常配备有先进的控制系统，能够实现自动化和集中化控制，提高生产效率和降低人力成本。

（2）主要类型　从作业形式上看，垂直输送机主要可分为往复式和连续式两种类型。

1）往复式垂直输送机。又称垂直升降机、特种非载人电梯等，主要通过提升机实现货物的垂直输送，用于多个楼层之间的托盘或包装货物搬运。根据货物的出入口方向分为Z型、C型、E型，如图8-5所示。

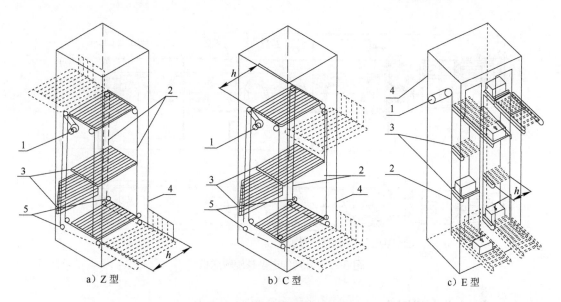

图 8-5　垂直输送机的主要形式
1—驱动装置　2—牵引件　3—承载装置　4—机架　5—张紧装置

　　2）连续式垂直输送机。亦称垂直螺旋输送机，其核心机制在于利用螺旋结构驱动货物实现垂直方向的上升或下降移动。根据其螺旋设计的不同，此类输送机可分为两大类：平面输送型与叶片旋进型。

　　①平面输送型螺旋输送机。此类型输送机是在带式、链式或辊子输送机的基础上，巧妙融入螺旋设计元素，通过构建螺旋形态的输送路径，使得货物在输送过程中实现螺旋式的上升或下降，如图 8-6 所示。它特别适用于单件包装货物的连续垂直输送任务，为物流仓储及生产线上的货物垂直转移提供了高效解决方案。

　　②叶片旋进型螺旋输送机。该类型则依赖于旋转的螺旋叶片，这些叶片在固定的机壳内部旋转，通过产生的向前推力推动物料沿轴向移动。其特点在于能够灵活适应水平、垂直乃至倾斜等多种输送角度，广泛应用于粉状（如水泥、煤粉）、粒状（如粮食、化肥）及小块状（如灰渣、砂子）等物料的输送，如图 8-7 所示。其高效、稳定的输送性能，使其成为工业生产中不可或缺的物料处理设备，展现了其在多种物料输送场景中的广泛应用。

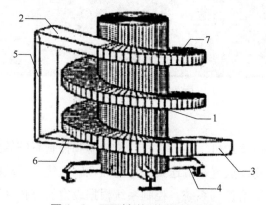

图 8-6　平面输送型螺旋输送机
1—立柱　2—螺旋输送链板　3—出入口接口　4—支撑底座　5—垂直回程　6—水平回程　7—外侧封板

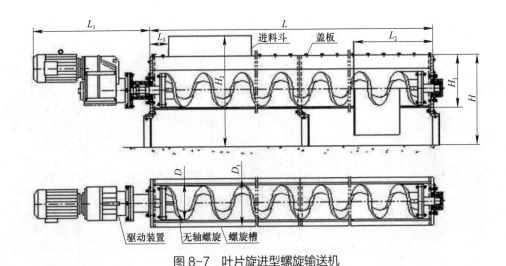

图 8-7　叶片旋进型螺旋输送机

8.2.3　自动分拣装置

1. 交叉带分拣机

交叉带分拣机有很多种型式，应用比较普遍的是一车双带式，即一个小车上面有两段垂直的皮带，既可以每段皮带搬送一个包裹，也可以两段皮带合起来搬送一个包裹。在两段皮带合起来搬送一个包裹的情况下，可以通过在分拣机两段皮带方向的预动作，使包裹的方向与分拣方向相一致以减小格口的间距要求，如图 8-8 所示。

交叉带分拣机的优点是噪声低、可分拣货物的范围广，通过双边供包及格口优化可以实现单台最大能力约 2 万件 /h。但缺点也是比较明显的，即造价比较昂贵、维护费用高。

图 8-8　交叉带分拣机

2. 翻盘式分拣机

翻盘式分拣机主要由输送机、翻盘装置、传感器和控制系统等组成。其工作原理可以简单描述为：将待分拣物品放置在输送线上，物品在输送线上运动时，传感器会扫描识别物品的特征信息，并发送给控制系统。控制系统根据设定的分拣规则，将物品分类信息发送给翻盘装置，通过翻盘装置将物品翻转至对应的分拣通道。最后，分拣完成的物品会被输送到相应的目的地，如图 8-9 所示。

翻盘式分拣机相对于传统的人工分拣具有显著的优势。首先，它能够实现快速高效的自动化分拣，大大提高了分拣速度和准确性。其次，翻盘式分拣机可以处理各种形状、尺寸和重量的物品，具有很高的适应性。此外，它还节省了人力资源，减少了人工成本和劳动强度。另外，由于翻盘式分拣机的可编程性，可以根据实际需求进行灵活的分拣规则设定，提高了自动化分拣的灵活性和可操作性。

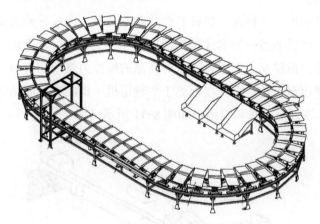

图 8-9 翻盘式分拣机

3. 滑块式分拣机

滑块式分拣机如图 8-10 所示，它也是一种特殊形式的条板输送机。输送机的表面用金属条板或管子构成，呈竹席状，而在每个条板或管子上有一枚用硬质材料制成的导向滑块，能沿条板做横向滑动。

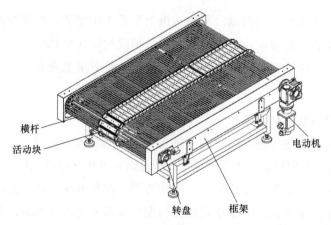

横杆
活动块
电动机
转盘 框架

图 8-10 滑块式分拣机

平时滑块停止在输送机的侧边，滑块的下部有销子与条板下导向杆连接，通过计算机控制。当被分拣的货物到达指定道口时，控制器使导向滑块有序地自动向输送机的对面一侧滑动，把货物推入分拣道口，商品就被引出主输送机。这种方式是将商品侧向逐渐推出，并不冲击商品，故商品不容易损伤，它对分拣商品的形状和大小适用范围较广，是目前最新型的高速分拣机。

滑块式分拣机也是在快递行业应用非常多的一种分拣机。滑块式分拣机工作可靠，故障率非常低，在大的配送中心，比如 UPS 的路易斯维尔中心就使用了大量的滑块式分拣机来完成预分拣及最终分拣。滑块式分拣机可以多台交叉重叠起来使用，以满足单一滑块式分拣机无法达到的能力要求。

4. 挡板式分拣机

挡板式分拣机是利用一个挡板（挡杆）挡住在输送机上向前移动的商品，将商品引导到一侧的滑道排出。挡板的另一种形式是挡板一端作为支点，可以旋转。挡板动作时，像一堵墙似地挡住商品向前移动，利用输送机对商品的摩擦力推动，使商品沿着挡板表面移动，从主输送机上排出至滑道。平时挡板处于主输送机一侧，可让商品继续前移；如挡板做横向移动或旋转，则商品就排向滑道，如图 8-11 所示。

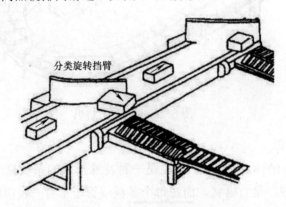

分类旋转挡臂

图 8-11　挡板式分拣机

挡板一般安装在输送机的两侧，与输送机上平面不相接触，即使在操作时也只接触商品而不触及输送机的输送表面，因此它对大多数形式的输送机都适用。挡板本身也有不同形式，如有直线型、曲线型，也有的在挡板工作面上装有滚筒或光滑的塑料材料，以减小摩擦阻力。

5. 滚珠式分拣机

滚珠式分拣机是一种先进、高效的分拣设备，广泛应用于快递、物流、机场等场景。它基于物体的高度、宽度和深度等尺寸信息，通过高精度传感器进行检测，实现自动分拣。滚珠式分拣机主要由输送带、分拣单元、驱动装置和控制系统等部分组成。其中，输送带负责将物品运送至分拣单元；分拣单元由高精度传感器和电磁铁组成，负责物品的分类和分拣；驱动装置负责控制输送带和分拣单元的工作；控制系统则负责整个设备的协调和管理，如图 8-12 所示。

滚珠式分拣机基于高精度传感器对物品的尺寸信息进行检测，并将检测结果传递给控制系统。控制系统根据预设的程序，控制驱动装置和分拣单元进行分类和分拣。具体来说，当物品通过输送带运送至分拣单元时，高精度传感器会对物品进行检测，根据检测结果，控制系统控制分拣单元的电磁铁吸合或释放，将物品分拣到相应的槽位中。

图 8-12 滚珠式分拣机

6. 分拣机器人

分拣机器人作为高度智能化的自动化设备典范，融合了先进的传感器技术、机器视觉识别能力，以及精密的机械臂设计。它能够迅速且精确地穿梭于复杂多样的物料之中，通过敏锐的识别与分析，准确无误地锁定目标物品。在这一过程中，高精度传感器精准捕捉物品的各项信息；机器视觉系统对这些海量数据进行深度处理，瞬间解析出物品的独特特征；随后，强大的控制系统依据预设的先进算法，巧妙规划出机械臂的最佳运动路径，确保每一次夹取与放置都既精准又高效，如图 8-13 所示。

图 8-13 分拣机器人

8.3 智慧装卸搬运设备

8.3.1 智慧装卸搬运设备概述

1. 智慧装卸搬运设备概念

装卸搬运技术历经了从原始的人工操作到机械化，再到如今的智能化三大历史阶段。尽管人工装卸搬运在快递业、制造业、轻型运输业及农林业等广泛领域内仍占有一席之地，但其局限性日益凸显：高昂的人力成本、效率低下、易出错及判断偏差等问题成为制约因素。机械化装卸搬运的引入，无疑为行业带来了效率上的显著提升，并攻克了人力难以胜任的复杂任务。然而，随着智能化浪潮的推进，尤其是在电商物流的迅猛发展和智能制造崛起的背景下，对效率、成本、安全及智能监控的更高要求，使得传统机械化乃至人工化模式显得力不从心。

在此背景下，智慧装卸搬运设备应运而生。它是在机械化装卸搬运设备的基础上，引入传感定位、人工智能、自动控制等技术手段，能够自动化、智能化完成货物搬移、升降、装卸、短距离输送等作业的物流装备。智慧装卸搬运设备是对传统机械设备的升级，通过导航、定位，以及多重传感器的部署，使得机械设备可以自动感应识别作业位置并精准对接，完成无人自动存取搬运的功能；同时能够实现装卸搬运过程的智能化控制，以及与整个物流运作过程的柔性化衔接。无论是生产制造的供应链环节，还是电商与流通领域的大型物流中心，智慧装卸搬运设备，如自动导引车（AGV）、高精度机械臂等，已成为提升作业效率、优化成本结构的关键利器。随着这些智能设备的广泛应用，装卸搬运领域的自动化与智能化水平正以前所未有的速度提升，开启了物流作业的新纪元。

2. 智慧装卸搬运设备特征

（1）自动化作业升级　对传统机械设备实施全面革新，融合导航与定位技术，辅以多元传感器网络，实现设备自主感知作业点并精确对接，从而达成无人值守的自动存取与搬运作业。这一过程涵盖了从有人叉车向无人叉车的转型，以及岸桥设备的无人化改造。

（2）灵活化流程衔接　装卸搬运环节作为物流链条中的关键枢纽，其智慧化升级旨在无缝衔接物流体系的各个环节。该系统能够灵活适应多变的物流环境，依据预设工作流程，自动化执行入库、存储、分拣、搬运、上下料等任务，确保物流或生产流程中的每一环节都能实现高效、流畅的柔性连接。

（3）智能化流程管控　构建先进的作业控制系统，实现对包括无人叉车、智能机器人、机械臂及辊道等在内的整体智能作业流程的集中调度与实时监控。该系统通过精准控制作业节奏，优化多台机器人路径规划，实施实时状态监测，并具备灵活调整机器人数量、地图布局优化及动态交通管理能力，以最大化提升整体作业效率与系统的柔性扩展潜力。

8.3.2　巷道式堆垛机

1. 巷道式堆垛机的概念与特征

（1）巷道式堆垛机的概念　巷道式堆垛机是通过运行机构、起升机构和货叉机构的协调工作，完成货物在货架范围内的纵向和横向移动，实现货物三维立体存取的设备。巷道式堆垛机是立体仓库中用于搬运和存取货物的主要设备，是随立体仓库的使用而发展起来的专用起重机。巷道式堆垛机的主要用途是在高层货架的巷道内来回穿梭运行，将位于巷道口的货物存入货格，或者取出货格内的货物运送到巷道口。

（2）巷道式堆垛机的特征　巷道式堆垛机显著地展现出以下五大核心特征：

1）高窄结合的独特整机结构。专为有轨巷道设计，其高架仓库货架高耸，而巷道空间则被极致压缩，确保堆垛机的宽度精准匹配所搬运单元货物的宽度，实现空间利用的最大化。

2）卓越的刚性与精度要求。堆垛机的金属结构设计不仅需承受高强度作业，更对结构的刚度和精度提出了严苛要求。在制动过程中，机架顶端的水平位移被严格控制在20mm以内，同时追求短促的结构振动衰减时间。此外，载货台在立柱上滑行的升降导轨，其垂直度被精确限制在 3 ～ 5mm 之间，确保运行的平稳与精准。

3）复杂而高效的取物装置。堆垛机装备了专为高效作业设计的特殊取物装置，如伸缩货叉与伸缩平板等，这些装置能够在工作时灵活应对两侧货架，实现货物的精准存取，大大提升了作业效率。

4）电力拖动系统的精准控制。堆垛机的电力拖动系统集快速响应、平稳运行与精确控制于一身，确保在作业过程中既能迅速移动，又能实现精准定位。具体而言，其停车定位精度可达 ±5mm 以内，而起升定位精度更是精确至 ±3mm，满足了现代物流对高效与精准的双重追求。

5）高标准的安全防护体系。鉴于其特殊的工作环境，巷道式堆垛机在安全性方面不仅配备了全面的安全装置，还在电气控制系统中融入了多重连锁与保护措施，确保在任何情况下都能有效避免安全事故的发生，为仓储作业提供坚实的安全保障。

2．巷道式堆垛机的分类

（1）按堆垛机结构分类

1）单立柱型巷道式堆垛机。机架结构是由一根立柱、上横梁和下横梁组成的一个矩形框架，结构刚度比双立柱差，适用于起重量在 2t 以下、起升高度在 16m 以下的仓库，如图 8-14 所示。

2）双立柱型巷道式堆垛机。机架结构是由两根立柱、上横梁和下横梁组成的一个矩形框架，结构刚度比较好，承重量比单立柱要大。适用于各种起升高度的仓库，一般起重量可达 5t，必要时还可以更大，可用于高速运行，如图 8-15 所示。

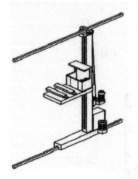 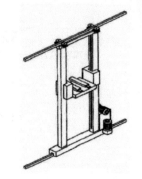

图 8-14　单立柱型巷道式堆垛机　　　　图 8-15　双立柱型巷道式堆垛机

（2）按支承方式分类

1）地面支承型巷道式堆垛机。支承在地面铺设的轨道上，用下部的车轮支承和驱动。上部导轮用来防止堆垛机倾倒，机械装置集中布置在下横梁，易保养和维修。适用于各种高度的自动化立体库及起重量较大的仓库，应用广泛。

2）悬挂型巷道式堆垛机。在悬挂于仓库屋架下弦装设的轨道下翼沿上运行，在货架下部两侧铺设下部导轨，防止堆垛机摆动，一般应用于起重量和起升高度较小的小型立体仓库。

3）货架支承型巷道式堆垛机。支承在货架顶部铺设的轨道上。在货架下部两侧铺设下部导轨，防止堆垛机摆动，货架应具有较大的强度和刚度，一般应用于起重量和起升高度较小的小型立体仓库。

（3）按用途分类

1）单元型巷道式堆垛机。以托盘单元或货箱单元进行出入库，自动控制时，堆垛机上不用司机，适用于各种控制方式，应用广泛，可用于"货到人"式拣选作业。

2）拣选型巷道式堆垛机。在堆垛机上的操作人员从货架内的托盘单元或货物单元中取少量货物，进行出库作业。堆垛机上装有司机室。一般为手动或半自动控制。一般适用于"人到货"式拣选作业。

3．巷道式堆垛机的系统组成

（1）巷道式堆垛机的工作原理　巷道式堆垛机通过其底部的行走机构，在仓库巷道内沿轨道（单轨或双轨）实现水平移动，行走电动机驱动轴带动车轮滚动，精确定位至指定货架列。到达后，起升机构起动，起升电动机带动链条、钢丝绳或液压缸等传动装置，使载货台在垂直方向上升降至目标货位高度。随后，货叉伸缩机构由货叉电动机驱动，通过相应传动装置使货叉前伸，精准插入货物托盘下方，完成插入后反向运动以抬起或放下货物。整个过程中，位置识别与控制系统利用认址器、行程开关及接近开关确保精准定位与操作。巷道式堆垛机的操作由计算机系统全面控制，自动规划路径并响应仓库管理系统指令，同时支持手动与半自动操作模式，以适应不同操作需求。

（2）巷道式堆垛机的主要结构　巷道式堆垛机主要由起升机构、运行机构、载货台及存取货机构、机架、电气装置、安全保护装置6部分组成，如图8-16所示。

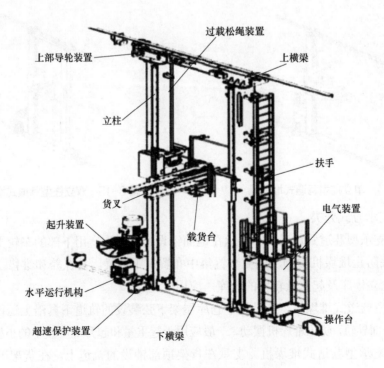

图8-16　巷道式堆垛机的主要结构

1）起升机构。巷道式堆垛机的起升机构可以由电动机、制动器、减速器或链轮及柔性件组成。常用的柔性件有钢丝绳和起重链等。钢丝绳柔性件质量轻，工作安全，噪声小；链条柔性件结构比较紧凑。除了一般的齿轮减速器外，由于需要较大的减速比，因而也经常见到使用蜗轮蜗杆减速器和行星齿轮减速器。起升速度应备低档低速，主要用于平稳停准和取、放货物时货叉和载货台做极短距离的升降。提升机构的工作速度一般在 $12 \sim 30m/min$，最高可达 $48m/min$。在堆垛机的起重、行走和伸叉（叉取货物）三种驱动中，起重的功率最大。

2）运行机构。常用的运行机构是地面行走式的地面支承型和上部行走式的悬挂型或货架支撑型。地面行走式用 $2 \sim 4$ 个车轮在地面单轨或双轨上运行，立柱顶部设有导向轮。上部行走式采用 4 个或 8 个车轮悬挂于屋架下弦的工字钢下翼缘行走，在下部有水平导轮。货架支承型上部有 4 个车轮，沿着巷道两侧货架顶部的两根导轨行走，在下部也有水平导轮。

3）载货台及存取货机构。载货台是货物单元的承载装置。对于只需要从货格拣选一部分货物的拣选式堆垛机，载货台上不设存取货装置，只有平台供放置盛货容器之用。存取货装置是堆垛机的特殊工作机构。取货的那部分结构根据货物外形特点设计，最常见的是一种伸缩货叉，也可以是一块可伸缩的取货板，或者其他结构形式。

伸叉机构装在载货台上，载货台在辊轮的支撑下沿立柱上的导轨做垂直行走方向的运动（起重），垂直于起重—行走平面的方向为伸叉的方向。堆垛机的操作平台设在底座上，工作人员在此处可进行手动或半自动操作。货叉完全伸出后，其长度约为原来长度的两倍以上。一般货叉采用三节式机构：下叉固定在载货台上，中叉和下叉可以向左右伸出。

4）机架。巷道式堆垛机的机架由立柱、上横梁和下横梁组成。根据机架结构的不同，将巷道式堆垛机分为双立柱和单立柱巷道式堆垛机两种。双立柱巷道式堆垛机是由两根立柱和上下横梁组成的长方形框架，立柱形式有方管和圆管两种结构形式，方管可作导轨使用，圆管要附加起升导轨。它的特点是强度和刚度较大，并且运行稳定，运行速度也较高。主要应用于起升高度高、起重量大的立体仓库中。单立柱巷道式堆垛机是由一根立柱和下横梁组成的，立柱上附加导轨。它的特点是机身的重量轻，制造成本较低，刚性较差。主要应用于起重量小的立体仓库中，同时运行速度不能太高。

5）电气装置。电气装置是由电动驱动装置和自动控制装置组成。巷道式堆垛机一般由交流电动机驱动，如果调速要求较高，采用直流电动机进行驱动。控制装置的控制方式有手动、半自动和自动三种，其中自动控制包括机上控制和远距离控制两种方式。

6）安全保护装置。堆垛机是一种起重机械，它要在又高又窄的巷道内高速运行。为了保证人员及设备的安全，堆垛机必须配备有完善的硬件及软件的安全保护装置，如各机构的行程限制装置、下降超速保护装置、断绳保护装置、起升过载保护装置、断电保护装置等。

8.3.3 自动导引车（AGV）

1. AGV 的概念

AGV 是自动导引车（Automated Guided Vehicle）的英文缩写，是指具有磁条、轨道或激光等自动导引设备，沿规划好的路径行驶，以电池为动力，并且装备安全保护以及各种辅助机构（例如移载、装配机构）的无人驾驶的自动化车辆。通常多台 AGV 与控制计算机（控制台）、导航设备、充电设备及周边附属设备组成 AGV 系统，其主要工作原理表现为在控制计算机的监控及任务调度下，AGV 可以准确地按照规定的路径行走，到达任务指定位置后，完成一系列的作业任务，控制计算机可根据 AGV 自身电量决定是否到充电区进行自动充电。

AGV 作为轮式移动机器人（Wheeled Mobile Robot，WMR）的一个重要分支，其构造涵盖了导向模块、驱动单元、位置感知传感器、主控微处理器、通信接口、载货机构及动力电源等多个关键组件。主控微处理器作为系统的中枢，不仅将 AGV 的各个部分紧密集成，还负责通过无线通信接收来自地面控制中心的指令，并实时反馈车辆的位置状态与运行参数至控制中心，从而实现对整车的精准操控。

在作业前，AGV 需依据预设的虚拟工作地图进行编程设定，随后严格遵循既定程序执行行驶路径。一旦位置传感器监测到当前位置偏离预设轨迹，数字编码器即刻捕捉偏差并转化为电信号，传递给控制器。控制器据此调整电动机转速，实施偏差校正，确保 AGV 行走系统的即时响应与精确控制。

在轮式移动机器人的范畴内，除 AGV 外，还有 RGV（Rail Guided Vehicle，轨道导引车）与 IGV（Intelligent Guided Vehicle，智能导引车）两种形态。RGV 特别适用于高密度存储仓库，其无限长的通道设计提升了存储容量，且无须叉车进入巷道作业，增强了作业安全性与效率。而 IGV 则在 AGV 基础上进一步提升了灵活性，无须依赖外部标识物，路径规划灵活多变，能根据生产实际需求快速调整，展现出更高的智能化水平。

从自动化与智能化的维度评估，三者呈现逐级提升的趋势：RGV 受限于固定轨道，自动化程度相对较低；AGV 虽依赖一定标识物导航，但已具备较高的自动化水平；而 IGV 则实现了完全的自主导航与运行，代表了轮式移动机器人技术的前沿方向。

2. AGV 的分类

（1）按导航方式分类

1）电磁导航 AGV。通过电磁感应原理进行导航，需要预先在地面铺设电磁导线，AGV 通过检测电磁信号来确定位置和方向。这种方式适用于路径固定的场景，但灵活性较差。

2）磁带和磁钉导航 AGV。与电磁导航类似，但使用磁带或磁钉作为导航标识。磁带导航 AGV 通过识别磁带的磁场信号来识别路径，而磁钉导航 AGV 则通过识别地面上预埋的磁钉来实现导航。这种方式同样适用于路径固定的场景，但相对于电磁导航更为灵活。

3）二维码导航 AGV。使用二维码作为路标，通过搭载的摄像头识别二维码信息来实现导航。这种方式具有较高的精度和灵活性，适用于室内和室外环境，常用于仓库、制造车间和展览会等场所。

4）激光导航 AGV。使用激光扫描和建图技术进行导航，通过自身携带的激光雷达识别周围环境特征并构建地图，再根据地图信息实现自主导航。这种方式具有较高的自主性和适应性，可用于各种复杂场景如仓库、工厂和地下管道等。

5）视觉 SLAM 导航 AGV。基于视觉的即时定位与地图构建（SLAM）技术进行导航，通过摄像头捕捉周围环境图像并进行分析处理，实现自主定位和导航。这种方式具有较高的智能化水平，适用于需要高精度定位和导航的场景。

6）RFID 导航 AGV。RFID（射频识别）导航 AGV 通过无线电波进行数据传输，实现自动导引。系统主要由电子标签、阅读器和天线组成。每个电子标签具有唯一的识别码，当 AGV 上的阅读器进入标签识别范围时，通过阅读器获取标签信息，实现高精度的路径导航。RFID 导航具有定位精度高、灵活性强、成本效益好等优点，适用于复杂环境中的精确行驶和动态路径调整。

7）惯性导航 AGV。惯性导航 AGV 在 AGV 上安装陀螺仪等惯性传感器，通过检测 AGV 的三轴角速度和加速度等信息，进行积分运算来实现导航定位。惯性导航的优点是成本低、短时间内精度高，但随时间增长误差会累积增大，通常作为其他导航方式的辅助。

8）复合导航 AGV。复合导航 AGV 是多种导航技术的集合体，根据现场环境的变化自动切换导航方式，以满足连续运行的需求。例如，当某种导航方式无法满足要求时，复合导航 AGV 可以切换到另一种导航方式继续运行。这种导航方式提高了 AGV 的适应性和灵活性。

（2）按移载方式分类

1）叉车式 AGV。工作原理和普通叉车类似，通过自动化的方式利用货叉将物料托盘托起并搬运到目标位置。适用于大型物料和重型货物的搬运。

2）背负式 AGV。只针对单台物料台车进行搬运，相对于牵引式 AGV 更灵活。它可以通过自动识别和跟踪物料台车的位置实现自动化搬运。

3）潜伏式 AGV。主要用于搬运托盘，其顶部装有可伸缩的升降机构。当需要搬运时，升降机构伸出并降至地面将托盘装载到 AGV 顶部，然后回到车间由操作人员卸货。适用于空间受限的场所。

4）顶升式 AGV。工作时会钻到货架底部利用液压装置将整个货架托起并移动至目标位置后放下。这种 AGV 相对灵活且能在原地转向或在不改变 AGV 方向的前提下实现货架方向的转动。

（3）按功能分类

1）搬运型 AGV。搬运型 AGV 主要用于物料的自动化搬运装卸，可以承载各种类型的物料，从小零件到较大的部件。它通常具备安全保护和移载功能，能够在规定路径上自主行驶，减少人工搬运，提高生产效率。

2）装配型 AGV。装配型 AGV 在搬运的基础上增加了装配功能，能够处理装货、卸载等复杂动作。它通常对基础车体进行了改良，增加了机械手等装置，以实现一系列复杂的操作。装配型 AGV 的自动化程度更高，可以解放劳动力，实现搬运、装卸功能一体化。

3）牵引型AGV。牵引型AGV主要用于牵引物料车或拖车进行运输。它通常具有强大的牵引力和稳定的行驶性能，能够确保在运输过程中物料的安全和稳定。牵引型AGV在物流、仓储等领域有广泛应用。

4）巡检型AGV。巡检型AGV主要用于巡检作业，如检查设备状态、监测环境参数等。它通常搭载有各种传感器和检测设备，能够自主或按照预设路线进行巡检，并将巡检结果实时传输给控制中心。巡检型AGV在工业自动化、安全监控等领域有重要应用。

5）分拣型AGV。分拣型AGV主要用于物料的分拣作业。它通常具备快速识别、准确分拣和高效搬运的能力，能够根据预设的分拣规则或指令，将物料快速准确地分拣到指定位置。分拣型AGV在物流、仓储、电商等领域有广泛应用。

6）复合型AGV。复合型AGV是指集成了多种功能和技术的AGV，它不仅能够进行物料的搬运和装配，还可能具备巡检、分拣等多种功能。复合型AGV通常具有高度的自动化和智能化水平，能够根据实际需求进行灵活配置和扩展。它在工业自动化、智能制造等领域有重要应用，能够显著提高生产效率和降低人力成本。

（4）按驱动方式分类

1）单轮驱动AGV。采用单个驱动轮进行驱动和转向。

2）双轮驱动AGV。采用两个驱动轮进行驱动和转向，通常具有更好的稳定性和承载能力。

3）多轮驱动AGV。采用三个或更多驱动轮进行驱动和转向，适用于重载或复杂地形的搬运作业。

3. AGV的系统结构

AGV主要包括车体、驱动装置、执行机构、安全防护装置、车载控制系统、电源装置、导航装置、通信装置和人机交互系统，如图8-17和图8-18所示。

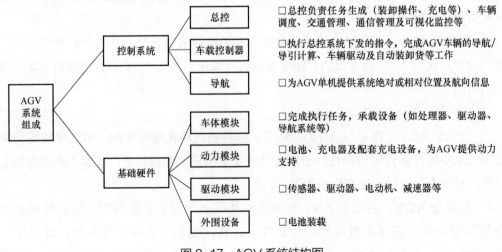

图8-17 AGV系统结构图

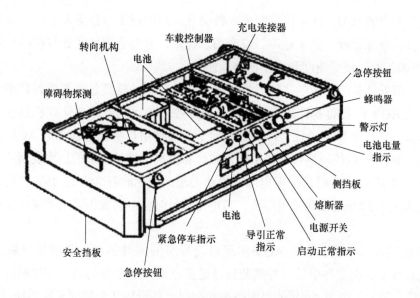

图 8-18　AGV 硬件结构示意图

（1）AGV 车体　车体是 AGV 的基础部分，由车架和相应的机械电气结构如减速器、电动机、车轮等组成。车架常采用焊接钢结构，要求有足够的刚性以支撑整个 AGV 的重量和承受运行中的振动和冲击。车体的设计需考虑载重、运行速度、工作环境等因素，以确保 AGV 的稳定性和耐用性。

（2）驱动装置　驱动装置是控制 AGV 正常运行的关键部分，由车轮、减速器、制动器、驱动电动机及速度控制器等部分组成。驱动装置负责提供 AGV 前进的动力，并通过速度控制器调节运行速度。制动器则在需要时使 AGV 减速或停止。其运行指令由计算机或人工控制器发出，运行速度、方向、制动的调节分别由计算机控制。为了安全，在断电时制动装置能靠机械实现制动。

（3）执行机构　执行机构是 AGV 用于完成特定任务的装置，如移载机构用于装卸货物。常见的移载装置有滚柱式台面、升降式台面等，还有单面推拉式、双面推拉式、叉车式和机器人式等主动装卸方式。

（4）安全防护装置　安全防护装置旨在保护 AGV 本身、操作人员及其他设备的安全，包括多级硬件和软件的安全措施，如红外光非接触式防碰传感器、接触式防碰传感器保险杠、障碍物接触式缓冲器、非接触式检测装置等。这些装置能够在检测到障碍物或异常情况时，及时采取减速、停车等安全措施，避免事故的发生。

（5）车载控制系统　AGV 车载控制器是 AGV 控制系统的核心，负责完成人机交互、路径规划、任务执行、定位与导航控制、电源管理、自主避障、安全信息提示，以及与 AGV 管理监控计算机进行通信，反馈 AGV 的当前状态，并接受 AGV 管理监控系统的调度和工作指令等任务。AGV 车载控制器的性能和可靠性直接影响 AGV 产品的性能和可靠性。

早期的 AGV 车载控制器硬件通常采用工控机或通用 PLC 作为主控单元，通过比较复杂的控制软件和多种 A/D、D/A 接口完成人机交互、路径设定、任务调度、定位与导航控制、运动控制、电源管理、自主避障、安全信息提示，并与管理监控计算机进行通信，反馈 AGV 的当前状态，接受调度和工作指令等任务。

近年来，随着计算机技术的飞速发展，嵌入式计算机的软硬件水平都得到很大提高，已经可以满足 AGV 产品的各种需要。同时，与工控机相比，嵌入式计算机系统具有结构紧凑、成本低、功耗小等明显优势，而这些对于必须使用自身携带电源的 AGV 产品尤其重要。因此，AGV 车载控制器硬件采用嵌入式计算机系统将是未来的技术发展趋势。

（6）电源装置　AGV 通常采用电池作为动力源，常见的有 24V 或 48V 直流蓄电池。AGV 通常配备有在线快速自动充电系统，当电量不足时会自动发出请求并前往充电区域进行充电。

（7）导航装置　导航装置是 AGV 实现自动导引的关键部分，常用的导航方式有电磁导引、激光导引、视觉导引等。导航装置通过接收地面或空中的信号（如磁信号、激光信号、图像信号等），确定 AGV 的当前位置和航向，并引导其沿规划好的路径行驶。

AGV 根据路径偏移量来控制速度和转向角，从而保证 AGV 精确行驶到目标点的位置及航向。AGV 定位导航主要涉及以下技术要点：

1）定位。确定移动机器人在运行环境中相对于全局坐标的位置及航向，是 AGV 导航的最基本环节。目前 AGV 定位方法主要有卫星定位、惯性定位、电子地图匹配定位等。其中，惯性定位为相对定位方式，可以获得连续的位置及姿态信息，但存在累积误差；卫星定位、电子地图匹配定位等方式为绝对定位，可以获得精确的位置信息，但难以获得连续姿态信息。相对定位与绝对定位方式存在较强的互补性，通常采用将两者结合的组合定位方法。

2）环境感知与建模。为了实现 AGV 自主导航，需要根据多种传感器识别多种环境信息，如道路边界、地形特征、障碍、引导者等。AGV 通过环境感知确定前进方向中的可达区域和不可达区域，确定在环境中的相对位置，以及对动态障碍物运动进行预判，从而为局部路径规划提供依据。

3）路径规划。根据 AGV 掌握环境信息的程度不同，路径规划可分为两种类型：一种是基于环境信息已知的全局路径规划；另一种是基于传感器信息的局部路径规划。后者环境是未知或部分未知的，即障碍物的尺寸、形状和位置等信息必须通过传感器获取。路径规划主要解决三类问题：行驶路径规划，解决 AGV 从出发点到目标点的路径问题，即"如何去"的问题；作业任务调度，根据当前作业的请求对任务进行处理，包括对基于一定规则的任务进行排序并安排合适的 AGV 处理任务等；多机协调工作，如何有效利用多个 AGV 共同完成某一复杂任务，并解决这一过程中可能出现的系统冲突、资源竞争和死锁等一系列问题。

4）导航。前已述及，主要包括电磁导引、磁带导引、激光导引、二维码导引、视觉导引、光学导引、惯性导引等方式。SLAM 导航、惯性＋视觉导航、无反射板激光自主导航等新技术正不断得到应用。

5）避障。移动机器人根据采集的障碍物的状态信息，在行走过程中通过传感器感知到妨碍其通行的静态和动态物体时，按照一定的方法有效避障，最后达到目标点。实现避障与导航的必要条件是环境感知，在未知或部分未知的环境下避障需要通过传感器获取周围环境信息，包括障碍物的尺寸、形状和位置等信息，因此传感器技术在移动机器人避障中起着十分重要的作用。避障使用的传感器主要有超声传感器、视觉传感器、红外传感器、激光传感器等。同时，还需要先进的避障算法支撑，传统的算法有可视图法、栅格法、自由空间法等，更先进的智能复杂算法包括遗传算法、神经网络算法、模糊算法等。

（8）通信装置　通信装置实现 AGV 与控制中心、地面监控设备，以及其他 AGV 之间的信息交换。通信方式包括无线局域网通信、红外光通信等。通过通信装置，AGV 可以实时接收控制指令、报告自身状态，并与其他设备协同工作。涉及的主要技术如下：

1）AGV 无线通信系统。AGV 系统中有多台 AGV 同时工作，为了指挥各台 AGV 按照 AGV 管理系统所接受的任务协调地工作，即对 AGV 指派任务、进行交通管理等，所有的 AGV 以及系统中的其他自动化物流设备均由 AGV 管理监控计算机进行统一控制。

AGV 需要将当前的状态报告给 AGV 管理监控计算机，与 AGV 之间的数据交换需要通过通信系统来完成。有固定运行线路的 AGV 可以通过在运行线路上埋设的导线进行感应通信，而全方位运行的 AGV 由于没有固定的运行线路，所以一般使用无线通信方式与主机交换数据，当环境中干扰源较多时，通信系统必须有较高的可靠性，否则会引发 AGV 系统的误动作。无线通信系统技术的提升和硬件成本的降低可以促进 AGV 的发展。

2）AGV 管理监控系统。AGV 管理监控系统的主要功能是管理、监控和调度 AGV 执行搬运作业任务。AGV 管理监控计算机一方面与上一级的信息管理系统（ERP、WMS、MES 等）主机进行通信，产生、发送以及回馈搬运作业任务，另一方面通过无线网络系统与 AGV 进行通信，按照一定规则发送物料的搬运任务，并进行智能化交通管理、自动调度相应的 AGV 完成搬运物料任务，同时接收 AGV 反馈的状态信息，监控系统的任务执行情况，并向上一级信息管理系统主机报告任务的执行情况。

AGV 管理监控系统是一个复杂的软、硬件系统。目前中高端的 AGV 系统均有 AGV 管理监控系统，硬件由服务器、管理监控计算机、网络通信系统，以及相关接口等组成，软件由相关的数据库管理系统、管理监控调度软件等组成。

AGV 管理监控调度软件是 AGV 系统重要组成部分之一，系统软件的成熟程度制约着 AGV 的发展与推广。近年来，管理监控调度软件的研发工作得到了重视，国内 AGV 生产厂家纷纷建立自己的 AGV 管理监控调度软件系统研发平台，研制出自己的 AGV 管理监控调度软件产品。

（9）人机交互系统　人机交互系统是指 AGV 与操作人员之间进行信息交流和操作的界面，包括显示屏、操作按钮、指示灯等。通过人机交互系统，操作人员可以监控 AGV 的运行状态、发送控制指令、设置参数等。同时，AGV 也可以通过人机交互系统向操作人员反馈相关信息。

8.3.4 搬运机械手

1. 搬运机械手的概念

搬运机械手起源于 20 世纪 50 年代，当时主要应用于重工业和制造业领域，用于搬运重物和完成重复性劳动。随着计算机、传感器和其他现代技术的不断发展和普及，搬运机械手的功能和性能得到了极大的提升，其应用领域也不断扩大。美国是最早开始研制机械手的国家，1947 年开发了遥控机械手，1948 年又开发了机械式的主从机械手。1954 年，美国人德沃尔（George Devol）最早提出了工业机器人的概念，并申请了专利，该专利借助伺服技术控制机器人的关节，利用人手对机器人进行动作示教，机器人能实现动作的记录和再现，即所谓的示教再现机器人。随后，第一台实用的机械手铆接机器人于 1958 年由美国联合控制公司研制成功。搬运机械手作为工业机器人的重要组成部分，其发展和应用也随着整体技术的进步而不断推进。

搬运机械手，又称为机械手、平衡吊、平衡助力器、手动移载机等（尽管这些名称并非完全专业，但在国内已广泛流行），是一种新颖的、用于物料搬运及安装时省力操作的助力设备。它巧妙地应用力的平衡原理，使操作者对重物进行相应的推拉，只需对负载施加较小的作用力（如 3kg），即可通过双手控制负载，实现上下、前后、左右三维空间内的灵活运行，将重物准确地放置到空间中的任何位置。

搬运机械手模仿人的手部动作，完成抓取、搬运货物的任务，有效减轻了人力负担，降低了人工成本。它具有广泛的适应性，可用于多种搬运场景，如装卸货物、生产流水线、舞台表演等。同时，搬运机械手还具备高速、安全和灵活等优点，能够在短时间内完成大量的机械重复操作，提高生产效率，并确保操作过程中的安全。

如今，搬运机械手已成为自动化制造和生产行业中不可或缺的关键设备，广泛应用于汽车制造、冶金铸造、金属加工、机械制造、纸品加工、印刷包装、食品饮料、仓储物流等多个行业。随着人工智能、云计算、物联网等技术的深入发展和应用，搬运机械手的功能和性能将进一步提升，其应用领域也将更加广泛。

2. 搬运机械手的分类

（1）按照驱动方式分类

1）液压驱动式。液压驱动式机械手通常由液动机（各种液压缸、液压马达）、伺服阀、液压泵、油箱等组成驱动系统，由驱动机械手执行机构进行工作。它通常具有很大的抓举能力（高达几百千克以上），其特点是结构紧凑、动作平稳、耐冲击、耐振动、防爆性好，但液压元件要求有较高的制造精度和密封性能，否则易漏油污染环境，如图 8-19 所示。

2）气压驱动式。其驱动系统通常由气缸、气阀、气罐和空气压缩机组成，其特点是气源方便、动作迅速、结构简单、造价较低、维修方便，但难以进行速度控制，气压不可太高，故抓举能力较低，如图 8-20 所示。

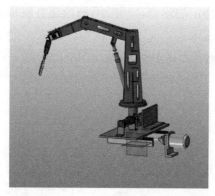

图 8-19　液压驱动式机械手

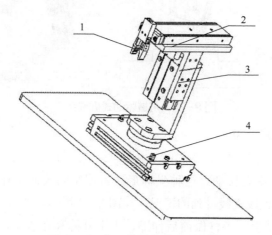

图 8-20　气压驱动式机械手结构图
1—机械手夹紧机构　2—机械手伸缩机构　3—机械手升降机构　4—机械手旋转机构

3）电力驱动式。电力驱动是机械手使用最多的一种驱动方式，如图 8-21 所示。其特点是电源方便，响应快，驱动力较大（关节型的持重已达 400kg），信号检测、传动、处理方便，并可采用多种灵活的控制方案。驱动电动机一般采用步进电动机、直流伺服电动机为主要的驱动方式。由于电动机速度高，通常须采用减速机构（如谐波传动、RV 摆线针轮传动、齿轮传动、螺旋传动和多杆机构等）。有些机械手已开始采用无减速机构的大转矩、低转速电动机进行直接驱动，既可使机构简化，又可提高控制精度。

图 8-21　电力驱动式机械手

4）机械驱动式。机械驱动只用于动作固定的场合，一般用凸轮连杆机构来实现规定的动作。其特点是动作可靠、工作速度高、成本低，但不易于调整，如图8-22所示。

另外还可采用混合驱动方式，即液-气或电-液混合驱动。

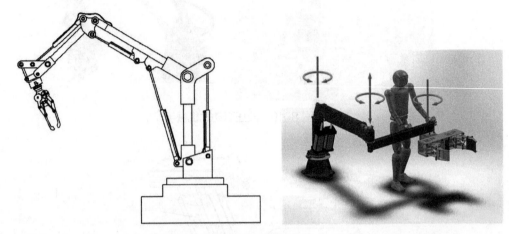

图8-22　机械驱动式机械手

（2）按手臂运动形式分类

1）直角坐标式机械手。手臂在直角坐标系的三个坐标轴方向做直线移动，即手臂的前后伸缩、上下升降和左右移动。这种坐标形式占据空间大而工作范围却相对较小、惯性大，它适用于工作位置成直线排列的情况，如图8-23所示。

2）圆柱坐标式机械手。手臂做前后伸缩、上下升降和在水平面内摆动的动作。与直角坐标式相比，所占空间较小而工作范围较大，但由于结构的原因，高度方向上的最低位置受到限制，所以不能抓取地面上的物体，惯性也比较大。这是机械手中应用较广的一种坐标形式，如图8-24所示。

图8-23　直角坐标式机械手

图8-24　圆柱坐标式机械手

3）极坐标式机械手。手臂做前后伸缩、上下俯仰和左右摆动的动作。其最大特点是以简单的机构得到较大的工作范围，并可抓取地面上的物体。其运动惯性较小，但手臂摆角的误差通过手臂会引起放大，如图 8-25 所示。

4）多关节式机械手。其手臂分为大臂和小臂两段，大小臂之间由肘关节连接，而大臂与立柱之间又连接成肩关节，再加上手腕与小臂之间的腕关节，多关节式机械手可以完成近乎人手那样的动作。多关节式机械手动作灵活、运动惯性小，能抓取紧靠机座的工件，并能绕过障碍物进行工作。多关节式机械手适应性广，在引入计算机控制后，它的动作控制既可由程序完成，又可通过记忆仿真，是机械手的发展方向，如图 8-26 所示。

图 8-25 极坐标式机械手

图 8-26 多关节式机械手

3. 搬运机械手的结构组成

搬运机械手通常包含执行机构、传动装置、驱动装置、控制系统和感知系统五个关键部分。下面是对这些部分的进一步细化说明：

（1）执行机构 搬运机械手执行机构是机械手本体的基本构件，主要包括手部、腕部、臂部、腰部、基座等部分，如图 8-27 所示。

1）手部。直接用于抓取、夹持或吸附被搬运物体的部件，如机械手爪、吸盘等。根据物体的形状、大小、材质等特性，手部设计会有所不同。

2）腕部。连接手部和臂部的部件，通常具有多个自由度，可以实现手腕的旋转、偏转等动作，以增加机械手的灵活性。

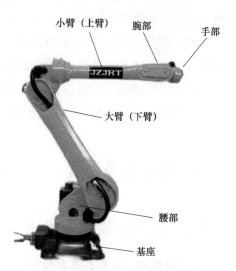

图 8-27 搬运机械手结构图

3）臂部。连接腕部和腰部的长杆状部件，通常由多个连杆和关节组成，通过关节的转动来实现机械手在空间中的大范围移动。

4）腰部。连接臂部和基座的部件，有些机械手的腰部也设计为可转动的，以增加机械手的工作范围。

5）基座。固定在地面上或其他支撑结构上的部件，是整个机械手的支撑基础。

（2）传动装置　传动装置负责将驱动装置产生的动力和运动传递到执行机构。它可能包括齿轮、皮带、链条、连杆、轴承等机械元件，以及减速器、联轴器等传动元件。传动装置的设计需要确保动力传递的准确性和效率。

（3）驱动装置

1）电动驱动器。使用电动机作为动力源，通过电动机驱动器控制电动机的转速和转向，从而驱动机械手的运动。电动驱动器具有控制精确、响应速度快、无污染等优点。

2）液压驱动器。利用液体的压力能来传递动力和运动。液压驱动器具有力量大、传动平稳等优点，但系统复杂，维护成本高。

3）气动驱动器。以压缩空气为动力源，通过气压缸、气压马达等元件来驱动机械手。气动驱动器结构简单、成本低廉，但控制精度和响应速度相对较低。

（4）控制系统

1）示教。通过人工操作或编程示教的方式，将搬运任务的运动轨迹、速度、加速度等参数输入控制系统，以便机械手能够按照预定程序进行工作。

2）计算。控制系统中的计算机或处理器负责处理传感器反馈的信息和预设的程序指令，计算出机械手应该采取的动作和参数。

3）伺服驱动。根据计算结果，通过伺服驱动器控制驱动装置的运动，实现机械手的精确控制。

4）反馈。传感器将机械手的实际运动状态反馈给控制系统，以便控制系统对机械手的运动进行实时调整和优化。

（5）感知系统　感知系统通过各种传感器来感知周围环境的信息，如物体的位置、形状、大小、重量、速度、加速度等，以及机械手自身的运动状态和姿态。这些传感器可能包括视觉传感器（如摄像头）、力传感器、位置传感器、加速度传感器等。感知系统的信息被传递给控制系统，作为控制系统决策和控制的依据。

8.4　智慧包装设备

8.4.1　智慧包装设备概述

1. 智慧包装设备的概念与特征

（1）概念　信息技术与机械技术的深度交融，引领了传统包装设备从机械化（乃至半机械化）向智慧化时代的转变。智慧包装设备，作为这一技术革新的重大成果，根植于机械化、自动化包装设备的坚实基础之上，巧妙融合了智能感知、智能互联与智能控制等尖端技术。这些设备不仅能够自动识别包装货品的各项属性，实现精准无误的匹配；还能实时采集并分析生产数据，为优化包装流程、提升效率与质量提供科学依据。更进一步，它们具备自主规划能力，能够根据实时情况灵活调整作业策略，展现出高度的智能化与自适应性。最终，通过智能控制系统的精准指挥，智慧包装设备实现了设备运行的无缝衔接与高效协同，为现代包装行业树立了新的标杆。

（2）特征 智慧包装设备具有自动化、智能化、集成化、柔性化的特征。

1）自动化。自动化是智能化的基础。自动化技术一般由控制系统、传动系统、运动系统、人机界面、传感器及机器视觉等部分组成，各部分协同运行实现包装设备的自动化运作与智能控制。控制系统通过数字输入/输出控制生产过程，利用网络通信技术为整个生产线的无人化智能操作及检测提供无缝衔接；传动系统用于调整主工艺速度和控制电动机速度的周期性变化；运动系统非常精确地实现位置控制和速度同步；人机界面是系统和用户之间进行交互和信息交换的媒介；传感器及机器视觉，智能感知光电、压力、形状、位置，常用于包装设备的装箱、灌装、封装、冷却、加温和粘贴包装标签等工作。

2）智能化。智能化用于对作业线的监控和自动识别，如自动识别包装材料的厚度、硬度、反弹力等，通过计算机反馈到机械手，以利于调整动作幅度；又如自动识别生产线无序传递来的不同形状物料的位置，再反馈到不同的机械手，即能准确无误地将物品按要求的位置及方向放入托盘中。智能化还用于在线监测货品运行状态、温湿度等指标。智能化也常用于排除设备故障和远程诊断。前者是将排除设备故障的方案预先输入计算机，出现故障时，计算机即进行自动诊断，并迅速排除故障，从而降低废品率及故障率。后者是通过无线网络建立的高速网络进行的，它由远程支援中心、维修网络中继站和远程支援终端组成；通过远程维修中心，可以实现远程监控、数据共享、文件传输、应用程序共享，以及为终端用户提供简单易用的操作界面。

3）集成化。集成化是指将若干功能集中在一台设备上，或将具有不同功能的设备连接成一个有机整体。设备或生产线的成套完整性是保证连续作业、均衡生产，以及加工性能和产品质量的重要保障。系统集成技术通过结构化的综合布线系统和计算机网络技术完成，它将各个分离的设备、功能和信息等集成为一个相互关联、统一且协调的系统之中，以实现集中、高效和方便的管理。集成系统是一个多厂商、多协议和面向各种应用的体系结构，目的是解决系统之间的互联和互操作性问题。目前物联网广泛流行，包装机械的自动化、集成化必将更多引入物联网技术，如语音识别和无线射频识别技术等，这就要求不同的设备或产品之间使用的标准更趋于一致，方能建立起效率高且具有可扩充性的集成化系统。

4）柔性化。柔性化技术是为适应产品更新周期越来越短、大批量生产方式受到挑战的形势而产生的。柔性自动化生产线一般由自动加工系统、物流系统、信息系统和软件系统四部分组成。柔性和灵活性表现在：数量的灵活性，既能包装单个食品，也能适应不同批量食品的包装；构造的灵活性，是指整台设备采用模块单元组成，换用一个或几个单元，即可适应食品品种、形状和大小的变化；供货的灵活性，是指选换不同的最终包装设备，即能满足市场对食品的包装需求。柔性化也反映在计算机仿真设计上，仿真设计最能满足客户个性化的订货需求，设计人员可在计算机三维模型上修改并对生产率、废品率、能耗等进行演示，直到客户完全满意为止。

2. 典型智慧包装设备

智慧包装装备主要包括智慧包装机器人，以及由包装机器人、自动包装机械组成的智慧包装作业线。

（1）智慧包装机器人　智慧包装机器人是应用于包装行业的工业机器人。典型的包装机器人包括装箱机器人、码垛机器人和贴标机器人。

（2）智慧包装作业线　智慧包装作业线是将自动包装机、包装机器人和有关辅助设备用输送装置连接起来，再配以必要的自动检测、控制、调整补偿装置及自动供送料装置，成为具有独立控制能力的包装作业生产线，主要由控制系统、自动包装机和包装机器人、输送装置和辅助工艺装置等部分组成。

8.4.2　智慧包装机器人

1. 智慧包装机器人的概念与特征

初期，机器人技术受限于高昂的制造成本，主要服务于航空、军事及汽车工业等尖端技术领域。然而，随着科学技术的飞跃与社会需求的日益增长，自 20 世纪 90 年代起，工业机器人迎来了广泛应用的新纪元，它们被部署于高度程序化、需要繁重体力或有害于人体的工作场景，包括但不限于焊接、喷涂、货物堆叠、基础装配及物料搬运等工序。

包装机器人作为工业机器人谱系中的重要成员，专注于包装工业的自动化作业，是自动化执行包装任务的机械装置。目前，其应用已拓展至大型物件的焊接、搬运，以及码垛、捆扎、装箱、拾取与放置等多元化领域，新兴机型层出不穷。这些机器人正逐步渗透至生产车间的每一个角落，接替了那些枯燥且劳动强度大的任务，成为包装行业内备受青睐的"明星"。

相较于传统的包装机械设备，智慧包装机器人展现出两大显著特点：

1）高度灵活性，实现产品快速换型。鉴于当前消费市场对产品规格与样式的多元化需求，传统机械受限于单一生产模式。而智慧包装机器人凭借其可编程性与可重构性，能够轻松应对不同任务需求，实现产品种类的迅速切换。通过简单调整末端执行器与程序参数，即可处理形态各异的包装任务。此外，其模块化设计允许功能单元灵活组合，构建出多样化的生产线，极大提升了系统的适应性与灵活性，因此在工业界迅速获得认可与广泛应用。

2）精准生产控制，确保产品质量。智慧包装机器人集成了先进的检测与传感技术，构建了闭环信息反馈系统，显著提升了作业的精确性。例如，配备视觉识别技术的机器人能够精确测量物体位置，辨识颜色与形状，有效减少了对人工的依赖，降低了人为错误的发生概率，从而确保了包装过程的精确无误，显著降低了次品率，为产品质量提供了坚实保障。

2．智慧包装机器人的主要类型及原理

根据机器人的工作性质进行分类，智慧包装机器人主要可以分为装箱机器人、码垛机器人、贴标机器人等。

（1）装箱机器人

1）概念。在快速发展的包装行业中，装箱机器人已成为一种不可或缺的高效自动化工具。这类机器人通过精密设计的末端执行器，能够灵活采用抓取或吸取的方式，精准地将待装箱产品放置到指定的包装箱或托盘中，极大地提高了包装作业的效率与准确性。在设计装箱机器人时，机构形式及其自由度是核心考量因素，它们直接决定了机器人的运动灵活性和作业范围。不同的机构形式赋予了机器人多样化的工作能力，如多关节机械臂能够实现复杂空间内的精准操作，而直线导轨则适用于需要高度定位精度的线性搬运任务。

同时，自由度的选择也至关重要，它不仅影响到机器人的灵活性和适应性，还直接关系到其能否在特定的工作环境中高效完成任务。因此，用户可以根据实际使用环境的特定需求和限制，灵活选择不同结构及自由度的装箱机器人本体。这种定制化设计策略确保了装箱机器人能够完美匹配各种包装作业场景，无论是处理轻量级的易碎品，还是搬运重型、大宗货物，都能展现出卓越的性能和稳定性。随着技术的不断进步，装箱机器人将在包装行业中发挥越来越重要的作用，推动整个行业向更加智能化、自动化的方向发展，如图 8-28 所示。

图 8-28　装箱机器人

2）工作原理。

① 货品定位检测。作业开始前，装箱机器人首先利用集成的定位装置对待装箱货品进行精准检测。这一步骤至关重要，它确保了货品已准确无误地放置在预定位置，为后续抓取操作奠定了基础。

② 抓取货品。一旦定位装置确认货品到位，装箱机器人随即起动其末端抓手（或采用吸取方式），根据预设的程序和参数，精确地抓取或吸取货品。这一过程中，机器人展现出高度的灵活性和准确性，能够应对不同形状、尺寸和材质的货品。

③ 搬运至空箱。在成功抓取货品后，装箱机器人通过伺服电动机的精确控制，执行提升、旋转等一系列复杂动作，将货品平稳地搬运至指定的空箱中。伺服电动机的应用确保了机器人运动的平稳性和精准度，有效避免了货品在搬运过程中的损坏或错位。

④ 释放货品并返回。当货品被准确放置到空箱中后，装箱机器人的末端执行器会迅速而平稳地松开货品，并自动返回至初始等待位置。这一步骤标志着单次装箱作业的完成，同时也为下一次作业做好了准备。

⑤ 重复作业。上述步骤会不断重复进行，直至所有待装箱货品均被成功放入空箱中。

装箱机器人以其高效、准确和可靠的性能，极大地提高了装箱作业的效率和质量，降低了人力成本，并为企业带来了显著的经济效益。

3）特点优势。装箱机器人在现代包装工业中的应用日益广泛，其作业优势主要体现在以下几个方面：

①柔性自动化生产。装箱机器人采用并联机器人作为执行机构，这一设计赋予了机器人高度的灵活性和适应性。并联机器人结构紧凑、刚度大、承载能力强，且能够实现多自由度运动，从而满足复杂多变的装箱需求。这使得装箱机器人能够在柔性自动化生产过程中发挥重要作用，适应不同产品、不同包装箱规格，以及不同生产环境的要求。

②智能视觉识别与定位。通过集成先进的视觉系统，装箱机器人能够自动完成货品的识别、定位和编号。这一功能不仅提高了装箱的准确性和效率，还大大降低了人为错误的可能性。通过视觉系统，机器人可以实时捕捉并分析货品的形状、尺寸、颜色等信息，确保每个货品都能被准确无误地放置到包装箱中。

③跨领域应用。装箱机器人广泛的应用领域是其另一大优势。无论是在食品、医药还是化工等行业中，装箱机器人都能作为后端工序的重要生产设备，完成产品的加工包装任务。这种跨领域的应用能力使得装箱机器人在不同行业间具有很高的通用性和灵活性，能够满足不同行业对包装自动化的需求。

④降本增效。装箱机器人在提升生产效率的同时，还能显著降低企业的人工成本。通过自动化作业，机器人能够持续、稳定地完成装箱任务，无须休息和轮换班次，从而大大提高了生产效率。此外，由于机器人替代了部分人工操作，企业可以减少对劳动力的依赖，降低招聘、培训和管理等方面的人工成本。更重要的是，装箱机器人的高精度作业降低了产品损坏和次品率，进一步提升了企业的经济效益。

（2）码垛机器人

1）概念。码垛机器人是机械与计算机程序有机结合的产物，为现代生产提供了更高的生产效率。码垛机器人在仓储行业有着相当广泛的应用，大大节省了劳动力，节省了空间。码垛机器人运作灵活精准、快速高效、稳定性高、作业效率高，能够在较小的占地面积范围内建造高效节能的全自动砌块成形生产线，如图8-29所示。

图8-29　码垛机器人

2）工作原理。

①接收指令。码垛机器人通过接收来自计算机或控制器的指令来控制其运动和操作。这些指令可能包括将特定重量或尺寸的货物移动到特定位置、在容器上放置货物、将货物堆叠到特定高度等。这是码垛机器人开始工作的首要步骤，为后续操作提供了明确的方向

和目标。

②感知货物。码垛机器人通常配备了传感器系统,包括激光雷达、视觉传感器等,以便感知其将要处理的货物的重量、尺寸、形状等信息。这些信息对于机器人确定如何最好地摆放货物至关重要。传感器系统实时检测环境信息,确保机器人的运动精确且安全。

③规划路径。在感知到工作环境中的物体后,码垛机器人会利用先进的算法和控制系统来规划一条合适的路径,以便有效地将物体从原始位置移动到目标位置。这一步骤涉及复杂的计算和优化,以确保路径的准确性和效率。

④抓取货物。一旦路径规划完成,码垛机器人会通过其机械臂和抓取装置(如夹爪、吸盘等)来准确地抓取货物。这些机械臂和抓取装置经过精心设计,能够适应不同形状、尺寸和重量的货物,确保抓取过程的稳定性和可靠性。

⑤码垛货物。在抓取到货物后,码垛机器人会按照预定的码垛方案或算法,将货物准确地堆叠在目标位置上。在码垛过程中,机器人会根据货物的稳定性和堆放高度进行实时调整,以确保码垛的稳定性和安全性。此外,机器人还可能配备加固或包装装置,以确保货物在运输过程中不会损坏。

⑥完成任务。一旦码垛机器人完成了所有的码垛任务,它会发送一个信号给控制系统或计算机,表明任务已经完成。此时,机器人可以被重新编程或进行清洁维护,以备下一次使用。

3)特点优势。码垛机器人是智能高效的码垛机器,因其灵巧轻便的机械机构及灵活的作业动作等诸多特点,而明显胜过框架机械式的码垛机,成为越来越多工厂的选择。

码垛机器人主要针对包装应用设计,关节式手臂结构精巧,占地面积小,能便捷地集成于包装环节。同时,机器人通过手臂的摆动实现物品搬运,而使前道来料和后道码垛柔和衔接,大幅缩短了包装时间,提高了生产效率。

码垛机器人具有极高的精度,抓放物品精准,且动作响应速度极快。机器人码放动作及驱动通过专用伺服及控制系统实现,可通过示教器或者离线编程方式重复编程,针对不同批次产品实现不同码垛模式的快速切换,并可实现一台机器人对多条生产线的码垛作业。

(3)贴标机器人

1)概念。在产品包装过程中,粘贴商标、二维码等标签的环节是非常关键的,应该给予重视。在将标签粘贴到产品的过程中,必须准确检测出产品的位置,同时提高标签粘贴的位置精度。利用机器视觉技术可以更加高效准确地进行标签的粘贴,获取产品的准确位置,通过图像处理获取所需要的信息,再由机器人完成粘贴标签的过程,这种技术可以代替人工操作,提高生产效率。

贴标机器人运用视觉技术,在追踪定位搬送线上产品位置的同时,为产品自动精准粘贴标签。其打印、定位、贴标、传送一体整合，空间占位小，如图8-30所示。

图8-30　贴标机器人

2）工作原理。贴标机器人系统主要包括工业PC、工业相机、打印贴标机构、视觉检测模块、人机交互界面、光电传感器、机械臂及末端执行器、电源、传送带等。工业PC是控制核心，用于接收反馈信息、生成控制指令、实时结果显示等；工业相机主要用于图像信息采集，包括贴标位置图像和贴标效果图像；打印贴标机构包括打印机和贴标机，其中打印机用于打印标签，贴标机负责将标签贴到指定位置；视觉检测模块用于判断当前标签是否满足工艺要求；光电传感器用于工位判断，并控制工业相机进行抓拍；人机交互界面用于贴标工艺参数输入、故障反馈、系统实时运行情况反馈等；机械臂及末端执行器用于实施贴标作业，以及剔除不合格产品。

其工作过程是：传送带将待贴标产品送至视觉检测工位；光电传感器响应后，工业相机自动抓拍，以获取目标物原始图像；通过以太网将图像传至上位机，上位机图像处理模块对图像进行处理，并得到相关控制指令，将控制指令作用于运动控制模块，对机械臂及末端执行器进行操作；末端执行器根据指示完成打印和贴标操作；此时，工业相机再次抓拍，以判断实际贴标效果，如果出现"标签不清"等情况，则剔除重新进行贴标，如果合格，则进行下一工序。

3）特点优势。传统贴标机械系统大都采用光电传感器监测物件的就位，并通过机械装置将物件推送到系统准备贴标位置，再进行贴标操作。这样贴出来的标签坐标精度不高，而且需要通过人工再次检查，完全不能满足大规模、高精度贴标的需求。智慧贴标机器人基于机器视觉系统进行定位控制，具有精度高、速度快、适用性广等特点，主要表现在以下方面：

①非接触。机器人通过摄像机获取外界图像信号，不需要与目标物体接触，这样就不会产生因机械装置与目标物体碰撞而产生的损伤，大大提高了生产系统的可靠性。加上相机系统的视野较大，只要物体在相机视野内或者感兴趣的部分在视野内，视觉系统不需借

助机械靠边装置，在物体无须移动的情况下就能检测出它的实际坐标位置。

②可持续性。人工无法长时间不间断工作，也很难一直对目标物体进行观察，人工的检测结果会随着持续工作时间的延长而大大增加出错率，而机器人视觉系统可持续稳定地工作。

③高精度。机器人视觉系统可以非常稳定地达到微米级别的检测精度，配合先进的机械控制系统，贴标机器人作业精度也能够达到微米级别。

④功能多样性。机器人贴标系统只需一套硬件设备，根据实际需求进行软件的设计，就可集多种功能于一体。例如，视觉系统通过分析物体的图像信息，可以识别出物件的种类，并进行质量检测、探伤分析；再计算出物件的坐标数据，发送到控制部分，控制部分根据坐标信息进行贴标操作；再次读取物件上的标签信息，判断所贴标签是否正确，以及位置是否在误差范围以内。

⑤高效率。在大规模生产中，在包装环节应用机器人贴标系统，可以在很大程度上提高生产效率和生产的自动化程度。

8.4.3 智慧包装作业线

1. 智慧包装作业线的概念与特征

（1）概念　智慧包装作业线是一种高度集成化、自动化的生产系统，它整合了先进的信息技术、自动化技术、智能检测与控制技术等，旨在优化和提升包装流程的效率、质量和灵活性。这一系统通过精心设计的工艺流程，将自动包装机、包装机器人、输送装置、自动检测与控制装置，以及自动供送料装置等关键组件无缝连接，形成一个连续、高效、智能的包装生产线。

在智慧包装作业线中，各个包装设备和辅助设备不再是孤立的工作单元，而是根据包装工艺的先后顺序紧密相连，形成一个协同工作的整体。被包装物料从生产线的起始端进入，经过一系列预设的包装工位，每个工位上的包装设备都会根据工艺要求自动完成相应的包装任务，如纸箱成型、自动装箱、自动封箱等。这一系列连续的包装工序最终将物料转化为包装成品，并源源不断地从生产线的末端输出。

智慧包装作业线的核心优势在于其高度的智能化和灵活性。通过集成先进的智能检测与控制技术，该系统能够实时监测生产过程中的各项参数，如物料尺寸、重量、位置等，并根据实际情况自动调整和优化包装工艺，确保包装成品的质量和一致性。同时，该系统还支持个性化设计和制造，能够根据客户的不同需求快速调整包装工艺和配置，满足不同行业的包装需求。此外，智慧包装作业线还大大提高了包装领域的安全性和准确性。通过减少人工干预和降低操作难度，该系统有效降低了生产过程中的安全风险，并提高了包装作业的准确性和稳定性。这不仅有助于提升产品的市场竞争力，还有助于推动包装行业的转型升级和可持续发展，智慧包装作业线如图8-31所示。

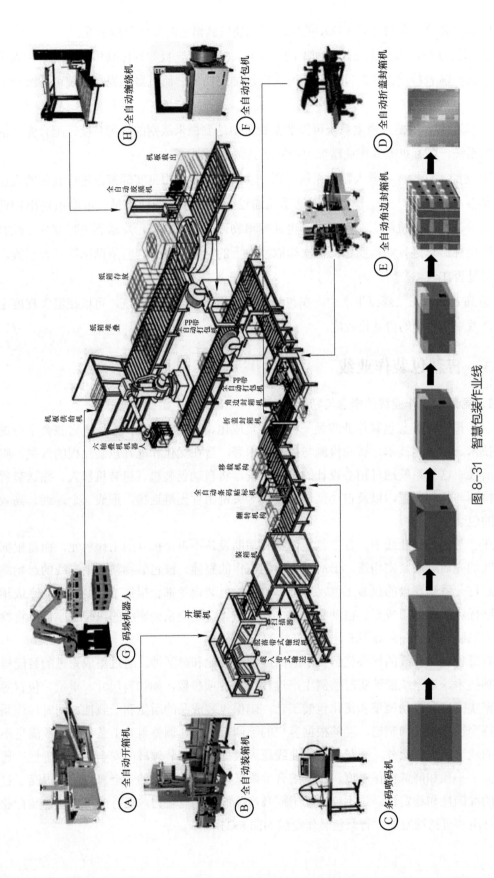

图8-31 智慧包装作业线

（2）特征　智慧包装作业线可以改善劳动条件，提高劳动生产率，提高包装产品的包装质量，合理利用资源，还可以降低产品包装成本，一般适用于少品种、大批量的产品包装，是大规模包装生产的重要环节。智慧包装作业线的优势主要体现在以下 4 个方面：

1）包装自动化。自动化是智慧包装作业线的核心特征，它涵盖了从工艺控制到质量检测的全方位自动化。通过集成先进的传感器、执行器和控制系统，作业线能够实现对包装过程的精确控制，包括工艺参数的自动调节、物料流动的精准管理、产品质量的实时监测，以及故障的快速响应与处理。这种高度的自动化不仅提高了包装效率，还显著提升了包装产品的质量和一致性。

2）设备成套性强。智慧包装作业线通常设计为连续作业的单机联动线或机组，具有强大的成套性。这种设计将多个具有不同功能的单机或机组，以及辅助设备紧密地结合在一起，形成了一个功能完善、协调一致的生产系统。这种成套性不仅简化了生产流程，还提高了生产线的整体效率和稳定性。同时，它还能够根据实际需求进行灵活配置和扩展，以满足不同产品的包装需求。

3）通用性较强。智慧包装作业线在设计和制造过程中注重通用性和模块化。通过采用标准化的接口和模块化的设计思路，作业线能够轻松地适应不同物料的包装需求。即使物料特性、称量精度或包装方式等方面存在差异，作业线也能够通过调整或替换相应的模块来快速适应。这种通用性不仅提高了作业线的利用价值，还降低了用户的投资成本和运营成本。

4）技术含量高。智慧包装作业线集成了信息技术、传感技术、计算机控制技术等，形成了与传统技术的有机结合。这些高新技术的应用不仅提高了作业线的工作质量、精度和速度，还增强了其可靠性和稳定性。例如，计算机控制技术的应用使得物料定量包装的计量更加精确、充填速度更快、包装过程更加自动化。同时，管理控制一体化的要求也越来越高，通过集成先进的管理信息系统和控制系统，作业线能够实现生产过程的全面监控和智能化管理。

2. 智慧包装作业线的分类

（1）按包装机之间连接特征分类　可分为刚性、柔性和半柔性包装作业线。

1）刚性包装作业线。是指各包装机间直接用输送装置连接起来，以一定的生产节奏完成包装作业的生产线。这种生产线有一个缺点，即所有机器按同一节拍工作，如果某一生产环节出现故障，将会导致全线停产。

2）柔性包装作业线。在每个包装机之间均加设储存装置，根据需要由输送装置送至下一包装工序。这样就克服了刚性智慧包装作业线的缺陷，即使某台包装机发生故障，也不会影响其他包装机的包装作业。

3）半柔性包装作业线。将自动生产线分成若干区段，对不易出现故障的区段不加设储存装置，以提高其刚性；对经常出现故障的区段加设储存装置，以提高其柔性。这样既保证了生产率，又减少了投资。

（2）按包装机的组合布局分类　可分为串联、并联和混联包装作业线。

1）串联包装作业线。各包装机按照工艺流程单向连接，各单机生产节奏相同。这种流水线的结构比较简单，布局比较紧凑，要求各包装机的作业速度比较一致。

2）并联包装作业线。将具有相同包装功能的设备分成数组，共同完成包装作业，直至完成物料包装的全部任务。在这一类流水线中，一般需加设换向或合流装置。

3）混联包装作业线。在一条生产线上同时采用串联和并联两种形式，其目的主要是平衡各包装机的生产节拍，实现各包装机的生产率匹配。不过，这样常会使包装生产线较长、机器数量较多，因此输送、换向、分流、合流等装置的种类也随之变得复杂。

3. 智慧包装作业线的系统构成

智慧包装作业线种类繁多，针对不同产品的包装需求展现出极高的适应性。其核心构成可精炼地划分为四大关键部分：控制系统、自动包装机与包装机器人、输送装置，以及辅助工艺装置。

（1）控制系统　作为智慧包装作业线的中枢神经，控制系统如同人类的大脑，将整条生产线上的各类设备紧密连接，形成一个高效协同的整体。该系统融合了数控、光电控制、计算机控制等技术，通过工作循环控制装置、信号处理装置与检测装置的精密协作，实现了生产流程的智能化管理，不仅提升了生产线的稳定性与可靠性，更显著提高了作业效率。

（2）自动包装机与包装机器人　自动包装机与包装机器人是智慧包装作业线上的核心动力，它们无须人工直接干预，即可在操作系统的精准指挥下，自动化、智能化地完成从包装材料供给、物料计量、充填、包封到贴标签等一系列复杂工序。包装机器人更融入了视觉识别与智能控制等先进技术，展现出更高的智能化水平，成为现代包装生产线上的明星设备。这些设备共同构成了智慧包装作业线的主体，包括灌装机、充填机、装箱机、捆扎机、封口机等在内的多种机型，能够满足多样化的包装需求。

（3）输送装置　输送装置在智慧包装作业线中扮演着连接者的角色，它将各台自动包装机与包装机器人紧密串联，形成一条顺畅无阻的生产流水线。这些装置不仅负责包装工序间的物料传送任务，还确保了包装材料与被包装物料能够准确无误地进入生产线，同时让成品顺利离线。其中，动力式输送装置以其强大的输送能力与稳定的输送速度成为主流选择，能够轻松实现物料在不同高度与方向间的灵活传输。

（4）辅助工艺装置　为了确保智慧包装作业线能够按照既定的节奏与顺序高效运行，一系列辅助工艺装置被巧妙地配置于生产线上。这些装置包括但不限于转向装置、分流装置与合流装置等。转向装置能够灵活调整被包装物体的输送状态与方向；分流装置通过精准分流作业，实现了生产节拍的平衡与生产率的提升；而合流装置则巧妙地将多台包装机的输出汇集至下一工序的单机上，确保了生产流程的连续性与高效性。这些辅助装置的存在，为智慧包装作业线的稳定运行提供了坚实的保障。

本章案例参考第 9 章

课后习题

1. 请详细阐述数智仓储设备选择时应遵循的六大原则，并结合一个具体的企业案例（假设），说明如何在该企业中应用这些原则进行仓储设备的选择与配置。

2. 简述链式输送机的特点和主要类型。

3. AGV 有哪些分类方式？每一种分类方式下又有哪些具体类型？

4. 智慧包装作业线按包装机之间连接特征可以分为哪几类？每一类的特点是什么？

5. 基于当前数智仓储设备的技术现状与发展趋势，探讨未来数智仓储设备可能的发展方向（如更高级别的自动化、智能化、网联化等），并预测这些发展将对仓储行业带来哪些变革与挑战。

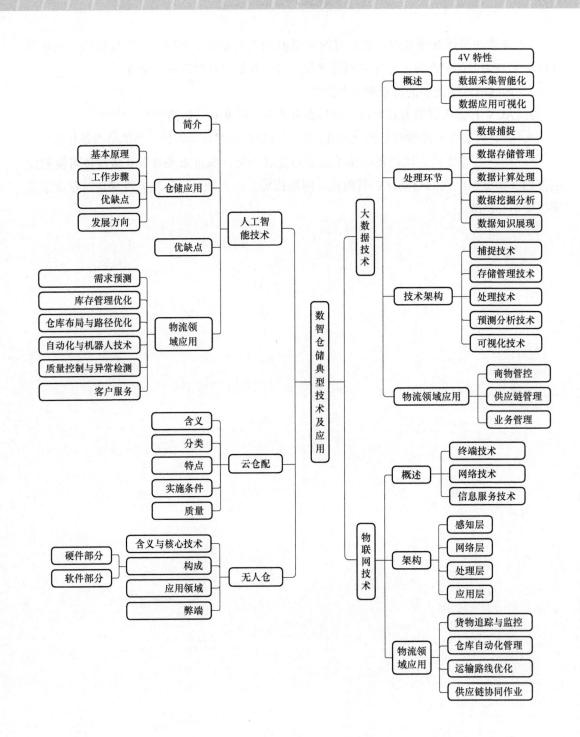

数智仓储典型技术及应用

人工智能技术

简介

仓储应用
- 基本原理
- 工作步骤
- 优缺点
- 发展方向

优缺点

物流领域应用
- 需求预测
- 库存管理优化
- 仓库布局与路径优化
- 自动化与机器人技术
- 质量控制与异常检测
- 客户服务

云仓配
- 含义
- 分类
- 特点
- 实施条件
- 质量

无人仓
- 含义与核心技术
- 构成
  - 硬件部分
  - 软件部分
- 应用领域
- 弊端

大数据技术

概述
- 4V特性
- 数据采集智能化
- 数据应用可视化

处理环节
- 数据捕捉
- 数据存储管理
- 数据计算处理
- 数据挖掘分析
- 数据知识展现

技术架构
- 捕捉技术
- 存储管理技术
- 处理技术
- 预测分析技术
- 可视化技术

物流领域应用
- 商物管控
- 供应链管理
- 业务管理

物联网技术

概述
- 终端技术
- 网络技术
- 信息服务技术

架构
- 感知层
- 网络层
- 处理层
- 应用层

物流领域应用
- 货物追踪与监控
- 仓库自动化管理
- 运输路线优化
- 供应链协同作业

9.1 大数据技术

9.1.1 大数据技术概述

大数据通常指的是数据规模超过 10TB 的数据集，它不仅在数据量上达到了前所未有的规模，更在数据处理和应用上展现出了一系列新的特性和挑战。它除了具有典型的 4V （Volume、Variety、Value、Velocity）特征，即体量巨大、类型繁多、价值密度低、处理速度快的特征外，还具有数据采集手段的智能化、数据应用的可视化等特点，如图 9-1 所示。

图 9-1 大数据的基本特征

1. 大数据的 4V 特征

（1）Volume（体量巨大） 大数据的首要特征是其庞大的数据量。随着信息技术的迅猛发展，数据的生成和存储量呈现出爆炸式的增长趋势，从 TB 级别迅速攀升至 PB、EB，甚至更高量级。

（2）Variety（类型繁多） 大数据涵盖了结构化、半结构化和非结构化数据，包括文本、图像、音频、视频等多种形式。这种数据类型的多样性增加了数据处理的复杂性，但同时也提供了更丰富的信息来源和更广泛的分析维度。

（3）Value（价值密度低） 尽管大数据中蕴含着巨大的价值，但这种价值往往分散在海量的数据中，密度相对较低。因此，需要通过高效的数据挖掘和分析技术来提取有价值的信息，实现数据价值的最大化。

（4）Velocity（处理速度快） 大数据要求具备快速的数据处理和分析能力，以便及时响应业务需求和市场变化。数据流的处理和实时分析成为大数据应用的重要组成部分，确保数据能够在短时间内被有效处理和利用。

2. 数据采集手段的智能化

大数据的采集不再仅仅依赖于传统的手工录入或简单的自动化工具，而是越来越多地采用智能化的数据采集手段。例如，利用物联网设备、传感器网络、社交媒体应用程序接口（API）等自动收集数据，不仅提高了数据采集的效率和准确性，还降低了人工干预的成本和错误率。

3．数据应用的可视化

大数据的应用往往涉及复杂的数据分析和结果呈现。可视化技术能够将数据分析的结果以直观、易懂的方式展示出来，帮助用户更好地理解数据背后的信息和趋势。这种可视化应用不仅提升了数据分析的实用性，还增强了用户与数据的交互体验，使得数据的应用更加广泛和深入。

9.1.2　大数据处理的基本环节

大数据来源于互联网、物联网系统及企业数据等，用于支撑企业决策或业务的自动智能化运转。目前大数据已广泛应用于医疗、娱乐、金融、商业服务、运输物流、通信及工程建设等诸多领域。大数据的成功应用，要经过数据捕捉、数据存储管理、数据计算处理、数据挖掘分析和数据知识展现五个主要环节，如图9-2所示。

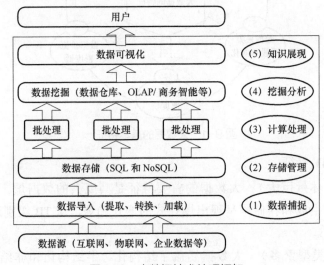

图9-2　大数据技术处理框架

1．数据捕捉环节

（1）数据源　大数据的来源广泛，包括本地数据库、互联网、物联网等多种数据源。这些数据源产生的数据种类繁多，结构复杂，既有企业内部的 CRM/ERP 等数据，也有来自网页索引库、社交网络等公众互联网的数据，还有来自传感网、M2M 等物联网的数据。

（2）处理过程　数据捕捉环节主要涉及数据的提取、转换和加载（ETL）。在这个过程中，需要对数据进行去粗取精的处理，同时尽可能保留数据的原始语义，以便后续的分析和挖掘。

（3）挑战与要求　由于大数据的来源多样且数据质量参差不齐，这就要求数据捕捉环节能够具备高效、准确的数据处理能力，同时还需要具备可扩展性和灵活性，以适应不断变化的数据环境。

2．数据存储管理环节

（1）存储方式　大数据的存储需要适应海量异构数据的高效率存储需求，同时还要满足多样化的非结构化数据管理需求。

（2）管理要求　数据管理的方式决定了数据的存储格式，而数据的存储方式又限制了数据分析的广度和深度。因此，数据存储管理环节需要具备数据格式上的可扩展性，同时提供快速读写和查询功能。

（3）挑战与解决方案　面对大数据的存储和管理挑战，需要采用分布式存储技术，以提高数据的存储效率和可扩展性。同时，还需要采用数据压缩、去重等技术，以降低存储成本。

3．数据计算处理环节

（1）处理需求　该环节需要根据处理的数据类型和分析目标，采用适当的算法模型快速处理数据。海量数据处理需要消耗大量的计算资源，因此需要采用高效的计算技术。

（2）技术挑战　传统单机或并行计算技术在速度、可扩展性和成本上都适应不了大数据的新需求。分布式计算成为大数据的主流计算架构，但在实时性方面还需要大幅度提升。

（3）解决方案与发展方向　为了提高大数据处理的实时性，需要采用流式计算、内存计算等技术。同时，还需要优化算法和模型，以提高数据处理的速度和准确性。未来，随着计算技术的不断发展，大数据处理的实时性将得到进一步提升。

4．数据挖掘分析环节

（1）挖掘目标　此环节需要从纷繁复杂的数据中发现规律、提取新的知识，是大数据体现价值的关键。

（2）技术挑战　传统数据挖掘对象多是结构化、单一对象的小数据集，而大数据集往往是非结构化、多源异构的，缺乏先验知识，很难建立数学模型。

（3）解决方案与发展方向　为了应对大数据挖掘的挑战，需要发展更加智能的数据挖掘技术，如深度学习、机器学习等。同时，还需要采用交叉分析等技术，对多种数据类型构成的异构数据集进行分析和挖掘。未来，随着人工智能技术的不断发展，大数据挖掘的智能化水平将得到进一步提升。

5．数据知识展现环节

（1）展现方式　数据知识展现主要是借助图形化手段，清晰有效地传达与沟通信息，通过利用计算机生成的图像来获得深入认识和知识。

（2）应用价值　数据知识展现环节主要是以直观、便于理解的方式将分析结果呈现给用户。通过对数据的分析和形象化展示，可以利用大数据推导出量化计算结论，并应用到实际行业中。

（3）挑战与要求　为了更好地展现数据知识，需要采用先进的可视化技术和工具，如数据可视化软件、交互式图表等。同时，还需要考虑用户的需求和习惯，设计出易于理解和使用的数据可视化界面。未来，随着可视化技术的不断发展，数据知识展现的效果将得到进一步提升。

9.1.3 大数据技术架构

根据大数据技术处理的五个主要环节，大数据处理关键技术包括大数据捕捉技术、大数据存储管理技术、大数据处理技术、大数据预测分析技术、大数据可视化技术五类技术，其中大数据捕捉技术是其他技术应用的基础，如图9-3所示。

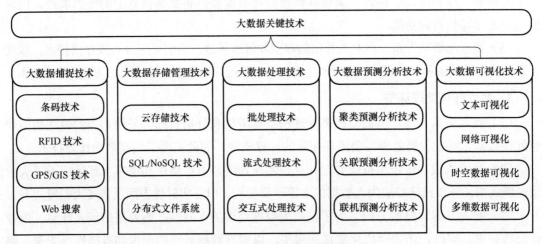

图9-3 大数据关键技术架构

1. 大数据捕捉技术

大数据捕捉涉及通过多种渠道（如社交网站、搜索引擎、智能终端）收集海量、多样化的数据，包括文本、照片、视频、位置信息和链接信息等。这是大数据价值挖掘的基石，因为后续的数据集成、分析和管理都依赖这一环节。关键技术包括条码技术、RFID技术、GPS/GIS技术、Web搜索和社交媒体技术等。

2. 大数据存储管理技术

大数据存储管理关注如何有效地存储、管理和调用采集到的数据。这要求存储系统不仅成本低廉，还要能适应多样化的非结构化数据管理需求，并具备数据格式的可扩展性。关键技术包括云存储技术、SQL/NoSQL技术、分布式文件系统等。云存储通过集群应用、网络技术和分布式文件系统，将不同存储设备集合起来协同工作，提供数据存储和业务访问功能。NoSQL技术通过增加服务器节点来扩大存储容量，而分布式文件系统则便于用户访问和管理跨网络的文件。

3. 大数据处理技术

大数据处理技术主要负责对接收到的数据进行辨析、抽取和清洗等操作。由于数据可能具有多种结构和类型，数据抽取过程旨在将复杂数据转化为单一或便于处理的构型，以加快分析处理速度。关键技术包括批处理技术、流式处理技术和交互式处理技术。批处理技术适用于先存储后计算的情况，对实时性要求不高，但强调数据的准确性和全面性；流式处理技术专注于对实时数据的快速处理；而交互式处理技术允许操作人员与系统之间进行交互作用，具有灵活、直观和便于控制的特点。

4．大数据预测分析技术

大数据预测分析技术不仅涉及对结构化和半结构化数据进行深度分析和挖掘隐性知识，还包括对非结构化数据（如语音、图像和视频）的分析。这些技术将复杂多源的数据转化为机器可识别的、具有明确语义的信息，并从中提取有用的知识。关键技术包括关联预测分析、聚类预测分析和联机预测分析。关联预测分析用于发现数据集中的关联性或相关性；聚类预测分析将研究对象分为相对同质的群组；而联机预测分析则是一种快速处理共享多维信息和针对特定问题的联机数据访问和分析技术。

5．大数据可视化技术

大数据可视化是将数据转换为图形的过程，使研究者能够以直观的方式观察和分析数据。可视化技术包括文本可视化、网络（图）可视化、时空数据可视化和多维数据可视化等。文本可视化技术如标签云，将关键词根据词频或其他规则进行排序和布局排列，用图形属性进行可视化。网络（图）可视化则展示网络节点和连接的拓扑关系。时空数据可视化关注于时间与空间维度及与之相关的信息对象属性的可视化表征。多维数据可视化则用于展示具有多个维度属性的数据变量。

9.1.4 大数据技术在物流领域的应用分析

大数据技术应用指的是从多种渠道中收集电子信息并进行应用分析，从而识别发展模式、趋势及其他智能信息。这种分析会帮助行业识别那些已经发生但不易被察觉的信息，也会帮助行业预测未来将要发生的情况。大数据技术在物流领域中的应用需要依靠相关技术的进步和提升，同时还要有掌握相关技术的人才，以及相关的软件及硬件基础设施。大数据技术在物流领域的应用流程如图9-4所示，从图中可知大数据最终应用于物流领域，需要前期数据的收集、分发处理、汇总及与物流系统的融合，整个过程都可能会对物流领域的活动产生重大影响。

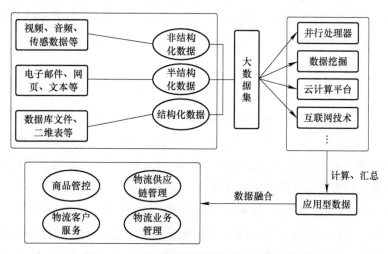

图9-4 大数据技术在物流领域的应用流程

基于大数据技术在物流领域的应用流程，下面将从宏观层面商品管控、中观层面物流供应链管理、微观层面物流业务管理三个方面，分析大数据技术在物流领域的应用情况，以使得物流业可以提供更加优质高效的服务，实现物流业的一体化、智慧化、协同化发展。

1. 大数据技术在智慧物流商品管控中的应用分析

大数据技术在智慧物流商品管控中的应用带来了显著的变革和优势。通过运用大数据技术，企业能够全面采集和捕捉关于商品的品类数量、流量流向、需求分配、生产厂商、供应商等关键数据。这些数据为后续的深入分析和决策提供了坚实的基础，使得智慧物流的精细化管控成为可能。

通过对采集到的数据进行深入分析和挖掘，企业可以揭示出商品货物的内在规律和潜在价值。这不仅有助于制定个性化的物流服务方案，满足不同客户的需求，还能挖掘出供应商、生产厂商与客户需求之间的关联关系，为优化供应链管理提供有力支持。

在业务方面，大数据技术使得智慧物流企业能够提供更加精准、高效的物流服务。无论是食品类、五金类还是化工类商品，企业都能根据商品的类型、货物的性质，以及产品的类型为客户提供定制化的物流解决方案。这种个性化的服务不仅提升了客户满意度，也增强了企业的市场竞争力。

同时，在管理控制方面，大数据技术也发挥了重要作用。它帮助企业对商品核心节点及商品通道进行精准管控，通过区分不同类型的节点，实现资源的有效配置和物流效率的提升。此外，大数据技术还使得企业能够全面管理和控制基础设施网络、能力网络、信息网络和组织网络，确保物流服务的稳定性和可靠性。

在应用服务方面，大数据技术也为企业带来了诸多便利。通过对历史数据的分析和挖掘，企业可以预测未来货物的流量和流向趋势，为制定合理的物流计划提供依据。同时，大数据技术还能帮助企业优化线路选择、运输方式选择等决策过程，降低物流成本，提高物流效率。

然而，尽管大数据技术在智慧物流商品管控中展现出巨大的潜力，但其应用也面临着一些挑战。数据安全与隐私保护、数据质量与准确性，以及技术与人才储备等问题都需要企业认真对待和解决。只有不断克服这些挑战，大数据技术才能在智慧物流领域发挥更大的作用，为企业和客户创造更多的价值。

2. 大数据技术在智慧物流供应链管理中的应用分析

大数据技术在智慧物流供应链管理中的应用分析展现了其巨大的潜力和价值。供应链作为物流的扩展和延伸，涵盖了采购物流、生产物流、销售物流等多个环节，每个环节都会产生海量的数据。这些数据包括：结构化数据，如数据库、二维表；半结构化数据，如网页、文本文件；以及非结构化数据，如视频、音频等。

在大数据背景下，运用大数据技术对供应链数据进行采集、捕捉、存储、管理、计算、处理和分析挖掘，可以为智慧物流供应链管理带来全新的变革。通过大数据技术，企业能够为客户提供包括核心业务服务、辅助业务服务及增值业务服务等多样化的供应链物流服务。

在核心业务方面，大数据技术主要应用于采购物流、生产物流和销售物流等环节。

在采购物流环节，大数据技术能够驱动系统平台选择合适的供应商并提出采购需求，实现高效的采购和配送。在生产物流环节，利用智慧物流关键技术和大数据技术，可以对生产过程的物料管理、物流作业、物流系统状态监控等进行全面的组织与控制。在销售物流环节，货物的信息被自动感知设备感知，实现销售货品的自动识别和信息报告，使用者也可以通过货物标签接入系统获得关于货物的所有信息。

除了核心业务，大数据技术在辅助业务方面也发挥着重要作用。针对加工和流通环节，大数据技术可以实现全程控制，提供实时服务。在增值业务环节，通过大数据分析，企业可以为客户提供资源整合、物流供应链优化延伸、物流供应链集成等方面的服务，进一步提升供应链的整体效能。

企业可以实现对信息流、物流、资金流的全面控制，从采购原材料开始，到生产、销售，最终将产品送到消费者手中。通过提供优质、高效、全方位的服务，企业可以实现物流供应链的一体化，提升整体竞争力和市场响应速度。

3. 大数据技术在智慧物流业务管理中的应用分析

大数据技术在智慧物流业务管理中的应用分析揭示了其在提升物流效率和优化客户服务方面的巨大潜力。智慧物流业务数据涵盖了运输、仓储、配送、包装加工、装卸搬运等多个环节，每个环节都产生了大量不同类型的数据。

在运输业务中，大数据技术能够处理包括运输基础数据、运输作业数据、运输协调控制数据和运输决策支持数据等海量信息，实现实时运输路线追踪、货物在途状态控制和自动缴费等功能，从而极大地提高货物运输的安全性和智能性。

仓储业务作为智慧物流中的静态环节，通过大数据技术可以管理仓储基础数据、仓储作业数据、仓储协调控制数据和仓储决策支持数据，实现对货物验收、入库、定期盘点和出库等环节的自动化和智能化，并在提供货物保管服务的同时监控货物状态。

配送环节是物流的最后一个环节，在智慧物流中可以实现动态配送。大数据技术能够处理配送基础数据、配送作业数据、配送协调控制数据和配送决策支持数据。根据实时获得的交通条件、价格因素、用户数量及分布，以及用户需求等因素，智慧物流业务管理能够实现智能运输、自动仓储、动态配送和信息的科学管理控制，提高整个物流的反应速度和准确度。同时，大数据技术还能为客户提供增值的服务，如物流系统的设计与优化、物流决策支持、物流咨询等，最终实现一体化及信息化的管控服务。

9.2 物联网技术

9.2.1 物联网技术概述

物联网包括终端技术、网络技术、信息服务技术等关键技术。终端技术用于感知"物"，网络技术用于传递与交换"物"的相关信息与服务，信息服务技术用于为用户提供各种类型的信息服务，具体如图 9-5 所示。

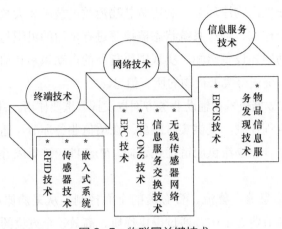

图 9-5　物联网关键技术

1．终端技术

物联网的终端技术用于感知"物"，主要包括 RFID 技术、传感器技术、嵌入式系统。RFID 技术的目的是标识物，给每个物品一个"身份证"；传感器技术的目的是及时、准确地获取外界事物的各种信息，如温度、湿度等；嵌入式系统的目的是实现对设备的控制、监视或管理等功能。

2．网络技术

网络技术用于传递与交换"物"的相关信息与服务，主要包括 EPC 技术、EPC ONS 技术、信息服务交换技术及无线传感器网络。其中，EPC 技术针对 RFID 技术，实现物品信息服务的传递与交换，从而实现物流供应链的自动追踪管理。信息服务交换技术在 EPC 技术的基础上，面向所有信息服务，实现信息服务的整合与共享。无线传感器网络采用无线通信方式，以网络为信息传递载体，实现物与物、物与人之间的信息交互。

3．信息服务技术

EPCIS 所扮演的角色是 EPC Network 中的数据存储中心，所有与 EPC 码有关的数据都放在 EPCIS 中。除了数据存储功能外，它也提供了一个标准的接口，以实现信息的共享。在 EPC Network 中，供应链中的企业包含制造商、流通商、零售商，都需要提供 EPCIS，只是共享的信息内容有所差异。EPCIS 采用 Web Service 技术，通过接口让其他的应用系统或者交易伙伴得以进行信息的查询或更新。通过 EPC 信息服务，可以掌握具体的产品流通过程及其他与产品相关的信息。

9.2.2　物联网技术架构

物联网技术作为数智仓储与库存控制的核心支撑，其架构的设计和实现对于整个系统的性能和功能至关重要。本节将深入解析物联网技术的架构，包括其各个组成部分，以及它们之间的相互关系。

1．物联网技术架构概述

物联网技术架构是指将各种信息传感设备、通信设备、嵌入式系统与互联网结合起来而形成的一个巨大网络，实现物物相连，并通过智能处理和分析，为用户提供高效、便捷的服务。在数智仓储与库存控制中，物联网技术架构是实现智能化、自动化管理的关键。

2．物联网技术架构的组成部分

（1）感知层 感知层是物联网技术架构的最底层，主要由各种传感器、RFID 标签、摄像头等感知设备组成。这些设备能够实时采集仓储环境中的各种数据，如温度、湿度、物品位置等，为后续的智能处理提供基础数据。

（2）网络层 网络层负责将感知层采集的数据传输到处理层。在数智仓储与库存控制中，网络层主要包括有线网络、无线网络，以及移动通信网络等，它们共同构成了一个覆盖广泛、稳定可靠的数据传输网络。

（3）处理层 处理层是物联网技术架构的核心，主要由各种服务器、数据库、云计算平台等组成。在这一层，系统会对从感知层传输过来的数据进行存储、处理和分析，提取出有价值的信息，为后续的应用层提供支撑。

（4）应用层 应用层是物联网技术架构的最上层，也是与用户交互最直接的层面。在数智仓储与库存控制中，应用层主要包括各种智能化的管理系统、决策支持系统，以及用户交互界面等，它们能够为用户提供实时、准确、全面的仓储和库存信息，帮助用户做出更明智的决策。

9.2.3 物联网技术在物流领域的应用分析

物联网技术通过各类传感器、RFID 标签、GPS 等设备，实现对物流过程中人、车、货、场等关键要素的实时感知和数据采集。这些数据经过处理和分析后，可以为物流企业提供精准的决策支持，优化物流资源配置，提升物流服务水平。

1．实现货物追踪与监控

利用 RFID、GPS 等技术，对货物进行实时追踪和监控，确保货物在运输过程中的安全和可追溯性。物流企业可以实时了解货物的位置、状态和环境条件，及时发现并解决问题，提高客户满意度。

2．实现仓库的自动化、智能化管理

智能仓储系统能够自动监测货物的库存情况、存放位置和环境条件，实现货物的快速出入库和精准盘点。同时，结合机器人和自动化设备，可以进一步提高仓储作业效率，降低人力成本。

3．实现运输路线和车辆调度的优化

通过智能算法分析，物流企业可以选择最优的运输路线，减少运输时间和成本。同时，对车辆进行实时监控和管理，确保运输过程的安全和顺畅。

4. 实现供应链各环节的协同作业和可视化管理

通过数据共享和协同平台，供应链上下游企业可以实时了解彼此的运营情况和需求变化，及时调整生产计划和物流策略，提高供应链的响应速度和灵活性。同时，可视化管理使得供应链运转过程更加透明，有助于发现潜在问题并进行改进。

物联网技术在物流领域已经展现出巨大的应用潜力和价值，然而其推广和应用仍面临着一系列挑战。其中，技术标准的不统一、信息安全问题的凸显，以及较高的投资成本是主要障碍。展望未来，随着技术的不断成熟和应用场景的进一步拓展，物联网技术在物流领域的应用势必将更加广泛和深入。一方面，物联网技术将与大数据、云计算、人工智能等先进技术实现深度融合，共同推动物流行业向智能化、自动化方向迈进；另一方面，随着物联网技术的逐渐普及和相关成本的降低，更多的中小企业将有机会享受到物联网技术所带来的便利和效益，这无疑将进一步推动物流行业的整体进步和持续发展。

9.3 人工智能技术

9.3.1 人工智能技术简介

人工智能（Artificial Intelligence），英文缩写为 AI，是 21 世纪最具影响力和变革力的技术之一。它模拟、延伸和扩展了人的智能，通过计算机系统的运算与处理能力，实现对人类智能行为的模拟和执行。AI 技术涵盖多个学科领域，包括计算机科学、数学、控制论、语言学、心理学、生物学等，是一门综合性极强的交叉学科。

在核心能力与应用方面，人工智能技术具备感知能力，能够模拟人类的感知行为，如视觉、听觉、触觉等；同时，它还具有记忆与思维能力，能够存储和处理大量信息，进行逻辑推理、决策制定等复杂任务。这些能力使得 AI 在各个领域都有广泛的应用，如自动驾驶、智能家居、医疗诊断、金融分析、教育辅导等。

在发展历程上，人工智能技术经历了从符号主义、连接主义到深度学习的多次浪潮。近年来，随着大数据、云计算和算法的不断进步，AI 技术取得了突破性的进展，逐渐从理论研究走向实际应用，为人类社会带来了前所未有的便利和效益。

9.3.2 人工智能仓储简介

随着科技的飞速发展，人工智能已经渗透到各个行业，为传统业务带来了深刻的变革。其中，仓储行业作为物流体系的重要一环，也迎来了智能化的新时代。人工智能仓储，正是这一变革的杰出代表。它通过将智能技术深度融入仓储管理与操作之中，显著提升了仓储效率与精确度。以下，我们将详细介绍人工智能仓储的基本原理与工作步骤。

1. 人工智能仓储的关键技术

人工智能仓储的基本原理，核心在于将智能技术深度融入仓储管理与操作之中，旨在显著提升仓储效率与精确度。以下是该领域中的关键技术：

（1）数据采集与分析　利用传感器、RFID 等技术，全面收集仓库内的各项关键数据，包括库存量、货物位置信息、温湿度等。对采集到的数据进行深度分析和处理，为后续的智能决策提供坚实的数据支撑。

（2）智能调度与路径规划　依据实时数据与需求预测结果，运用先进的算法进行智能调度，确保仓库内货物的运输效率最大化。通过路径规划优化，有效减少工作人员的工作量，提升整体运营效率。

（3）自动化存储与拣选　引入自动化设备，如机械臂、AGV 等，实现货物的自动化存储与拣选，显著提升仓库操作效率与准确性，降低人为错误率。

（4）模型优化与预测　建立精确的数学模型与预测算法，深入分析历史数据，准确预测未来需求趋势。基于预测结果，优化仓库的存货配送策略与资金投入计划，确保资源的高效利用。

（5）人机协作　实现人工智能技术与设备及人工的紧密协同，共同承担仓库运营管理任务。充分发挥人工智能与人工各自的优势，共同提升仓库的整体运营效率与品质。

这些技术的深入应用，共同推动了仓储作业的智能化、高效化与精确化进程，为仓库运营带来了显著的效率提升与品质保障。

2．人工智能仓储的操作

（1）数据收集　全面收集仓库中的物品信息，包括存放位置、数量、种类等。监测并记录仓库的温湿度等环境数据，确保存储条件适宜。跟踪并记录员工的操作记录，以便后续分析与优化。

（2）数据处理与分析　对收集到的原始数据进行清洗与整理，确保数据的准确性与完整性。运用先进的分析工具和算法，提取有用信息，如物品库存统计、流转模式分析等。

（3）机器学习与智能算法应用　利用机器学习和智能算法模型，对处理后的数据进行深入训练与学习，使系统具备自动识别物品、优化存放位置、精准预测需求等智能化能力。

（4）决策和优化　根据数据分析与预测结果，系统自动做出货物存放位置、路径规划、货物配送等决策。通过智能化决策，显著提升仓储效率并降低错误率。

（5）监测和反馈　系统实时监测仓库的运行情况，及时发现并处理异常情况，如温湿度超标、货物损坏等。收集用户反馈，不断优化系统的性能与精度，确保仓储管理的持续优化与提升。

人工智能仓储系统通过这一系列的工作步骤，实现了仓库管理的自动化与智能化。这不仅显著提升了运营效率与准确性，还为仓储行业的数字化转型与升级奠定了坚实基础。

9.3.3　人工智能仓储的优缺点

人工智能在现代仓储管理中正发挥着日益重要的作用。其先进技术和智能化处理能力为仓储行业带来了前所未有的变革。在仓储管理方面，实施人工智能展现出了诸多显著优点，但同时也伴随着一些风险和挑战。

其优点如下：

（1）效率提升　人工智能能够自动处理大量重复性和时间密集型的仓储任务，如库存管理、货物排序，以及配送路径的精确规划。通过智能化处理，仓储的效率和生产力得到显著提高，加速了整体运营流程。

（2）错误减少　借助先进的自动检测和纠正技术，人工智能有效提升了仓储作业的精确性和质量控制水平。例如，通过视觉识别和传感器技术的综合运用，人工智能能够准确检测并识别出破损或错误包装的货物，及时避免潜在问题。

（3）精准需求预测　人工智能利用大数据和机器学习技术，深入分析历史销售数据和市场趋势，实现对未来需求的精确预测。这一能力帮助企业做出更加明智的库存决策，确保库存水平与市场需求保持高度一致。

（4）节省成本　通过全面提升效率、显著减少错误并优化库存管理，人工智能为企业节省了大量的运营成本。这些节省的成本可以进一步转化为企业的竞争优势，推动仓储管理的持续优化和升级。

其风险和挑战如下：

（1）技术依赖性过强　过度依赖人工智能系统可能导致在遭遇系统故障或技术难题时，整个仓储操作面临中断风险，进而可能引发重大损失。

（2）数据隐私与安全问题凸显　人工智能系统通常需要处理包括客户信息、订单详情和库存数据在内的大量敏感数据，这极易触发数据隐私和安全问题，因此必须采取严格有效的保护措施来确保数据安全。

（3）高昂的初始投资与运营成本　建立和维护一个人工智能系统不仅需要巨额的初始投资，还伴随着持续的运营成本。同时，由于人工智能技术和系统的更新换代速度极快，可能还需要定期投资进行升级。

（4）职业机会受到一定影响　人工智能的自动化和机器人技术可能会取代一些传统的仓储工作岗位，从而对职业机会造成一定影响。尽管如此，它也会催生一些新的职业机会，如人工智能技术专家和数据分析师等。

综上所述，人工智能在仓储管理中的应用虽然带来了显著的优势，但同时也伴随着一系列潜在的风险和挑战。因此，我们需要通过科学的决策和管理策略来充分发挥人工智能的优点，并有效防范和解决可能出现的问题。

9.3.4　人工智能技术在物流领域的应用分析

近年来，人工智能技术在仓储管理领域的应用日益广泛，为企业带来了显著的效益。从需求预测到库存管理，从仓库布局优化到自动化与机器人技术的应用，人工智能正深刻改变着仓储行业的运作模式。

1. 人工智能技术的应用

人工智能在仓储管理中的应用已经非常广泛，以下是一些主要的例子。

（1）需求预测　利用机器学习和大数据技术，人工智能能够深入分析历史销售数据、市场趋势，以及季节性变化，从而精准预测未来需求。这有助于仓储管理者更科学地规划库存，有效避免库存过剩或缺货的情况。

（2）库存管理优化　通过实时监测和分析库存数据，人工智能能够提供库存优化建议。它综合考虑销售速度、产品生命周期、供应链状况等多重因素，智能管理库存水平，旨在减少过剩或缺货，最大化降低库存成本。

（3）仓库布局与路径优化　人工智能助力仓库内部布局和路径规划的优化，显著提升工作效率并减少运行时间。通过对仓库布局、货物流动和人员活动模式的深入分析，人工智能能够确定最佳的货物存储位置和最短的拣选路径，有效减少行走距离和拣货时间。

（4）自动化与机器人技术　在仓储领域，人工智能推动了自动化和机器人技术的快速发展。例如，自动化拣货系统和智能机器人能够按照预定的任务和路线自主完成货物拣选、搬运和装载工作，大幅提升仓库的效率和准确性。

（5）质量控制　借助视觉识别和传感器技术，人工智能能够实时检测和控制货物的质量。例如，它能够迅速识别出破损或错误包装的货物，并及时进行处理，确保货物质量。

（6）异常检测　人工智能通过分析历史数据和实时信息，能够预测和检测可能的仓储异常情况，如供应链中断、货物丢失或损坏等。这有助于仓储管理者及时采取应对措施，有效降低损失。

（7）客户服务　人工智能提供 7×24h 的客户服务，如自动回答客户查询、处理订单和退货请求等。这不仅提升了客户满意度，还节省了大量的人力成本。

2. 人工智能仓储的发展方向

人工智能在仓储领域的发展具有广阔的前景。随着技术的不断进步，人工智能的应用将变得更加普及和高效，未来的发展方向如下：

（1）更高级别的自动化　仓储管理将迈向更高级别的自动化，机器人将能够执行如自动包装、复杂拣货甚至维修等更复杂的任务。

（2）高级预测和优化　人工智能算法将变得更加精确且处理大数据时更高效，使得需求预测、库存优化和供应链管理更加精准，助力企业实现更高效运营和更高利润。

（3）更智能的机器人　人工智能机器人的智能化将得到加强，使其能够更好地适应变化和处理不确定性，例如通过自学改进性能或在遇到未知问题时寻求解决方案。

（4）集成物联网技术　结合物联网技术，人工智能将实现更智能的库存管理、更准确的需求预测和更高效的物流。

（5）跨链协作　人工智能将更好地整合和分析来自供应链各个环节的数据，包括生产、仓储、运输和零售，使供应链更加敏捷，响应更快。

（6）AR 和 VR 的应用　AR 和 VR 技术将增强仓库工作人员的工作效率和精度，例如通过 AR 眼镜快速找到货物的准确位置或接收即时拣货指示。

（7）可持续性和环境保护　人工智能将在更环保和可持续的仓储解决方案中发挥作用，通过优化运营和减少浪费帮助企业实现环保目标。

（8）更强的安全性和隐私保护　面对日益突出的数据安全和隐私问题，未来的人工智能系统将需要更强大的安全措施来保护敏感信息。

人工智能在仓储领域的发展将持续改变仓储和物流行业。然而，这也带来了技术更新成本、数据安全问题，以及对员工技能和培训的需求等挑战。有效应对这些挑战是实现人工智能在仓储领域可持续发展的关键。

9.4 云仓配

9.4.1 云计算的特点

云计算作为信息技术的重要组成部分，正日益展现出其独特的魅力和巨大的潜力。它以一种前所未有的方式，改变了我们获取和使用计算资源的方式。以下是云计算的几个关键特性，这些特性共同塑造了云计算的强大能力和广泛应用场景。

1. 超大规模

云计算平台展现出巨大的规模效应。以阿里云为例，截至 2020 年 7 月，其服务器数量已逼近 200 万台，国内 5 大超级数据中心与全球 22 个区域的上百个云数据中心共同构建了其强大的计算能力，预示着未来还将有更多超级数据中心加入。这一规模赋予了用户前所未有的计算潜能。

2. 虚拟化技术

云计算使用户能够在任何地点，通过各种终端设备访问所需的应用服务。这些服务资源源自云端，而非固定的物理实体。应用虽在云中的某处运行，但用户无须了解其具体位置，也无须担忧运行细节，仅需一部计算机或手机，通过网络服务即可满足各种需求，包括高性能计算任务。

3. 高可靠性

云计算通过数据多副本容错、计算节点同构可互换等技术手段，确保了服务的高度可靠性。相较于本地计算机，云计算提供了更为稳定的服务保障。

4. 广泛适用性

云计算并不针对特定应用，而是能够支撑多样化的应用需求。同一个云平台可以同时运行多个不同的应用，展现了其广泛的适用性。

5. 高度可扩展性

云计算平台的规模可以根据应用和用户需求的增长进行动态调整，满足不断变化的需求。

6. 按需服务模式

云计算如同一个巨大的资源池，用户可以根据实际需求购买所需资源。这种服务模式类似于自来水、电力或煤气等公共设施的计费方式。

7. 成本效益

得益于云计算的特殊容错机制和自动化集中式管理，企业可以采用低成本的节点构建云平台，同时降低数据中心的管理成本。云计算的通用性也提高了资源的利用率，使得用户能够以更低的成本完成原本需要高昂投入的任务。例如，以往需要数万美元和数月时间完成的任务，现在可能只需几百美元和几天时间即可完成。

9.4.2　云计算的分类

云计算作为信息技术领域的一项重大创新，其多样化的部署模式为不同需求的用户提供了丰富的选择。无论是私有云、社区云、公共云还是混合云，每种部署模式都拥有其独特的优势和适用场景。以下将详细介绍这四种云计算部署模式的特点、优势，以及潜在的挑战。

1. 私有云

私有云作为一种云计算部署模式，其核心特征在于云端资源专为一个企事业单位内的员工所使用，外部人员和机构无权访问。私有云的部署位置、所有权归属，以及日常管理责任并无严格规定，可根据企业实际需求灵活安排。

（1）私有云的分类　私有云根据云端部署位置的不同，可分为本地私有云和托管私有云两种类型：

1）本地私有云。云端部署在企业内部，如机房等。企业自行负责私有云的安全及网络安全边界的定义和管理，因此更适合运行单位中的关键应用。

2）托管私有云。云端托管在第三方机房或其他云端。企业可以选择购买或租用计算设备，并通过专线或虚拟专用网络（VPN）与托管的云端建立连接。由于云端托管在单位之外，企业需要与信誉良好、资金雄厚的托管方合作，以确保安全性。

（2）私有云的优点　私有云相较于传统的计算机办公模式，具有显著的优势：

1）移动办公。员工可以在任何云终端登录并办公，实现移动办公的便捷性。

2）文档保护。私有云有利于保护单位的文档资料，提高数据安全性。

3）维护便捷。终端是纯硬件，无须过度维护，只需重点维护好云端即可。

4）降低成本。购买和使用成本较低，终端使用寿命长，且软件许可证费用降低。

5）高稳定性。对云端进行集中监控和布防，更容易监控病毒、流氓软件和黑客入侵。

（3）私有云的缺点　尽管私有云具有诸多优势，但也存在一些缺点。

1）财务成本高。运营私有云通常比公共云的成本更高，企业需要为精细的云计算控制和可见性支付高昂的费用。

2）管理成本高。在私有云内部设计和维护网络安全工具会增加企业的管理责任和成本。

2. 社区云

社区云作为一种云计算部署模式，其核心特征在于云端资源仅供给两个或两个以上的特定单位组织内的员工使用，外部人员和机构无权访问。参与社区云的单位组织通常具有共同的需求，如云服务模式、安全级别等。这种部署模式特别适用于具有业务相关性或隶属关系的单位组织，因为它们可以通过共享云端资源来降低费用并实现信息共享。

（1）社区云的部署方式　与私有云相似，社区云也提供本地部署和托管部署两种选项。考虑到多个单位组织的参与，本地部署可以分为三种情况：仅部署在一个单位组织内部、部署在部分单位组织内部或部署在所有单位组织内部。当云端分散在多个单位组织时，每个单位组织可能只部署云端的一部分，或者用于灾备。

（2）社区云的访问策略与资源共享　当云端资源分散在多个单位组织时，社区云的访问策略变得复杂。对于部署了云端的单位组织来说，需要解决如何与其他单位组织共享本地云资源的问题，即如何控制资源的访问权限。常用的解决方法包括用户通过 XACML 标准自主访问控制、遵循基于角色的访问控制安全模型，以及基于属性的访问控制等。此外，还需要统一用户身份管理，解决用户登录云端的问题。这两个问题实质上是权限控制和身份验证问题，也是大多数应用系统都会面临的问题。

（3）托管社区云与共享策略　类似于托管私有云，托管社区云也是将云端部署到第三方。然而，由于用户来自多个单位组织，托管方需要制定切实可行的共享策略，以确保各个单位组织能够安全、高效地共享云端资源。这包括定义清晰的资源共享规则、访问权限控制，以及数据安全和隐私保护等措施。通过制定和执行这些共享策略，托管社区云可以为多个单位组织提供一个安全、可靠的云端资源共享环境。

3. 公共云

公共云作为一种云计算部署模式，其核心特征在于云端资源面向社会大众开放，任何符合条件的个人或单位组织都可以租赁并使用云端资源。公共云的管理相较于私有云更为复杂，尤其在安全防范方面有着更高的要求。国家超级计算深圳中心、亚马逊云科技、阿里云等都是公共云的典型代表。

（1）公共云的优点　公共云的优势主要体现在以下两个方面。

1）减轻负载。大型云计算服务提供商通常会在高端网络安全工具上投入大量资金，并拥有具备丰富知识的员工。这使得将网络安全工具和任务从内部部署转移到第三方的云服务变得非常具有吸引力，从而减轻了企业的负担。

2）解决网络安全技能差距。遵从云计算服务提供商的安全计划，可以减少企业对雇用昂贵而稀缺的信息安全人才的需求，有助于解决网络安全技能差距的问题。

（2）公共云的缺点　尽管公共云具有诸多优势，但也存在一些不足之处。

1）安全性可能达不到标准。在某些情况下，云计算服务提供商的网络安全工具、过程和方法可能不足以保护高度敏感的数据，这可能导致数据泄露或安全漏洞的风险。

2）可见性不足。大型企业通常需要具备获取和分析直至数据包级别的日志、警报和其他数据的能力。然而，对于云计算服务提供商来说，很多安全信息对于客户而言是不可访问的。这是因为大多数底层技术都是为了从客户的角度简化管理而进行了抽象化处理，导致客户在监控和管理自己的云端资源时存在一定的局限性。

4. 混合云

混合云是由两个或两个以上不同类型的云（私有云、社区云、公共云）组合而成的。它并非一种特定类型的单个云，而是对外呈现出来自多个云的计算资源。混合云增加了一个管理层，即混合云管理层，云服务消费者通过这一层来租赁和使用资源，感觉就像在使用同一个云端的资源，但实际上内部已经被混合云管理层路由到了真实的云端。

（1）混合云的优点 混合云的优势主要体现在以下两个方面。

1）结合优势。混合云企业架构结合了公共云和私有云的最佳功能，可以提供更高的安全性。这种结合使得企业能够充分利用公共云的灵活性和可扩展性，同时保持私有云的安全性和控制性。

2）灵活性。混合云模型为 IT 管理员提供了更大的灵活性，使他们能够决定应用程序和数据将驻留在何处，无论是云平台还是内部部署的数据中心。这种灵活性使得企业能够根据业务需求和数据敏感性来优化其云资源的使用。

（2）混合云的缺点 尽管混合云具有诸多优势，但也存在一些不足之处。

1）政策执行挑战。网络安全策略在混合云环境中可能变得难以复制和扩展。由于涉及多个云平台和内部部署的数据中心，确保一致的网络安全策略变得更具挑战性。

2）安全性不一致。由于策略实施问题，混合云环境中的某些应用程序和数据可能不如其他应用程序和数据安全。这种安全性不一致可能导致潜在的安全漏洞和风险。

3）需要更多技能。企业的安全管理员需要处理不同的方法和工具，以根据易受攻击的资源所在的位置来监视威胁并采取措施。这要求安全管理员具备更广泛的知识和技能，以应对混合云环境的复杂性。

9.4.3 云仓配概述

1. 云仓配的含义

云仓配一体化服务，简称云仓配，是专为满足现代电商物流管理需求而诞生的服务模式。与传统仓储代发货相比，云仓配在信息化、智能化、自动化，以及服务水平与能力等方面均展现出显著的优势。

云仓配服务涵盖了云仓储管理、干线运输、物流配送、拣货包装等仓储物流的综合类服务。其核心理念是：电商企业只需与一个仓储公司合作，即可解决其线下的所有综合性物流问题。这种服务模式是专为电商企业设计的，旨在通过优化仓储物流服务，提升消费体验，并降低物流成本。

云仓配一体化服务商为电商企业提供了全方位的服务，包括但不限于仓储管理、分货、拣选、配货、包装、送货，以及相关的售后服务，如逆向物流、商品再生、退货管理、业务咨询和二次上架等。

对于现代电商企业而言，仓库库存的精细化管理离不开大数据分析的支持。特别是在电商大促期间，如果库存管理和数据分析不到位，就可能出现断库存的情况。而云仓配通过使仓储物流可视化，提高了物流的精确性和及时性，从而优化了社会资源的配置，提高了生产效率，并降低了成本。这也是传统仓储未来发展的必然趋势和方向。

2．云仓的分类

目前，云仓基本分为物流快递类云仓、互联网化第三方仓储云仓、电商平台类云仓三类。

（1）物流快递类云仓　物流快递类云仓以百世云仓、顺丰云仓和邮政云仓为代表。这类云仓具备规模大、自动化程度高、运营能力强、订单响应速度快、履行能力强等特点。它们由物流快递企业建立，特别关注两个方面：一是建仓的合作伙伴，包括软件与硬件服务支持的提供商等，以确保云仓的高效运行；二是云仓的布局，因为这涉及全网协同的形式，通过创新的分析和区域战略的布局，可以为电商物流带来全新的思考。

（2）互联网化第三方仓储云仓　互联网化第三方仓储云仓以中联网仓、易代储等企业为代表。这类云仓深耕于电商供应链领域，以仓库为基地，为电商企业提供灵活多样的服务。它们不仅提供仓储管理服务，还涉及分货、拣选、配货、包装、送货及相关的售后服务等，以满足电商企业的多样化需求。

（3）电商平台类云仓　电商平台类云仓包括京东云仓、菜鸟云仓等。这类云仓属于真正意义上的云仓，因为它们不仅具备强大的自动化订单履行能力，还会根据数据分布库存，并主动以货主为单位对全渠道库存分布进行自动调拨。这意味着它们可以对库存进行集中和优化，并拉动上游供应链的补货，从而实现更高效的库存管理和订单履行。

3．云仓配的特点

在我国新的物流形势下，云仓配作为一种先进的物流服务模式，正迅速发展。物流巨头如邮政、京东、苏宁等纷纷进军云仓服务领域，推动了云仓配的广泛应用。云仓配通过向社会开放仓储资源和配送资源，为商家提供了高效、便捷的物流解决方案。以下是云仓配的主要特点。

（1）缩短配送时间　云仓配通过预测销售数据，提前将库存布局到离消费者最近的仓库，从而大大缩短了配送时间。这种"订单完成提前期"的缩短，对于提高客户满意度和市场竞争力具有重要意义。例如，顺丰云仓的"云仓即日""云仓次日"，以及京东云仓的"211限时达""次日达"等产品，都体现了对时效性的极致追求。

（2）提高供应链反应速度　云仓配体系中高效的干线运输能力缩短了从生产商到仓库的运输时间，使得供应链反应速度更快。同时，云仓体系中的仓库网点多、库存分布广、离顾客近，进一步提高了供应链的响应速度。例如，顺丰云仓计划在湖北建设货运机场，以实现 2h 内覆盖全国市场，从而提高干线运输效率。

（3）降低运营成本　云仓配通过共享各处库存，进一步降低了安全库存量。在传统的分仓模式下，分仓的增加往往会导致整个供应链网络中的库存总量上升。然而，在云仓体系中，通过干线快速调拨能力和信息系统强大的订单选仓能力，各分仓的库存可以实现共享，从而有效降低整个供应链网络中的库存量，进而降低运营成本。

4. 云仓配的实施条件

云仓配的实施并非一蹴而就，而是需要多方面的条件和支撑。

（1）技术支撑　云仓配的实施需要一个能够连接电商信息平台的云仓储平台。这个平台需要具备强大的数据处理和传输能力，能够迅速汇总并传达订单信息至云仓储平台，再由各仓储中心处理客户的订单需求。经过信息的汇总和分析，下达最终的配送指令，直至商品抵达客户终端。

（2）专业仓储人员　云仓配的实施需要专业的仓储人员。这些人员需要具备丰富的仓储管理经验和专业的操作技能，能够确保仓储中心的日常运营和订单处理的高效进行。在构建云仓储平台的同时，就应着手进行相关人员的培养或者招募，以确保平台搭建完成后能够迅速投入运营。

（3）政府扶持　云仓配的实施需要政府的大力扶持。政府的支持可以帮助调动相关资源，推广宣传云仓配服务，吸引更多企业入驻云仓储平台。这将有助于降低物流成本，提高资源利用率，推动云仓配的快速发展。

（4）信息反馈和监督运行机制　云仓配的实施需要有一个完善的信息反馈和监督运行机制。这个机制需要包括对云仓储运行的监控、突发问题的处理协调，以及系统的持续改进。通过这个机制，可以及时发现并解决云仓配实施过程中出现的问题，确保服务的稳定性和可靠性。

5. 云仓配的质量

云仓配一体化服务正成为现代物流的核心，为提升服务质量和供应链效率，制定科学标准至关重要。目前第三方仓配应尽力满足以下要求：在物流时效上，要求物流及时率达到 85% 以上，妥投率超过 90%；在成本控制方面，物流总成本需控制在销售额的 12% 以内；在商品管理上，商品周转天数应低于 45 天，发货错误率控制在十万分之二以内；在客户满意度方面，客户投诉率（物流层面）需低于 2%，商品动销率维持在 85%～98%；同时，物流整段商品破损率也需根据商品承受能力设定严格标准。

云仓配的时效性是衡量其服务质量的重要指标，主要包括发货时效和配送时效两个方面。

（1）发货时效　发货时效是指用户下订单后，云仓从打印订单开始，经过拣货、复核、打包、称重、贴单、出库等一系列流程所用的时间。这一流程的效率直接关系到用户的购物体验和满意度。一般来说，云仓配服务承诺在下订单后的 4～6h 内完成发货。如果发货时间超过 6h，用户可能会因为等待时间过长而改变购买决定，选择退款，从而增加订单取消率。

（2）配送时效　配送时效是指货物从云仓发出后，配送到消费者手中的时间。这一时效直接反映了物流服务的速度和可靠性。在现代电商物流中，消费者对配送时效的期望越来越高。除非特殊地区或特殊情况，一般消费者能接受的物流时效是 1～3 天。因此，云仓配服务需要不断优化配送网络，提高配送效率，以满足消费者对快速、准确配送的需求。

9.5　无人仓

9.5.1　无人仓的含义与核心技术

1. 无人仓的含义

无人仓是指货物从入库、上架、拣选、补货到包装、检验、出库等整个物流作业流程全部实现无人化操作的仓库。它是高度自动化、智能化的现代仓库，是现代信息技术在商业领域的创新应用。无人仓实现了货物从入库、存储到包装、分拣等流程的智能化和无人化，极大地提高了物流效率。目前，海内外多家电商巨头纷纷建立无人仓，以解决货物或包裹分拣等问题，提升物流速度和准确性。

2. 无人仓的核心技术

无人仓的实现依赖于一系列先进的技术，这些技术共同构成了一个高度自动化、智能化的物流系统。无人仓的核心技术主要包括：

（1）自主识别技术　通过先进的传感器和识别系统，无人仓能够自主识别货物，确保货物的准确入库、存储和出库。

（2）货物追踪技术　利用物联网技术，无人仓能够实时追踪货物的流动情况，确保货物的准确位置和状态。

（3）智能指挥系统　无人仓拥有一个智能指挥系统，能够自主指挥设备执行生产任务，无须人工干预。

（4）大数据分析技术　无人仓配备了一个"智慧大脑"，能够对无数传感器感知的海量数据进行分析，精准预测未来的情况，自主决策后协调智能设备的运转。

（5）闭环控制技术　无人仓能够根据任务执行反馈的信息及时调整策略，形成对作业的闭环控制，确保物流作业的持续优化和改进。

9.5.2　无人仓的构成

无人仓的构成精细而复杂，主要包括硬件与软件两大部分。

1. 硬件部分

无人仓的硬件部分涵盖了存储、搬运、拣选、包装等各个环节的自动化物流设备。这些设备包括：

（1）存储设备　典型的是自动化立体库，它能够实现货物的自动存储和取出。

（2）搬运设备 包括输送线、AGV、穿梭车、类 Kiva 机器人、无人叉车等，它们负责在仓库内搬运货物。

（3）拣选设备 如机械臂、分拣机等，用于货物的自动拣选和分类。

（4）包装设备 包括自动称重复核机、自动包装机、自动贴标机等，用于货物的自动包装和贴标。

2. 软件部分

无人仓的软件部分主要包括 WMS（仓库管理系统）和 WCS（仓库控制系统）。

（1）WMS 这是无人仓的"大脑"，负责协调存储、调拨货物、拣选、包装等各个业务环节。它根据仓库节点的业务繁忙程度动态调整业务波次和执行顺序，并发送指令给 WCS，使整个仓库高效运行。同时，WMS 还记录着货物出入库的所有信息流、数据流，确保库存准确。

（2）WCS 这是无人仓的"指挥中心"，负责接收 WMS 的指令，并调度仓库设备完成业务动作。WCS 需要灵活对接各种类型、各种厂家的设备，并计算出最优执行动作，如计算机器人的最短行驶路径等，以支持仓库设备的高效运行。此外，WCS 还负责监控现场设备的运行状态，出现问题立即报警提示维护人员。

除了 WMS 和 WCS 外，无人仓的背后还有一个"智慧大脑"，它运用人工智能、大数据、运筹学等相关算法和技术，实现作业流、数据流和控制流的协同。这个"智慧大脑"既是数据中心，也是监控中心、决策中心和控制中心，它从整体上对全局进行调配和统筹安排，最大化设备的运行效率，充分发挥设备的集群效应。

9.5.3 无人仓的应用领域

随着各类自动化物流设备的快速普及，各行各业对无人仓的需求日益增强。以下是几个对无人仓需求尤为突出的行业。

1. 劳动密集型且生产波动明显的行业

这类行业，如电商仓储物流，面临着物流时效性要求不断提高和用工成本上升的挑战，尤其是临时用工难度加大。因此，采用无人技术成为这些行业的必然选择。无人技术能够有效提高作业效率，降低企业整体成本，从而帮助这些行业应对生产波动和保持竞争力。

2. 劳动强度大或劳动环境恶劣的行业

在港口物流、化工企业等劳动强度大或劳动环境恶劣的行业中，引入无人技术可以显著降低操作风险，提高作业安全性。无人仓的应用可以减少员工在恶劣环境中的暴露时间，降低工伤事故率，同时提高作业效率和准确性。

3. 物流用地成本较高的企业

对于城市中心地带的快消品批发中心等物流用地成本较高的企业而言，采用密集型自动储存技术是实现可持续发展的关键。无人仓通过高度自动化和智能化的物流作业流程，能够有效提高土地利用率，降低仓储成本，从而帮助企业应对高昂的用地费用。

4. 作业流程标准化程度较高的行业

在烟草、汽配等作业流程标准化程度较高的行业中，无人仓的应用具有得天独厚的优势。标准化的产品更易于衔接标准化的仓储作业流程，从而实现自动化作业。无人仓的应用可以进一步提高这些行业的作业效率和准确性，降低人工成本。

5. 管理精细化要求较高的行业

医药行业、精密仪器等对管理精细化要求较高的行业，对库存管理的精准度有着极高的要求。无人仓通过软件＋硬件的严格管控，可以实现更加精准的库存管理，确保货物的安全、准确和及时出库。这有助于这些行业提高产品质量和客户满意度。

9.5.4　无人仓的弊端

1. 标准不规范，自动化设备应用受限

商品条码全国不统一，部分商品包装上缺乏条码或存在冲突，导致入库环节需要人工重新贴码，效率低下，自动化设备难以适应这种不规范性。

2. 电商企业 SKU 品类繁多，设备适应性差

电商企业通常拥有繁多的 SKU 品类，商品包装大小规格差异显著，这使得智能设备在适应不同 SKU 时面临挑战。例如，同一台拆盘机器人可能无法适应体积规格差距很大的不同 SKU，频繁切换拣选拆盘任务时需要更换夹具，导致效率降低。

3. 智能设备柔性不足

智能设备在柔性方面仍有待提升。例如，夹具的适应性问题，以及商品图像识别技术的突破问题都是当前面临的挑战。如何使设备具备类似人眼识别物体（大小、远近）的功能，并根据不同件型进行适当抓取，同时达到人工操作的效率，这些问题都需要等待新的研究成果来解决。

案例　日日顺物流——再树大件智能无人仓新标杆

从企业物流到物流企业，再到平台企业，从产品物流到场景物流，青岛日日顺物流有限公司（以下简称"日日顺物流"）快速发展，也在智能化之路上不断探索。在大件智能仓储领域，日日顺物流先行先试，在打造了多个智能化仓库的基础上，于 2020 年 6 月 14 日正式启用大件物流首个智能无人仓，备受业界瞩目。

该无人仓将全景智能扫描站、关节机器人、龙门拣选机器人等多项智能设备首次集中应用在大件物流仓储环节，还采用了视觉识别、智能控制算法等人工智能技术，实现了无人仓 24h 黑灯作业。该无人仓的启用，无疑是日日顺物流布局"新基建"的重要里程碑，同时也为大件智能仓储树立起新的典范。

1. 项目背景及概况

日日顺物流始终专注于大件物流领域，为家电、家具、健身器材、电动车等行业客户提供运输、仓储、配送、安装等服务，其理念是以用户的全流程最佳体验为核心，颠覆传统"送到即结束"的物流及服务，致力于成为行业引领的物联网场景物流生态品牌。日日顺物流认为，在物联网时代，物流行业比拼的焦点将落在对用户价值的释放能力上，即激发用户对于产品迭代的需求，从满足单一产品物流的需求，到送货过程中感知用户的需求，再到创造一种方案激发用户的需求。场景物流将成为物流行业的发展方向。

这意味着，在场景物流的理念下，物流和仓库的功能已经发生改变，它们不再是产品的"运输线"和进出的"过路站"，而是不断交互用户需求、不断迭代的场景物流。不同于小件商品当交付完成，整个物流服务也就终止，大件商品通常是端对端（仓库到客户）的全链条、全流程作业。考虑到送装一体化需求，仓库作业需要充分考虑后端车辆运、配、装，注重全流程作业的协调性。并且，大件商品的标准化程度不及小件商品，也为仓储智能化带来巨大挑战。

日日顺物流依托先进的管理理念和物流技术，以数字化为驱动力，在大件物流智能化上先行先试，获得众多荣誉，如：曾入选十大"国家智能化仓储物流示范基地"；牵头承担科技部国家重点研发计划——"智慧物流管理与智能服务关键技术"项目等。目前，日日顺物流在全国拥有15大发运基地、136个智慧物流仓、6000多个网点、3300条干线班车线路、10000余条区域配送线路、10万辆小微车辆、20万场景服务师。日日顺物流已先后在山东青岛、浙江杭州、广东佛山、山东胶州等地建立了众多不同类型的智能仓，此次大件物流首个智能无人仓的启用，再次凸显出日日顺物流在行业的影响力。

位于即墨物流园的无人仓，定位于连接产业端到用户端的全流程、全场景区域配送中心，服务于包括青岛、烟台、日照、威海等城市在内的半岛地区 B2B、B2C 用户（以 B2C 为主）。据介绍，日日顺物流即墨智慧物流园区总占地 238 亩（15.8 万 m²），仓库总面积 7.8 万 m²。其中，智能无人仓项目实施规划由物流系统集成商科捷智能完成，智能无人仓所处理的 SKU 数量超过 1 万个，覆盖海尔、海信、小米、统帅等绝大部分家电品牌，实现全品类大家电的存储、拣选、发货无人化。

2. 主要作业流程

该无人仓主要服务于 C 端消费者，作业分为入库上架、拆零拣选、备货出库几部分。

（1）入库上架：精准高效的全景扫描＋机器人码垛　通常来说，商家根据销售预测完成备货计划，提前送货入库。当货车到达月台后，家电商品被人工卸至可以延伸到货车车厢的入库伸缩带式输送机上（电视机产品卸至专用入库通道），商品随即经过全景智能扫描站（两条伸缩带式输送机共用一套 DWS 系统），系统快速、准确地获取商品的重量、尺寸等信息，并根据这些信息将货物分配到相应的关节机器人工作站，关节机器人根据该信息进行垛型计算并码垛。

据工作人员介绍，关节机器人具备混合码垛功能，但为了进一步提高效率，系统目前主要将同类型商品送至码垛站；当出现不同类型商品时，系统会安排其在环形输送线上进行缓存等待，当商品在系统内匹配完成后，再一起送至关节机器人进行码垛。码垛完毕后自动贴标并扫描，随后整托盘经输送线进入自动化立体仓库存储。自动立体库堆垛机利用激光导航和条码导航完成托盘上下架作业，精准选择货物装卸；并可通过大数据对订单和库存进行预测，根据预测结果对库区进行冷热区的精细化调整，在实现密集存储的同时最大限度地挖掘空间存储能力。

（2）拆零拣选：龙门拣选机器人首次应用　当消费者下单后，前端销售系统会将订单信息发送至无人仓WMS，无人仓根据订单信息和用户预约的时间进行拣选出库及配送。当WMS下达出库任务后，堆垛机从指定存储位将托盘下架，托盘经输送线被输送至二楼拣选区的不同分拣区域（如冰箱等大型家电产品将送至夹抱分拣区；空调等中小型产品则送至吸盘分拣区；电视机产品送至专门的分拣区域），由扫描系统进行扫描复核，确认所需拣选商品正确后，龙门拣选机器人自动将带有收货地址等用户信息的条码粘贴在商品上，并将货物移至托盘。

拆零拣选历来是仓库的重点作业环节，此次龙门拣选机器人的引入，成为无人仓的亮点之一。龙门拣选机器人根据物流订单，运用机器视觉可以快速找到目标货物并通过夹抱或吸取方式精准投放到对应的托盘，作业不超过20s，距离误差不超过5mm。

（3）备货出库：AGV全程助力　当龙门拣选机器人拣选完毕，信息反馈至系统，系统调度AGV前来搬运。在二楼拆零拣选区，AGV将托盘货物送至智能提升梯，由其将货物运至一楼备货区。此时二楼AGV任务完成，开始等待新的系统指令。托盘货物自智能提升梯运出后，经扫描确认后信息传回系统，系统调度一楼备货区的AGV将托盘货物送至指定暂存货位。AGV采用激光导引技术，通过空间建模进行场地内空间定位，在所有路线中快速选择最优路径作业，并可实现自动避障和路径优化更改。

当货车到达后，系统调度AGV按照"先卸后装"的原则，将托盘货物运至出库月台，最后装车发运。

3. 项目亮点及效果

从上述主要作业流程来看，尽管作业节奏不及小件仓库快，但冰箱、洗衣机、空调等家电由于自身体积较大、较重，且有容易损坏、附加值高等特点，仓储作业难以实现全流程自动化、无人化。日日顺物流一直在大件仓储智能化上不断探索，在佛山、杭州等地实施了不同程度的智能化仓库，目前拥有40多项专利技术，此次无人仓建设实现了技术再次升级，呈现出诸多亮点。

（1）多项智能设备集中应用首开行业先河　无人仓在行业内率先将全景智能扫描站、关节机器人、龙门拣选机器人等多项智能设备集中应用，并通过视觉识别、智能控制算法等人工智能技术充分展示了日日顺物流大件仓储的能力。

其中，全景智能扫描站采用线性工业相机配备高灵敏度CMOS图像传感器，通过五面全景扫描提供超高清晰度的图像，在保证货物信息采集匹配准确率的同时提高了信息采集效率，并且为运营分析提供数据，顺利实现数据智能化。

关节机器人可以配合 3D 与 2D 视觉实现场景实时定位，辅助货物辨识定位，并通过多种算法的控制，保障了动作起落间的自主避障。同时，垛型计算非常精准，可以将码垛效率提高 80%。据悉，单台机器人最大可以处理 450kg 的货物。

龙门拣选机器人借助 3D 机器视觉识别对产品在库内运动造成的位移进行视觉补偿，并通过算法解析位置反馈至控制系统，进而快速锁定目标。即机器视觉赋予了龙门机器人智慧的眼睛，帮助其"看到"现场的托盘以及货物，同时优化垛型算法，实现行业首例非标大件货物的智能混合码垛。

除了上述智能设备的首次引入，80 台承重 1t 的 AGV 集中调度控制也较为引人注目。AGV 地面控制系统接收指令后可以对 AGV 进行自由调度和任务分配，接收到指令的 AGV 再通过算法控制和监控平台计算任务最优路径，实现路径的实时优化、变更及避障，保证运输效率与安全。值得一提的是，考虑到无人仓内偶尔会有设备维护人员进入，AGV 识别到障碍时还会温馨地进行语音提示，避免事故。

（2）数字孪生打破信息孤岛　无人仓能够在黑灯环境下实现 24h 不间断的作业，除了依靠上述智能设备外，还拥有一颗"智慧大脑"——中央控制系统。该系统掌握着无人仓内所有的数据，包括设备、电动机运行参数等都被抽取到上位系统建模，实现数字孪生，打破了原来的信息孤岛，通过一套系统就可以管理整个仓库。即所有智能装备以三维数字孪生进行管理，系统获取所有运营实时数据，集监控、决策、控制于一体对全仓进行调配安排，充分发挥设备的集群效应，保障运行效率最优，实现所有环节智慧运行、匹配。除了仓内货物和独立设备的实时运行状态，该系统还运用可视化数据全程监控日日顺物流位于全国的所有智慧仓库、网点、干线班车线路、区域配送线路等环节的作业数据，全面覆盖货物的整个配送过程，通过对资源的协调优化，更好地服务客户。

（3）效率提升体验升级　基于领先的设备和"智慧大脑"，无人仓作业效率和准确率均得到大幅提升，出货量达到 2.4 万件／天。据现场工作人员介绍，由于仓库刚刚投入使用，未来通过算法的优化等，效率还有进一步提升的空间；与传统仓库相比较，作业人员大量节省，目前，库存利用率提高 4 倍；同时，通过智能码垛、智能存储、智能分拣等全自动化作业，避免了人工作业造成的差错，保证物流作业精准高效地进行；此外，智能设备可以更好地保护商品，实现产品质量零损失。

基于以上从效率到质量到服务的全方位优化，日日顺物流正不断提升客户体验。目前，仓内作业已经全部实现无人化。在装卸环节，日日顺物流正继续探索更优的解决方案，进一步节省作业人员，降低劳动强度。据透露，日日顺物流目前正在个别仓库进行试点，有望普及推广到全品类仓。

（案例改编自任芳《日日顺物流——再树大件智能无人仓新标杆》，

文章载于 2020 年第 7 期《物流技术与应用》）

思考题：

日日顺物流大件智能无人仓的启用为大件物流仓储树立了新典范，那么在未来的发展中，如何进一步提升无人仓在装卸环节的自动化程度，以实现全流程真正的无人化作业呢？

课后习题

1. 人工智能仓储相比传统仓储有哪些显著优势？
2. 物联网技术在物流领域如何实现货物追踪与监控？
3. 分析大数据在智慧物流供应链管理中的应用价值，并举例说明。
4. 探讨物联网技术在数智仓储中面临的挑战及解决方案。
5. 在无人仓的建设和运营过程中，如何平衡自动化与柔性的关系？
6. 云仓配服务相比传统仓储代发货有哪些显著优势，并讨论其对电商行业的影响。

参 考 文 献

[1] STEVENS G C. Integrating the Supply Chain[J].International Journal of Physical Distribution & Logistics Management, 1989, 19（8）:3-8.

[2] 马士华，林勇. 供应链管理 [M]. 5 版. 北京：机械工业出版社，2016.

[3] 苏尼尔·乔普拉，彼得·迈因德尔. 供应链管理 [M]. 陈荣秋，等译. 5 版. 北京：中国人民大学出版社，2013.

[4] 杨国荣. 供应链管理 [M]. 4 版. 北京：北京理工大学出版社，2019.

[5] 乐美龙. 供应链管理 [M]. 上海：上海交通大学出版社，2021.

[6] 李滢棠. 仓储管理与库存控制 [M]. 北京：机械工业出版社，2022.

[7] 操露. 智慧仓储实务：规划、建设与运营 [M]. 北京：机械工业出版社，2023.

[8] 秦璐. 供应链网络设计与优化 [M]. 北京：人民邮电出版社，2024.

[9] 罗静. 实战供应链：业务梳理、系统设计与项目实战 [M]. 北京：电子工业出版社，2022.

[10] 施先亮，王耀球. 供应链管理 [M]. 3 版. 北京：机械工业出版社，2016.

[11] 耿富德，等. 仓储管理与库存控制 [M]. 北京：中国财富出版社，2016.

[12] 宫迅伟，等. 供应链 2035：智能时代供应链管理 [M]. 北京：机械工业出版社，2023.

[13] 周宏明. 设施规划 [M]. 2 版. 北京：机械工业出版社，2021.

[14] 王国文. 仓储规划与运作 [M]. 北京：中国物资出版社，2009.

[15] 吴秀丽. 智慧仓内的智能算法应用现状综述 [J]. 物流技术与应用，2019，24（8）：118-123.

[16] 刘宝红. 需求预测和库存计划：一个实践者的角度 [M]. 北京：机械工业出版社，2020.

[17] 王猛，魏学将，张庆英. 智慧物流技术与应用 [M]. 北京：机械工业出版社，2021.

[18] 韩东亚，余玉刚. 智慧物流 [M]. 北京：中国财富出版社，2018.

[19] 韩东亚. 智慧物流概论 [M]. 合肥：中国科学技术大学出版社，2023.

[20] 罗庆兵，曹权林，王秋菊，等. 现代智慧仓储技术及其应用 [J]. 化工自动化及仪表，2019，46（6）：479-484.

[21] 梁启荣，李勇，傅培华，等. 智慧仓储系统评测标准研究 [J]. 物流技术，2014，33（5）：176-178；184.

[22] 任芳. 技术驱动下，中兴通讯的智能仓储变革之道 [J]. 物流技术与应用，2024，29（5）：70-72；75.

[23] 任芳. 日日顺物流再树大件智能无人仓新标杆 [J]. 物流技术与应用，2020，25（7）：92-97.

[24] 刘崇宇. A 公司智慧化仓库管理评价研究 [D]. 大连：大连海事大学，2023.

[25] 邹荣冬. D 快递公司智慧仓储管理优化研究 [D]. 桂林：桂林电子科技大学，2021.

[26] 洛洁婷，赵杰峰. 关于云计算技术物联网仓储管理系统设计 [J]. 信息与电脑（理论版），2021，33（20）：202-204.

[27] 刘龙和. 基于物联网和人工智能的现代物流仓储应用技术研究 [J]. 中国物流与采购，2024（4）：108-109.

[28] 乐烨，陈亚杰. 论人工智能仓储 [J]. 物流工程与管理，2024，46（3）：11-13.

[29] 周小平. 浅谈物联网技术在仓储物流中的应用 [J]. 中国物流与采购，2024（4）：100-101.

[30] 郭成海. 智慧仓储系统资源调度与路径规划研究 [D]. 北京：北京交通大学，2022.

[31] 李昱蓉，侯波. 集装箱单箱三维装载问题研究 [J]. 物流科技，2013，36（12）：5.

[32] 李文玉. 智能仓库系统多机器人任务分配问题研究 [D]. 北京：北京物资学院，2016.

[33] 史朋涛. 基于智能优化算法的人工拣货仓库的仓储问题研究 [D]. 长春：长春工业大学，2017.